Im inneren Kreis

Aus dem Englischen von Barbara Bortfeldt

Rosa Meyer-Leviné

Im inneren Kreis

Kreis Erinnerungen
einer Kommunistin
in Deutschland
1920–1933

Herausgegeben und eingeleitet
von Hermann Weber

Kiepenheuer & Witsch

Titel der Originalausgabe
Inside German Communism
Copyright © Rosa Leviné-Meyer 1977
First published
by Pluto Press Ltd. London, 1977
Aus dem Englischen von Barbara Bortfeldt
© 1979 Verlag Kiepenheuer & Witsch, Köln
Schutzumschlag Hannes Jähn, Köln
Gesamtherstellung Bercker Graphischer Betrieb, Kevelaer
ISBN 3 462 01322 X

Inhalt

Einleitung

Rosa Meyer-Leviné ist dem deutschen Leser nicht unbekannt. Ihre Biographie Eugen Levinés, des Führers der bayerischen Räterepublik, erschien 1972 und fand 1974 als Taschenbuch weite Verbreitung*. Die Kritik rühmte die Darstellung Levinés durch seine Witwe als ein Werk, durch das Leben und Tod des bedeutenden Revolutionärs erst »faßbar und nachvollziehbar geworden« seien (Karl-Heinz Janßen in der »Zeit«).

Bereits in der Weimarer Republik hatte Rosa Meyer-Leviné eine Broschüre mit dem Titel »Aus der Münchener Rätezeit« veröffentlicht**. Schon in dieser Arbeit zeigte die Autorin ihre Stärke: Sie kann eine Situation packend und plastisch schildern, von ihrem eindeutigen politischen Standpunkt aus analysieren, aber auch durch treffende Dokumente belegen.

Der Lebensweg dieser ungewöhnlichen Frau zeigt nun freilich, daß sie keineswegs zur politischen Schriftstellerin »geboren« war. Als zwölftes Kind des Rabbiners Niessen Broido 1890 im Getto von Grodek bei Bialystok, der damaligen russischen Provinz, geboren, mußte sich

---

* Rosa Meyer-Leviné: Leviné. Leben und Tod eines Revolutionärs. Erinnerungen. Carl Hanser Verlag, München 1972. Dasselbe, Fischer-Taschenbuch, Nr. 1483, Juli 1974.
** Rosa Leviné: Aus der Münchener Rätezeit. Vereinigung Internationaler Verlags-Anstalten, Berlin 1925.

das eigenwillige junge Mädchen in einem schweren Kampf emanzipieren. Nach dem frühen Tod des Vaters ging sie, ohne deutsche Sprachkenntnisse und ohne Geldmittel, nach Heidelberg, wo sie Eugen Leviné kennenlernte und 1915 heiratete. Durch ihn wurde sie in die Politik eingeführt, sie verfolgte mit wachem Interesse seine Haltung in der bayerischen Räterepublik und erlernte von Leviné kommunistische Strategie und Taktik.

Nach der Niederschlagung der bayerischen Räterepublik im Mai 1919 selbst verhaftet, wurde Rosa mit ihrem kleinen Sohn nach der Hinrichtung ihres Mannes aus Bayern ausgewiesen. Sie lebte in Heidelberg und dann in Berlin, wo sie als Dolmetscherin für russische Delegationen arbeitete und in der KPD aktiv war. Sie traf mit Ernst Meyer zusammen, einem der bedeutendsten KPD-Führer, den sie 1922 heiratete. An seiner Seite konnte sie die KPD-Politik aus nächster Nähe beobachten, denn Meyer war 1921/1922 Führer der Partei und hatte von 1926 bis 1928 als Mitglied des Politsekretariates neben Thälmann die Leitung der KPD inne. Die Erfahrungen, die Rosa Meyer-Leviné in diesem »inneren Kreis« sammeln konnte, sind in ihren Erinnerungen niedergelegt und verarbeitet. Auch wenn sie keine offizielle Parteifunktion ausübte, sind ihre Aufzeichnungen aufschlußreicher als viele Parteidokumente und helfen mit, die Politik der KPD zu verstehen.

Auch nach der Ausschaltung Ernst Meyers als Führer der »Versöhnler« 1928 und nach seinem frühen Tod 1930 verfolgte Rosa Meyer-Leviné die Politik der KPD weiter mit kritischem Blick. Durch ihre Gespräche mit bekannten Kommunisten erhielt sie Einblick in die Hintergründe des von Stalin bestimmten verhängnisvollen ul-

die »März-Aktion« zu rechtfertigen, sondern die »Offensiv-Taktik« für die Massenpartei zur Pflicht zu machen. Eine größere Anzahl von Führern und Funktionären, die darin ein putschistisches Abenteuer sahen, verließen mit Paul Levi die KPD.

Unter Führung Ernst Meyers gewann die Partei 1922 wieder erheblichen Einfluß, sie kehrte zur »Einheitsfront«-Politik zurück, mußte sich aber mit der innerparteilichen linken Opposition auseinandersetzen. Gerade diese Phase wird durch die Erinnerungen Rosa Meyer-Levinés gut dokumentiert, ebenso die Ablösung Ernst Meyers durch Heinrich Brandler, der 1923 die KPD führte.

Im Herbst 1923 bereitete die KPD einen revolutionären Umsturz vor, wobei sie sich am Schema der russischen Oktoberrevolution orientierte. Das Exekutivkomitee der Komintern, das EKKI, legte einen Aktionsplan für die Revolution in Deutschland fest, der Militärapparat der KPD organisierte den bewaffneten Aufstand. In Sachsen und Thüringen traten im Oktober 1923 die Kommunisten in die Regierungen ein. Nach Absetzung des sächsischen Kabinetts durch die Reichsregierung glaubte die KPD-Führung unter Brandler jedoch, der Aufstand sei nicht mehr möglich. Nur in Hamburg kam es zu bewaffneten Auseinandersetzungen; der isolierte Aufstand wurde aber rasch niedergeschlagen. Damit war die letzte größere militärische Aktion der KPD in Deutschland zusammengebrochen. Der Partei war es in ihrer ersten Phase nicht gelungen, durch den Umsturz an die Macht zu kommen. Die Partei wurde bis zum 1. März 1924 verboten*.

* Vgl. zur Phase 1921–1923 Werner T. Angress: Die Kampfzeit der KPD 1921–1923. Düsseldorf 1973.

Innerhalb der KPD kam es zu erbitterten Debatten über die Schuld am Mißlingen der Revolution. Auch die Differenzen in der KPdSU griffen auf die KPD über. Die »rechte« Brandler-Führung verlor durch die Radikalisierung der Parteimitglieder ihren Einfluß, eine Mittelgruppe löste sie ab. Doch auf dem IX. Parteitag 1924 übernahm der linke Parteiflügel (Ruth Fischer, Maslow, Scholem, Thälmann) die Parteiführung. Die neue Leitung schlug einen ultralinken Kurs ein und wechselte den Parteiapparat fast vollständig aus. Unter der Losung der »Bolschewisierung« der Partei wurde ein ideologischer Kampf gegen den »Luxemburgismus«, und damit gegen die eigene Tradition geführt. Die KPD schloß sich auch sofort dem »Kampf gegen den Trotzkismus« an. In der Praxis führte die »Bolschewisierung« zunächst zum Erlahmen des innerparteilichen Lebens, die Demokratie wurde schrittweise eingeschränkt. Die radikalen Parolen der Parteiführung und ihre ultralinke Politik in der Stabilisierungsphase der Weimarer Republik 1924/25 führten zu einer zunehmenden Isolierung der Kommunisten. Ihre Wähler gingen von 3,7 Millionen (Reichstagswahl Mai 1924) auf 1,9 Millionen (Präsidentenwahl April 1925) zurück, der kommunistische Einfluß in den Gewerkschaften verschwand fast völlig.

Die Ruth Fischer-Führung konnte zwar einen ultralinken Flügel (Scholem, Rosenberg, Katz) auf dem X. Parteitag im Juli 1925 neutralisieren, doch geriet sie in Konflikt mit der Komintern. Nach einem »Offenen Brief« der Komintern gegen die Fischer-Maslow-Führung im September 1925 wurde diese entmachtet. In monatelangen Auseinandersetzungen wurden die zersplitterten linken und ultralinken Gruppen 1926 aus der KPD entfernt. Durch den »Kurs der Konzentration«, das heißt die Zusammenarbeit der kominterntreuen Linken unter Thälmann und Dengel mit der Mittelgruppe unter Ernst Meyer konnte sich die KPD wieder festigen, eine realistische Politik brachte der Partei Erfolge.

Die Haltung der Komintern gegenüber der neuen Führung blieb zwiespältig. Der VI. Weltkongreß der Komintern 1928 führte zu neuen Spannungen in der KPD. Ein Korruptionsfall löste die Krise aus. Der Politische Leiter der Hamburger KP, Wittorf, hatte Parteigelder unterschlagen. Sein Freund, der Parteivorsitzende Ernst Thälmann, vertuschte den Fall zunächst. Nach der Aufdeckung durch die Opposition enthob das ZK der KPD am 26. September 1928 Thälmann seiner Funktionen. Doch nun zeigte sich, daß Stalin und die Komintern die Linie der KPD, einer Sektion der Komintern, bestimmten. Stalin, der im Fraktionskampf gegen Bucharin und die »rechten« Kommunisten stand und seinen Anhänger Thälmann in Deutschland um jeden Preis halten wollte, ließ Thälmann mit Hilfe des EKKI wieder einsetzen. Zusammen mit Hermann Remmele und Heinz Neumann bildete Thälmann bis 1932 ein Triumvirat, das die KPD führte. Ende 1928 und Anfang 1929 wurden die rechten Kommunisten unter Brandler, Thalheimer, Frölich und Walcher ausgeschlossen, die »Versöhnler« unter Ernst Meyer und Ewert verloren ihre führenden Funktionen. Der XII. Parteitag der KPD im Juni 1929, der letzte in der Weimarer Republik, bestätigte den ultralinken Kurs der Partei, die nunmehr eine monolithische Organisation stalinistischen Typus geworden war*.

---

* Vgl. Hermann Weber: Die Wandlung des deutschen Kommunismus. Die Stalinisierung der KPD in der Weimarer Republik. Bd. 1 und 2, Frankfurt/M. 1969.

Diese Entwicklung der KPD konnte Rosa Meyer-Leviné an der Seite Ernst Meyers, also im innersten Kreis, beobachten. Ihre Erinnerungen lassen den Prozeß plastischer hervortreten, als das wissenschaftliche Literatur vermag. Doch Rosa Meyer-Leviné dokumentiert auch die letzte Phase der KPD-Politik von 1929 bis 1933. Die Weltwirtschaftskrise radikalisierte die Arbeiter und stärkte die KPD. Während die Partei in den zwanziger Jahren 100 000 bis 150 000 Mitglieder zählte, wuchs sie nun auf fast 300 000 Mitglieder und nahezu 6 Millionen Wähler an. Doch trotz der heraufziehenden Gefahr des Nationalsozialismus sah die KPD – entsprechend den Komintern-Vorstellungen – in der SPD ihren Hauptfeind (»Sozialfaschismus«). Sie erklärte, es gebe keinen prinzipiellen Unterschied zwischen Weimarer Republik und Hitler-Faschismus. Diese verhängnisvolle Generallinie führte schließlich zum Untergang der KPD*.

Die Erinnerungen Rosa Meyer-Levinés aus dem »inneren Kreis« der KPD sind so wertvoll, weil sie Politik und Entwicklung der Partei reflektieren und kritisch beleuchten. Natürlich sind Memoiren subjektiv gefärbt, die Analysen des geschichtlichen Ablaufs der Ereignisse von der politischen Einstellung des Autors geprägt, es ist selbstverständlich, daß für die wissenschaftliche Forschung Memoiren als Quellen vorsichtig zu interpretieren sind, der Standort des Verfassers berücksichtigt wird usw. Der Leser wird und kann bei Memoiren keine ausgewogene und differenzierte wissenschaftliche Einschätzung erwarten. Dafür gibt die Sicht der unmittelbar Beteiligten jenen frischen und direkten, oft emotional gefärbten Ein-

* Vgl. Siegfried Bahne: Die KPD und das Ende von Weimar. Frankfurt/M. 1976.

druck des historischen Ablaufs, den Dokumente, Akten und andere Quellen allein kaum zu vermitteln vermögen. Verzeichnungen, Erinnerungslücken oder Einseitigkeiten sind zwar unvermeidlich, aber kein Unglück. Die Memoiren von Rosa Meyer-Leviné haben gegenüber den herkömmlichen Erinnerungen einen großen Vorteil: im vorliegenden Band sind zahlreiche Dokumente wiedergegeben, die die Erinnerungen belegen. Besonders wichtig ist dabei der ursprünglich nicht zur Veröffentlichung gedachte Briefwechsel mit Ernst Meyer. Mehr als in vielen offiziellen Dokumenten spiegelt sich darin die Realität kommunistischer Politik oder die Haltung ihrer Führer. Nur ein Teil dieser Briefe wurde bisher veröffentlicht*, viele werden in diesem Band erstmals in deutscher Sprache abgedruckt.

Rosa Meyer-Leviné hat jedoch nicht nur über die KPD berichtet, ihre Beschreibung der Rußland-Reisen sind ebenfalls bemerkenswerte Situationsschilderungen. Schließlich haben die Memoiren noch zusätzliche Bedeutung durch die Vorstellung von mehr oder weniger bekannten wichtigen Führern des Kommunismus, darunter zum Beispiel Ernst Meyer, der natürlich die Hauptfigur bildet, Ernst Thälmann, Heinrich Brandler, Ruth Fischer, Arkadij Maslow, Willi Münzenberg, Gerhart Eisler oder auch etwa der »Meisterspion« Richard Sorge. Wichtige Details der Politik finden sich in Gesprächen

---

* Vgl. Weber. Wandlung, a. a. O., Bd. 1, S. 408 ff., sowie Hermann Weber: Zu den Beziehungen zwischen der KPD und der Kommunistischen Internationale. »Vierteljahreshefte für Zeitgeschichte«, Heft 2, Jg. 16, 1968, S. 177 ff. In diesen Arbeiten sind die Briefe auch interpretiert und durch Fußnoten aufgeschlüsselt.

mit den sowjetischen Führern Lenin, Trotzki, Bucharin, Sinowjew und Radek, sie sind von ebenso großem Interesse wie die Beschreibung ihrer Freunde, etwa der bekannten Sowjethistorikerin Anna Pankratowa (ein Briefwechsel wird erstmals im Anhang veröffentlicht). Es bedarf keiner besonderen Betonung, daß die biographischen Skizzen am Schluß des Bandes die subjektive Sicht der Autorin reflektieren, aber die Details der Beobachtung, Wiedergabe von Gesprächen usw. machen diese Skizzen für die historische Forschung wertvoll. Rosa Meyer-Leviné macht keinen Hehl aus ihrem politischen Standort. Sie hat ihn am Schluß ihrer Erinnerungen nochmals zusammengefaßt. Auch wer diese politische Sicht für falsch oder utopisch hält, wird anerkennen, daß die politische Meinung der Autorin den Quellenwert der Memoiren kaum beeinträchtigt.

Die Erinnerungen von Rosa Meyer-Leviné vermitteln dem Leser ein Bild von den Auseinandersetzungen in der KPD und der Komintern, sie schildern die Lage im damaligen Rußland und machen mit zahlreichen kommunistischen Führern und Funktionären vertraut. Damit wird unsere bisherige Sicht des deutschen Kommunismus ergänzt und erweitert. Schließlich ist es ein Stück ihres eigenen, spannenden Lebens, das die Autorin vor uns ausbreitet. Sie selbst mußte 1933 aus Deutschland fliehen. In der englischen Ausgabe schreibt der Herausgeber David Zane Mairowitz:

»Nachdem sie, unter falschem Namen, noch eine Zeit lang illegale Zusammenkünfte abgehalten hatte, entfloh Rosa Meyer-Leviné schließlich dem Nazideutschland über die tschechische Grenze. Von da aus flüchtete sie nach Paris, wo sie sich Trotzkis Oppositionsgruppe anschließen wollte. Der Sohn Trotzkis forderte sie, die erst jüngst in der Sowjetunion gewesen war, auf, einen Artikel für das Emigrantenblatt zu schreiben. Als sie wissen wollte, ob sie sagen dürfe, daß Trotzkis Gefolgschaft in Rußland sehr klein sei, wies man sie schroff ab, und das raubte ihr alle Illusionen. Entmutigt auch von der Volksfrontpolitik und von der Politik der Komintern in Frankreich ging sie im Oktober 1934 nach England, wo sie seitdem lebt. In den ersten Jahren sprach sie in kommunistischen Zellen deutscher Emigranten in London, und in den sechziger Jahren hielt sie zweimal politische Vorlesungen in Oxford. In erster Linie aber war sie eine Quelle des privaten politischen Gedankenaustausches für Historiker und Politiker. Unter den Gästen, die zu Tee und Politik kamen, waren über Jahre hin Eric Hobsbawm, Hermann Weber und Isaac Deutscher (der ihr als erster zuredete, ihre Erinnerungen zu schreiben). Darüber hinaus pflegte sie brieflich die Grundsatzdiskussion mit diesen Partnern, ebenso wie mit Herbert Marcuse und anderen. Jüngere Linke, die von ihr hörten und mit ihr debattierten, waren unter anderen Rudi Dutschke und Daniel Cohn-Bendit.«

In der Tat war Rosa Meyer-Leviné, als ich sie vor über 20 Jahren kennenlernte, für mich zunächst eine wichtige Geschichtsquelle. Rasch lernte ich ihr erstaunlich gutes Gedächtnis ebenso schätzen wie ihren stets wachen Geist und die analytische Schärfe ihres politischen Bewußtseins. Im Laufe unserer langen Freundschaft drängte ich sie ebenso wie andere, ihre Erfahrungen zu Papier zu bringen. Sie schrieb ihre Erinnerungen in englischer Sprache nieder, und es wurde ein sehr umfangreiches Manuskript. Es ist das Verdienst von David Zane Mairowitz, und das soll hier ausdrücklich gewürdigt werden, daß daraus ein handlicher Band wurde, der die wichtigsten Erinnerungen festhielt. Die englische Ausgabe* erschien 1977. Auf ihr basiert auch der vorliegende Band. Auf die Einleitung von David Zane Mairowitz mußte aus Platzmangel verzichtet werden, ebenso auf einen Exkurs über die KPD von Richard Kuper. Gegenüber der englischen Ausgabe ist der Band dadurch verändert, daß (außer einigen wenigen Kürzungen und von der Verfasserin autorisierten Veränderungen) vor allem Erweiterungen anhand des Originalmanuskriptes vorgenommen wurden, die den deutschen Leser interessieren dürften. Schließlich erläutern Fußnoten den Text und die Personen werden durch biographische Daten vorgestellt**.

Bei den Dokumenten, vor allem den Privatbriefen, wurden selbstverständlich die deutschen Originale herangezogen.

Für die Beschaffung der frühen Briefe sei Frau Hanne Marschall vom Bundesarchiv Koblenz gedankt. Mein Mitarbeiter Michael Müller hat bei der schwierigen Aufgabe geholfen, alle deutschen Originale der Dokumente und Briefe zu finden, mein Dank gilt ihm ebenso wie

* Rosa Leviné-Meyer: Inside German Communism. Memoirs of Party Life in the Weimar Republic, edited and introduced by David Zane Mairowitz. Pluto Press, London 1977.
** Die biographischen Daten stützen sich auf folgende Werke, in denen Kurzbiographien der meisten von Rosa Meyer-Leviné erwähnten Personen zu finden sind:
Weber, Wandlung, a. a. O., Bd. 2.
Branko Lazitch (in Zusammenarbeit mit Milorad M. Drachkovitch): Biographical Dictionary of the Comintern. Stanford, Calif. 1973. Geschichte der deutschen Arbeiterbewegung. Biographisches Lexikon. Berlin (Ost) 1970.
Lexikon der Großen Sozialistischen Oktoberrevolution. Leipzig 1976. Außerdem verschiedene Lexika, Handbücher usw.

meinem Mitarbeiter Roland Marker, der bei der Zu-
sammenstellung der biographischen Daten mitwirkte.
Frau Erika Stegmann vom Verlag Kiepenheuer & Witsch
unterstützte das Projekt und begleitete das Werden des
Bandes mit großem Interesse, das Erscheinen der Erinnerungen ist ihr ebenso zu verdanken wie Barbara Bortfeldt, die eine einfühlsame Übersetzung schuf. Wie üblich war auch meine Frau, Gerda Weber, sehr aktiv an der
Herausgabe beteiligt, sie half mit, daß unsere gemeinsame hochbetagte Freundin Rosa Meyer-Leviné die
deutsche Ausgabe ihrer Memoiren in ihren Händen halten kann.

Mannheim, im Januar 1979   Hermann Weber

I

Die Partei nach München

Nach dem Scheitern der Münchner Räterepublik, das mit der Erschießung meines Mannes Eugen Leviné im Juni 1919 besiegelt war, wurde ich aus Bayern vertrieben. Heidelberg war mein erster Aufenthalt. Ich war krank – ein altes Leiden, durch meine Nervenzerrüttung sehr verschlimmert. Viele Wochen verbrachte ich im Krankenhaus und mehrere Monate zur Erholung in Bad Dürrheim. Meine Schwiegermutter hatte ihrem Sohn zwar versprochen, mir beizustehen, aber in der festgefügten Ordnung ihres Lebens war für mich kein Platz.

Anfang 1920 zog ich nach Berlin, diesmal in eigene vier Wände, auch wenn ich sie mit einem alten Freund, dem Maler Karl-Jakob Hirsch, teilen mußte. Mein Kind hatte ich bei mir, und ich versuchte, mein zerbrochenes Leben wieder zusammenzuflicken.

Es war im Sommer des Jahres 1920, als ein Strom russischer Delegierter nach Deutschland einsetzte: um den Westen zu sehen, um zu lernen – um zu bekehren. Ich wurde gebeten, bei Konferenzen und privaten Zusammenkünften zu dolmetschen, und ich lernte einige der bedeutendsten Pioniere der russischen Revolution kennen. Einer von ihnen war der legendäre Artjom-Sergejew, der in den Revolutionskämpfen Taten von seltener Tapferkeit vollbracht hatte und zum besonderen Favoriten Lenins geworden war. Er hatte den Kugeln und der

Folter getrotzt – bald darauf aber starb er bei einem dummen Unfall. Nach dem Tode Sergejews nahm Lenin sich die Zeit, der Witwe einen Besuch abzustatten. Sie war ein albernes, hysterisches Mädchen, das ich ganz gut kannte, da wir einst in derselben russischen Kleinstadt gelebt hatten. Sie stammte aus einer bürgerlichen Familie, war aber irgendwie in die Revolution hineingeraten. Lenin muß geahnt haben, daß sie in ihrer neuen Umgebung gemieden wurde, und er wollte ein Beispiel der Solidarität mit der Frau eines großen Revolutionärs und mit dem Sohn, den er hinterlassen hatte, geben. An diesen Besuch erinnerte sich Moskau noch sehr lange, und sie, unnötig zu sagen, hatte ausgesorgt.

Mein persönlicher Favorit war der Textilarbeiter Lebedjew, ein Riese von Russe mit klaren blauen Augen, die sein ganzes sauberes, aufrechtes Wesen spiegelten. Er hatte sich im heroischen Dienst an der Revolution ganz verausgabt und starb Anfang vierzig an Herzversagen. Wir machten manchmal zusammen Ausflüge von Berlin aus; unsere eindrucksvollste Reise war die nach Cottbus mit seiner ausgedehnten Textilindustrie. Die örtlichen Gewerkschafter sprangen über ihren Schatten und zeigten politische Toleranz, sie organisierten eine Versammlung, um sich anzuhören, was der Bolschewik ihnen über russisches Leben zu erzählen hatte, und sie zeigten ihm auch eine deutsche Fabrik. Die Bosse des Werkes hatten anscheinend entschieden, daß jeder Kontakt mit den Arbeitern zu vermeiden sei, und so gab uns die Direktion des Werkes das Geleit. Dies aber hob nur unser Prestige bei den Arbeitern, sie jubelten uns zu, klatschten Beifall und drängten sich zum Händeschütteln – schließlich und endlich: ein Textilarbeiter wie sie wurde hier von ihren Bossen geehrt.

Am Ende wurden wir vom Fabrikbesitzer zu einem »Imbiß« geladen. Der Tisch war kunstvoll gedeckt mit erlesenen Speisen und Getränken. Mir stockte der Atem. Oft waren wir der Mittelpunkt allgemeiner Aufmerksamkeit gewesen, wenn Lebedjew im Restaurant zu sehen war, fröhlich mit dem Messer essend. Wir setzten uns. Lebedjew nahm ein belegtes Brot und aß es in perfekt deutscher Manier, mit Messer und Gabel. Ich hätte ihn umarmen können. Ich wollte nicht, daß man auf diesen wunderbaren Menschen herabsah – noch auf die Bolschewiki im allgemeinen übrigens. Lebedjew aß seine Stulle auf, nahm einen Schluck aus seinem Glas: »Danke.« Er war nicht zu bewegen, noch einen Bissen zu essen, so sehr sie sich auch mühten. »Mit solchen Leuten sauf' und prass' ich nicht. Wir haben nichts gemein«, erläuterte er später. »Ich habe es vermieden, mich demonstrativ oder unhöflich zu benehmen, das reicht!«

Führende Funktionäre und ihre Frauen wurden normalerweise zu den offiziellen Empfängen der Sowjetbotschaft eingeladen. Dort standen wir auf Tuchfühlung mit dem diplomatischen Corps und anderen Würdenträgern des Westens und konnten sie uns ganz aus der Nähe besehen. Sie pflegten die reichbeladenen Buffets wie eine Schar ausgehungerter Tramps zu stürmen. Sie vergaßen, daß sie ihre Gastgeber, insbesondere in den ersten Jahren der Revolution, als Banditen und Halbwilde verabscheuten. Es wurde mir zur Gewohnheit, »uns« und »sie« zu vergleichen. Niemals dürfen wir, was die menschliche Würde betrifft, hinter ihnen zurückbleiben, und mich hat es immer zutiefst alarmiert, wenn das vorkam – Lebedjew jedenfalls hatte die Probe ganz entschieden bestanden.

Ich lernte Losowski kennen, der im Zweiten Weltkrieg

große Berühmtheit erlangte als Propagandachef, eine Art russischen Goebbels, und der nach dem Kriege von Stalin hingerichtet wurde. Ich wurde zu seiner Privatdolmetscherin bestellt und wir verbrachten viel Zeit miteinander. Er war Schmied, ein höchst ungewöhnlicher Beruf für einen Juden, und er sah genau so kraftvoll und unbeugsam aus, wie man es von einem Manne dieses Berufes erwartet. Aber er war auch ein Träumer, seine Augen konnten manchmal, wenn er von der glücklichen Zukunft sprach, in der die Menschheit von Not und Knechtschaft befreit sein würde, geradezu strahlen. Wie alle Hauptgestalten der russischen Revolution las er sehr viel. Das Tempo, in dem er Deutsch lernte, war frappierend – er brachte mich um meinen Job. Innerhalb von Tagen war er imstande, seine zahlreichen Besucher zu verstehen, zumindest den Kern des Gespräches zu erfassen und sogar kurze Antworten zu geben.

Es war im Herbst 1920, als meine enge Freundschaft – die später zur Ehe führte – mit Ernst Meyer begann. Kennengelernt hatten wir uns 1917 bei Sonja Liebknecht: da war er ein verheirateter Mann mit zwei Kindern und ich die Frau von Leviné. Wir hatten noch kaum ein Wort gewechselt.
1918, nach der russischen Revolution, sah ich ihn täglich bei Rosta, der Vorgängerin der Tass-Nachrichtenagentur: Ernst war Leiter der deutschen, Leviné Leiter der russischen Redaktion, und ich war Levinés Privatsekretärin.
Zum Unterschied von Leviné, der seinem Äußeren keinerlei Beachtung schenkte, war Ernst Meyer stets gepflegt, mit adrettem Haarschnitt, manikürten Händen –

Rosa Meyer Leviné, 1905

er sah kaum wie ein Revolutionär aus. Aber er war ein
Mann von hoher Integrität. Freiwillig kürzte er sein Gehalt bei Rosta um die Hälfte mit der Begründung, daß er
ja auch nur die Hälfte seiner Zeit mit der Arbeit für Rosta
zubringe. Leviné war tief beeindruckt.

Jahre später, als ich nach Berlin zurückkehrte, riet man mir, bei der Kontaktaufnahme mit der Partei zu versuchen, Ernst Meyer anzusprechen, er sei der sympathischste und aufgeschlossenste der Spitzenfunktionäre. Wir trafen uns einige Male, doch das Eis zwischen uns brach erst am Vorabend seiner Abreise nach Sowjetrußland im Juli 1920. Zum erstenmal tauschten wir ein paar persönliche Worte aus, und wir merkten, wie gut wir uns in Wirklichkeit verstanden. Wir schieden mit einem einsamen Abschiedskuß, aber wir wußten beide, daß wir von nun an zueinander gehörten.

Ende 1920 fuhr ich nach Königsberg zu Ernst Meyer, der gerade aus der Zentrale der KPD hinausgeworfen worden war, angeblich wegen »Rechtsabweichung«. Ich kann mich nicht mehr besinnen, um was es im Detail ging, und es gibt auch keine eindeutigen Unterlagen, aus denen man das schließen könnte. Aber es dürfte wohl nicht an meiner Voreingenommenheit liegen, wenn ich seine Absetzung auf Intrigen und Fraktionskämpfe zurückführe. Lenin, der die Entwicklung der deutschen Partei sehr genau verfolgte und der reichlich Gelegenheit hatte, Ernst Meyer zu beobachten, als sie gemeinsam an den berühmten »21 Bedingungen« (für die Aufnahme der USPD in die Komintern)[1] arbeiteten, Lenin setzte großes Vertrauen in ihn. Es war Lenins ausdrücklicher Wunsch, daß Ernst den bevorstehenden Parteitag leiten sollte, auf dem sich die USPD mit den Kommunisten verschmelzen wollte[2]. Dies war etwas, was mir Ernst in seiner Bescheidenheit erst kurz vor seinem Tode erzählte.
Nach seiner Absetzung sollte er nach Königsberg gehen, um dort die Herausgabe einer kommunistischen Zeitung

zu organisieren (*Echo des Ostens*). Mir versprach er eine Rußland-Seite in der Zeitung, aber es war gar kein Köder nötig: Ich wäre unter allen Umständen mit ihm gegangen. Mit meinem fünfjährigen Jungen folgte ich ihm.

Die begrenzte Anzahl führender kommunistischer Köpfe stand in keinem Verhältnis zu den neuen Erfordernissen. Die Führungsschicht war allzu satt, allzu bequem, um den rebellierenden Massen den Weg zu weisen. Man brauchte nur in ihre Häuser zu schauen, ihre Frauen zu sehen, ihre Kaffeekränzchen zu besuchen, um zu begreifen, wie tief sie in der kleinbürgerlichen Lebensart und ihren Traditionen verwurzelt waren. Die Kommunistische Partei mußte auf die Randgruppen von Arbeitern außerhalb der etablierten Parteien zurückgreifen. Eine Phalanx von wendigen, begabten jungen Leuten, voller Tatendrang, guten Willens und Mut, aber ohne politische Erfahrung und Bindung an die Arbeiterbewegung, drang in die Partei ein. Sie stießen in eine klaffende Lücke und errangen auf einen Schlag Führungspositionen und Prominenz. Auf diese Weise sind Leute wie Heinz Neumann, Gerhart Eisler und Ruth Fischer (die Begabteste von allen und erst Mitte zwanzig) in der Lage gewesen, einen derartigen Einfluß auf die deutsche revolutionäre Bewegung auszuüben und ihr Los bis zu einem gewissen Grade zu bestimmen.

Keine Revolution kommt ohne solche Kräfte aus. Sie sind gleichermaßen die Stärke und die Schwäche der Bewegung – denn sie sind Hauptquelle verfrühter Aktionen.

Die deutsche Arbeiterschaft verlor die Geduld mit ihren Parteien und hielt Ausschau nach neuer Orientierung.

Die Aufgabe, die politisch gemäßigten und erfahrenen Arbeiter zu gewinnen – jenen Menschentyp, der in den alten Organisationen USPD und SPD zu finden war –, wurde zu einer Angelegenheit von Leben und Tod. Der Anziehungskraft der Kommunistischen Partei bei solchen Leuten stand vor allem das Verhalten der Aufwiegler in den eigenen Reihen im Wege. Trotz ihrer Courage und ihrer Hingabe an die Sache stießen sie die Massen mit ihren semi-anarchistischen Methoden ab. Sie mußten zur Vernunft gebracht werden, und das erforderte langwierige und taktvolle Überzeugungsarbeit. Für Geduld jedoch hatte in jenen Tagen niemand etwas übrig.

Der Heidelberger Parteitag im Oktober 1919[3] war beispielhaft für diese ungeduldige Stimmung. Sein wichtigstes Ziel war, jene Parteimitglieder abzuschütteln, die der Vereinigung mit der Unabhängigen Sozialdemokratischen Partei im Wege standen, und sich das Wohlwollen der USPD-Führung zu sichern. Er wurde von Paul Levi geleitet, damals Vorsitzender der Kommunistischen Partei und vielleicht der Ungeduldigste von allen. Seine arrogante Art, seine hochmütige Nichtachtung aller intellektuell Unterlegenen vergraulten eine Menge Leute, die verläßliche Säulen der Revolution hätten werden können, und waren die eigentliche Ursache all der tragischen Unruhe und schließlich der Auflösung des Kommunismus in Deutschland. Denn anstatt sie zu überzeugen, schloß man diese Kräfte einfach aus der Partei aus, und sie bildeten 1920 eine eigene Partei, die Kommunistische Arbeiterpartei (KAPD), die sich gegen jede »Herrschaft von oben«, gegen jede Führerschaft wehrte. Zwar bestand die neue Partei nicht lange, aber ihre Mitglieder verschwanden nicht. Von kühner revolutionärer Gesinnung, stellten sie sich überall dort ein, wo Unruhen ausbrachen, denen sie ihren chaotischen Stempel aufdrückten mit abenteuerlichen Aktionen, die manchmal an schlichte Kriminalität grenzten, unternommen im Namen der Kommunistischen Partei. Aus der gleichen radikalen Quelle stammten Zahl und Stärke der späteren »Linken« unter Ruth Fischer und Maslow in Berlin. Lenin bemühte sich um sie und schrieb – inmitten von Lärm und Raserei des Bürgerkrieges – sein Meisterstück an politischer Taktik: *Der Radikalismus – die Kinderkrankheit des Kommunismus* zu ihrer Erbauung. Er drängte auch darauf, die Kommunistische Arbeiterpartei[4] in die Dritte Internationale aufzunehmen. Sie aber trauten nach ihren bitteren Erfahrungen von Heidelberg niemandem mehr.

Unser Auszug aus Königsberg kam ganz unverhofft. Ernst erhielt Anfang 1921 ein Telegramm, in dem er gebeten wurde, unverzüglich nach Berlin zu kommen, um den Parteivorsitz zu übernehmen. Er war wegen »Rechtsabweichung« aus der Zentrale entfernt worden. Jetzt wurde er zurückgerufen, um eine Politik zu führen, die gefährlich nahe bei Ultralinks lag und die, nur wenige kurze Wochen später, in der berüchtigten »März-Aktion« gipfelte. Nichts hätte besser verdeutlichen können, wie gesucht die Angriffe gegen Ernst Meyer gewesen waren – und auch wie wenig Ernst imstande war, sie zu parieren.

»Die revolutionäre Bewegung in Deutschland ist undenkbar ohne Ernst Meyer«, hat eine Schweizer Genossin, Rosa Grimm, einmal gesagt. Ich hielt das für Schmeichelei, aber die Geschichte hat bewiesen, daß es ohne ihn niemals eine reibungslos funktionierende Kommunistische Partei in Deutschland gegeben hat.

2

Die März-Aktion 1921

Die Fusion mit der Unabhängigen Sozialdemokratischen Partei Deutschlands im Dezember 1920 verhalf den Kommunisten mit einem Schlage zum langersehnten Status der »Massenpartei«. Jetzt hielten sie sich für verpflichtet, Resultate zu liefern. Der Zustrom von vierhunderttausend bis fünfhunderttausend neuen Mitgliedern[5] nährte die Illusion, Agitation an der Basis könnte nun die latente Unzufriedenheit, die in der Arbeiterschaft noch ziemlich stark war, schüren und zur reichsweiten Aktion ausbauen. Aus der Anfangsphase der deutschen Revolution war den Kommunisten das Gefühl geblieben, »ganz knapp verloren« zu haben. Es waren, so meinten sie, die Manipulationen verräterischer Funktionäre der USPD, durch welche die Arbeitermassen immer wieder von der letzten siegreichen Schlacht zurückgehalten wurden. Jetzt würden die Massen der kommunistischen Führung folgen, wenn sich die Bedingungen früherer Tage wieder herstellen ließen.

Unnötig zu sagen: Anfang der zwanziger Jahre gab es in Deutschland genügend explosive Situationen. Im Mansfelder Kohlenrevier in Mitteldeutschland rissen die Geplänkel zwischen den Bergarbeitern und der preußischen Polizei nicht ab. In der Erwartung, daß die verhaßte Reichswehr zur Verstärkung der Polizei befohlen würde, um für Ruhe und Ordnung in diesem Gebiet zu sorgen, standen die Arbeiter in ständiger gespannter Bereit-schaft. Die Partei ging davon aus, daß sich die Mansfelder Unruhe ausbreiten werde, wenn die kommunistische Agitation und die Beispiele mutiger revolutionärer Taten die Arbeiter mobilisierten – die sogenannte »Offensiv-theorie«. Zunächst war es Aufgabe, die Arbeiter in Be-wegung zu bringen und sie durch eine Serie revolutionä-rer Aktionen anzuspornen. Aber diese Offensiv-Strate-gie kam wie ein Blitz aus heiterem Himmel. Da war keine steigende revolutionäre Flut, keine Massenbewegung, lediglich eine Resolution von oben, beschlossen von der Zentrale. Entsprechend verschwommen und abstrakt war denn auch die Propaganda – ich zum Beispiel habe damals nicht begriffen, was man damit wollte. Der erste Kampf fand in meinem eigenen Hause, zwischen mir und meinem Manne statt – eine Schlacht um Klarheit. Mir ging dabei nicht auf, daß sich allein hierin schon die Schwäche der neuen Politik zeigte: Nicht jedes Partei-mitglied hatte schließlich ein Mitglied des Polbüros als Informationsquelle zu seiner persönlichen Verfügung. Es war ein wertvoller Test: Wenn Beweggründe und Ziele mir unklar blieben, konnten sie auch den Arbeitern nicht klarer werden. Es ist erstaunlich, daß sein revolutionärer Eifer Ernst blind machte gegen diese simple Wahrheit.

Zum richtigen Kampf kam es dann in Mansfeld und Um-gebung, wo die Kumpel mit großer Bravour vorgingen. Allerdings – eine »revolutionäre Offensive« konnte man das nicht nennen, eher einen Abwehrkampf gegen die Schutzpolizei und die Reichswehr-Kommandos. Die Kämpfe dauerten mehrere Tage. Ihre Bedeutung wurde unterstrichen durch die Teilnahme von Max Hoelz, einer legendären Gestalt des revolutionären Deutschlands, dessen Kühnheit die Arbeiter faszinierte.

Die »revolutionäre Offensive« jedoch erwies sich als ein kläglich isoliertes Unternehmen. Das Land blieb stumm. Die kommunistische Presse mühte sich, den Feldzug anzupreisen, indem sie die »sozialdemokratischen Arbeiterverräter« in niederträchtiger Weise schmähte und donnernde Appelle an die Arbeiterschaft richtete, wütende, befehlende Appelle, die mehr nach Drohung klangen: »Das Blut der Opfer wird nicht nur über eure Funktionäre kommen, es kommt auch über euch!«, oder geradezu nach Kriegserklärungen: »Wer nicht für uns ist, ist gegen uns!« Natürlich wurde damit auch nichts besser.

Was dann kam, zählt zu den schlimmsten Kapiteln der kommunistischen Geschichte. Um das Feuer zu schüren, nahm die Partei Zuflucht zu Sabotage, Bombenlegerei und schlichter Provokation. Ja, es hat Versuche gegeben, die Schutzpolizei so zu provozieren, daß sie als erste angriff, damit die Arbeiter losschlügen. Arbeitslose wurden zu Sturmbrigaden formiert, die gewaltsam in Fabriken eindringen und die Einstellung der Arbeit erzwingen sollten. Mancher hatte sogar Handgranaten. Noch als die Niederlage schon besiegelt war, wurden Zusammenstöße und Rangeleien vom Zaun gebrochen als taktische Rückzugsgefechte. Es schien keine Rolle zu spielen, wessen Blut da noch floß. Die Verlustziffern stiegen, aber niemand wagte die Aktion abzublasen aus Angst, als Schwächling und Nicht-Revolutionär dazustehen. In Berlin forderte die Partei Streik um jeden Preis, und gehorsam liefen die parteitreuen Kommunisten hinaus, während die Arbeit in den Betrieben weiterging. Ihr Opfer kam allein den Fabrikherren zugute, für die das eine gute Gelegenheit war, die Aufrührer loszuwerden.

Die Folgen waren verheerend. Für lange Zeit konnte die

Rabbiner Niessen Broido, Rosas Vater

antikommunistische Presse jetzt mit Berichten über den kommunistischen Dolch im Gewande aufwarten, über Chaos und Unruhestiftung. Die SPD-Zeitung *Vorwärts* meldete sogar die Entdeckung eines Geheimlabors, in dem angeblich Cholera-Bazillen gezüchtet worden seien zur Verbreitung von Epidemien. Auch wenn man vieles als starke Übertreibung abstrich, – es gab genügend kompromittierende Einzelheiten, die Bestürzung und Ablehnung auslösten. Und die Gerichte schickten irregeleitete Arbeiter zu hunderten in die Gefängnisse.

Gewiß, auch die schärfsten Kritiker wie Paul Levi räumten ein, daß ein Unterschied zu machen war zwischen dem, was die Partei anordnete oder auch nur wußte und dem, was tatsächlich vor sich ging. Auf der anderen Seite: Ernst Meyer lachte nur über manches Ereignis, das tatsächlich passierte – ihm war so etwas gänzlich fremd. Ein erbitterter innerparteilicher Zwist brach aus, und die März-Aktion wurde verdammt als eine russische Taktik, die Aufmerksamkeit der eigenen Arbeiter von den Schwierigkeiten der Partei abzulenken.

Paul Levi ließ ein gewaltiges Donnerwetter los gegen die Invasion der »Turkestaner« in die Partei. Er gab, indem er die Partei offen verurteilte, ein Signal[6]. Viele Funktionäre, vor allem die der früheren USPD, legten dutzendweise ihre Ämter nieder. Die Auflösung der Partei schien besiegelt. Aber die Radikalen hatten nichts gelernt. An einem unserer seltenen gemeinsamen Wochenenden außerhalb von Berlin trafen wir Arkadij Maslow. Er kam gerade aus Moskau, wo der Dritte Komintern-Kongreß[7] eben zu Ende gegangen war, und er berichtete sehr anschaulich, wie Lenin mit der März-Aktion und mit Paul Levi umgegangen war. »Freundliche Klapse für Levi, harte Schläge für uns«, wiederholte er immer wieder,

konsterniert. Er schien platt zu sein: Solch großer revolutionärer Eifer und kein Dank, es war nicht gerecht . . .
Ernst war sehr nachdenklich, aber er konnte in diesem Stadium seine Fehler noch nicht voll einschätzen. Noch bemühte er sich um die Rechtfertigung des »verwegenen Angriffs«. So schrieb er im März 1922 in einem Privatbrief: »Vor 1 Jahr war die schlimmste Zeit der Märzaktion. Mir liegen jene Tage in der Erinnerung wie ein Alp. Das war eine todeskühne Attacke; ich möchte die Erfahrungen nicht missen. Wer so etwas als Person u. Partei besteht, ist gefeit für die schwierigste Situation*.«

* In Moskau dann, im Spätherbst 1922, als Trotzki heftige Kritik an den März-Ereignissen übte, horte Ernst ihm zu mit der Miene eines völlig Unbeteiligten, den Trotzkis Kritik kaum etwas anging. Inzwischen war er durch seine praktische Arbeit vollkommen über seine Fehler hinausgewachsen – die einzige Art, in der man politische Irrtümer wirklich überwinden kann. Deshalb war Ernst auch ein so entschiedener Feind der »Selbstkritik«.

3

Die Affäre Rathenau

Das waren die Bedingungen, unter denen Ernst Meyer die Führung der Partei übernahm. Es ist bezeichnend, daß kaum ein Chronist des deutschen Kommunismus ihn erwähnt oder auch nur zur Kenntnis nimmt, daß Ernst vom Februar 1921 bis zum Leipziger Parteitag im Januar 1923 Vorsitzender des Politischen Büros (damals Polbüro genannt) war – und damit nach heutigem Verständnis *der* Parteivorsitzende. Er steuerte die Kommunistische Partei mit einem Minimum an Mitglieder- und Prestigeverlust durch alle ihre Krisen, stets präsent, wo die Zerfallserscheinungen am stärksten waren; dabei spaltete er, wenn nötig, Fraktionen auf, die sich verfestigt hatten, indem er einzelne Leute in andere Gebiete und Tätigkeiten schickte und ihnen so Gelegenheit gab, zur Besinnung zu kommen.

Er übernahm die schwere Bürde, die Vertrauensbasis wieder herstellen und die Partei wieder auf die Beine bringen zu müssen. Und seine Bemühungen zeitigten erstaunliche Erfolge. Selbst Ruth Fischer, seine politische Kontrahentin, zollt ihm in ihrem Buch *Stalin und der deutsche Kommunismus* ihren Tribut: »In der zweiten Hälfte des Jahres 1922 gewann die Kommunistische Partei Deutschlands an Einfluß und Mitgliederzahl. Im dritten Vierteljahr 1922 hatte sie 218 555 Mitglieder; das hebt sich scharf ab von den 180 443 Mitgliedern des Vorjahres gleich nach der März-Aktion« (S. 270).

Was noch bedeutsamer war: Die Kommunisten gewannen auf Kosten der Sozialdemokraten (SPD), die trotz ihrer Vereinigung mit den Resten der ehemaligen USPD Verluste hinnehmen mußten. Das ist als die größte Leistung zu betrachten, denn nach Lenin war es die Hauptaufgabe der Kommunisten, die *organisierten* Arbeiter zu gewinnen. Bemerkenswerte Daten waren auch das Übergewicht der Männer gegenüber den Frauen in der Partei (191 845 gegenüber 26 710), was in der Rolle der Frau in Wirtschaft und Gesellschaft begründet war, sowie die Erfolge in den Gewerkschaften und in der Kommunalpolitik – absolute Mehrheit in 80 Stadträten, stärkste Fraktion in weiteren 170 Gemeinderäten, mehr als 6000 kommunistische Ratsmitglieder, fast 1000 kommunistische Zellen in den Gewerkschaften und 400 Kommunisten in gewerkschaftlichen Spitzenpositionen. Am stärksten in Zahl und Einfluß waren die Kommunisten in ihren Hochburgen in Berlin, Hamburg und im Ruhrgebiet.

Der Jahresbericht zum Leipziger Parteitag[8] schilderte die Parteiarbeit von 1922 in leuchtenden Farben: Schaffung von Sonderabteilungen in Gemeinden und Genossenschaften; Frauen-, Jugend- und Kinderabteilungen; Arbeitsgruppen für Bauern und Landarbeiter; Rechtsberatung und Unterstützung für politische Gefangene und deren Familienangehörige. Neben einem kommunistischen Pressedienst und 34 Tageszeitungen verfügten sie über 7 Zeitschriften, darunter *Die Internationale, Der Kommunistische Gewerkschafter* und *Der Kommunistische Landarbeiter.*

Die Partei konnte ferner die Organisation »Rote Hilfe« schaffen, die den Tausenden von Opfern der März-Aktion mit rund 8,5 Millionen Mark beisprang. Eine »Rußland-Hilfe« sammelte daneben in weiten Teilen

Deutschlands Spenden. Allein die Sammelaktionen, die von Kindern und Jugendlichen durchgeführt wurden, erbrachten 8 Millionen Mark.

Parteischulen wurden an verschiedenen Standorten im Reichsgebiet eröffnet, und Wanderlehrer der Partei reisten von Bezirk zu Bezirk, um kommunistisches Theoriewissen zu verbreiten. Die Herausgabe russischer Literatur, alter und neuer, und der Import russischer Filme dienten dem Ziel, Verständigung und Sympathie für die Sowjetunion und zugleich für die kommunistische Partei zu fördern.

All diese wertvollen statistischen Daten zitiert Ruth Fischer, deren Gegnerschaft zu Ernst seinen Tod noch achtzehn Jahre überdauerte. Natürlich fällt es ihr nicht ein, ihm irgend etwas gutzuschreiben oder auch nur irgend einen Zusammenhang zwischen diesen Leistungen und der Amtsführung Ernst Meyers zu sehen.

Nach dem März-Aufstand, als Levi, Reuter und fähige Leute aus der ehemaligen USPD mit unabhängigem Geist und revolutionärer Erfahrung die Kommunistische Partei verließen, blieb niemand mehr, der die Führungsrolle Ernst Meyers in Frage gestellt hätte. Brandler, die einzige Persönlichkeit von Rang, war in Moskau und hatte keinen Einfluß auf die deutsche Entwicklung. Thalheimer, der belesene Marxist und kühne Revolutionär, war nie ein Mann der Tagespolitik. Paul Frölich, Schriftsteller und Propagandist, beichtete mir in einem persönlichen Gespräch, daß er allein und von sich aus nicht imstande sei, mit einem unvorhergesehenen Problem fertig zu werden. Clara Zetkin befand sich wegen ihrer angegriffenen Gesundheit die meiste Zeit in Rußland. Die anderen alten Spartakisten, Pieck, Eberlein, Heckert, alle begabte, ergebene Kommunisten, waren gute Funktionäre – »eine hervorragende Hilfstruppe, mehr nicht«.

Unter Ernst Meyers Führung wurde die Partei 1923 zu einer Kraft, mit der zu rechnen war, und sie sah sich in der Lage, ernsthaft nach der Macht zu greifen. Ernst jedoch neigte dazu, trotz seiner prominenten Stellung seine eigenen Verdienste unter den Scheffel zu stellen: »Ein Kind könnte die Partei jetzt führen. Es ist alles da, alles klar. Wir brauchen nur Lenins Führung zu folgen.«

Während seiner gesamten Amtszeit sah sich Ernst nicht nur erbitterter Feindschaft der Radikalen ausgesetzt – Ruth Fischer und Maslow –, die jede konstruktive Parteiarbeit als »kommunistischen Reformismus« und als Abkehr von der Revolution betrachteten, sondern auch – aus unerfindlichen Gründen – der Opposition von Radek und vor allem von August Guralski, der in Berlin lebte und in der deutschen Politik eine bedeutende Rolle spielte. Obwohl es nie eine grundsätzliche Meinungsverschiedenheit über Fragen der politischen Linie zwischen diesen beiden Männern und Ernst gab, war eine ständige unterschwellige Verleumdungskampagne gegen Ernst im Gange.

Unser Leben verlief mehr oder weniger normal, und Ernst arbeitete ohne Pause. 1922 ging ich für drei Monate nach Heidelberg, und seine Briefe aus dieser Zeit sind laufende Belege seiner Schwierigkeiten:

16. 5. 22. Berlin

[. . .] Also vor dem Zentralausschuß Sitzung über Sitzung und Resolutionsfabrikation, auch Vorbereitung auf meine Rede. Am Sonntag mein Referat, das ich mit dem

Radeks, der keine Redeerlaubnis bekam, verschmelzen mußte. Ich sprach leidlich. Dann Diskussion, Schlußwort u. abends Resolutionskommission. Am Montag Vorsitz im Z.-A., Ältestenrat, Geschäftsordnungsdebatte im Parlament, Vorsitz im Z.-A., Z.-Sitzung, *drei* Artikel über Z.-A. bis 12 Uhr nachts, bis 2 Uhr morgens Pauls [Frölich] Broschüre zuende gelesen. Heute Fraktionssitzung über unsere Taktik (Abwehr von Angriffen wegen meines »Reformismus«), längere Rede über Auslieferung von Italienern im Landtag, Korrektur der Rede, jetzt endlich kann ich Dir schreiben. [. . .]

Berlin, 20. 5. 22.
Liebste! tolle Arbeit hinderte mich wieder Dir zu schreiben. Gestern gab's den ersten Zusammenstoß zwischen mir und Maslow. Heute pöbelt er mich, wegen einer anderen Sache, in der [Roten] »Fahne« an. Aber ich bin gewiß, daß in einigen Wochen alle Schwierigkeiten fort sind. Überhaupt sehne ich mich, nichts von Parteipolitik zu hören!
[. . .] Mein Urlaub wird kurz nach dem 28. d. M. beginnen. Vorher kann ich leider nicht kommen: morgen in Magdeburg, Montag Parlamentskonferenz, Dienstag Neunerkommission für Arbeiterweltkongreß, Mittwoch Z.-Sitzung, Donnerstag Sekretärkonferenz, Sonntag Berliner Bezirksparteitag. Sobald der Tag meiner Reise feststeht schreibe ich Dir. (In der ganzen Woche noch Parlament: Genua, Hilfe für Rußland u. a.)
Ich sitze gerade im Plenum, muß aufpassen, daß der Präsident Leinert keine Schweinerein macht. Gestern kam ich erst sehr spät nach Hause, bin recht müde und nervös, muß heute Abend um 10 noch nach Magdeburg. Montag gleich morgens Fortsetzung der Justizdebatte, wo ich un-

bedingt dabei sein muß. Auch einen Artikel muß ich noch heute schreiben. Zum Ausruhen oder Lesen komme ich noch immer nicht. In Breslau war ich nicht, da ich im Landtag reden mußte. Ich nehme ganz teil an Deiner Arbeit und wünsche sehr, daß Du gut voran kommst. Schreib mir doch genau, von wann an Du in der Blumenstraße wohnst. [. . .]

Normalerweise war es erträglich, und Ernst vermochte in seiner ruhigen Art mit den Konflikten fertig zu werden. Aber im Sommer 1922 wurde Deutschland von einer neuen Krise geschüttelt. Am 24. Juni wurde Außenminister Walther Rathenau, einer der besten Köpfe der demokratischen Kräfte in der Weimarer Republik, von Rechtsextremisten ermordet. Die Arbeiter waren empört und verlangten Taten. Das war für die Partei der Augenblick, um gemeinsames Handeln auf einer für die politisch denkende Arbeiterschaft verständlichen und akzeptablen Grundlage zu fordern – was der Kern der Einheitsfrontpolitik ist. Die Gewerkschaften waren keineswegs begierig, sich in ein solches unbequemes Bündnis zu begeben. Hier aber handelte es sich um eine Situation, in der man die Kommunisten nicht einfach ignorieren, die Zusammenarbeit mit ihnen nicht mutwillig zurückweisen konnte.

Doch die neue SPD-KPD-Einheitsfront war innerlich weithin zerrissen; dabei fanden die Sozialdemokraten Hilfe bei einer großen Zahl von Kommunisten. Nicht nur war die KAPD gegen jeden Kompromiß; auch die ehemaligen USPD- und SPD-Mitglieder, die erst jüngst zu den Kommunisten gestoßen waren, zeigten verständlicherweise wenig Neigung, mit den Genossen von gestern zu klüngeln. Ihr echter Haß und ihre Enttäuschung mischten sich mit dem Bestreben, sich ihrer neuen Überzeugung würdig zu erweisen, und sie forderten »Taten, kein Gerede«.

Auch Mitglieder der Zentrale gaben der Stimmung breiter Kreise der Parteimitgliedschaft Ausdruck und wehrten sich mit Klauen und Zähnen gegen jeglichen Handel mit SPD und Gewerkschaften. Ernst schrieb mir am 5. Juli 1922:

5. 7. 22. (12 Uhr nachts im Café)
[...] Es war wieder ein harter Tag: einzelne Z-Mitglieder u. Gäste in unseren Sitzungen können sich an die neue Taktik der Einheitsfront noch nicht gewöhnen u. machen uns daher immer wieder Debatten über das ABC. [...] Ruth [Fischer] ist resigniert, den Bauch voll Wut und Rache und Freude auf die Abrechnung (Sie sollte lieber ein Kind drin haben). Die Gewerkschaften fürchten uns u. haben daher einen Brief ohne Bruch an uns gesandt. Wir haben ultimativ – in *politischen* Forderungen: Austritt der SPD aus Regierung, Reichstagsauflösung, Neuwahlen oder Generalstreik – geantwortet. Wir wollen aber keinen Bruch aus rein formalen Gründen (etwa wegen des Vorwurfs gegen uns, wir hielten nicht die Vertraulichkeit der Beratungen etc.). Die paar Idioten in der Z. wollen krassen Bruch auch über Dinge, die mehr formal sind. Es war schon ein falscher Beschluß gefaßt (schroffer Bruch), da habe ich als Diplomat die Abfassung des Bruch-Schriftstückes übernommen u. inzwischen telefonisch Hilfskräfte (abwesende Z-Mitglieder) herangeholt, und der Beschluß wurde umgestürzt. [...]

Überraschender war die skeptische Haltung der »Gäste«, der russischen Emissäre; war doch die Partei der Bolschewiki durchtränkt gewesen von Theorie und Praxis des Kompromisses und der gemeinsamen Aktionen mit SPD-Äquivalenten in Rußland – bis sie gesiegt hatte. Aber die »Gäste« waren ungeduldig. Sie wünschten Aktion um jeden Preis. Sie hatten nichts gelernt aus dem Debakel der März-Aktion. Und die Ergebenheit vor den großen Brüdern der russischen Revolution kannte keine Grenzen. Ein peinliches Beispiel dafür enthält der folgende Brief von Ernst:

»Berlin, 24. 7. 22, $7^{1}/_{2}$ Uhr morgens.
Liebste, die beiden letzten Tage haben mich so aufgeregt, daß ich gar nicht schlafen kann.
Ich wollte Dir noch gestern Abend schreiben, aber gleich nach dem Anzünden platzte mein Lampenzylinder u. ich mußte sie auslöschen. Dafür schreibe ich Dir ganz früh.
Bis Sonnabendnachmittag ging alles gut. Dann kam Kätes Mann [Guralski], bildete eine kleine Fraktion u. überfiel uns in der Abendbesprechung mit der Androhung einer Parteikrise, falls die Z[entrale] nicht ihre eigene Resolution zurückziehe u. seine zur Grundlage mache. Seine ganze Rede war ein Akt politischer Erpressung schlimmster Art. Er solidarisierte sich ausdrücklich mit Maslows Linken, um den Druck auf uns noch zu verschärfen. Ich geriet in maßlose Wut u. verlangte, daß er auf dem Zentral-Ausschuß ebenso offen rede. Denn wenn die Partei wirklich in Gefahr sei, habe er die Pflicht, in der Öffentlichkeit zu warnen, sonst treibe er ein Verbrechen mit der Partei. Diese offene Kampfansage u. mein Verlangen, seine Erpressung aus engem Zirkel an die Öffentlichkeit zu tragen, machten ihn stutzig und unsicher. Die Z. fiel aber mit Ausnahme von Walcher und

Rosa Meyer-Leviné, 1914

Heckert um u. schluckte als Basis die Resolution des G.[uralski].

Ich kam um 12 Uhr nach Hause, mußte mein Referat natürlich umarbeiten und hielt es matt und schlecht (nur für Rosa geschrieben) vor dem Zentr.-Ausschuß, (da ich ja doch durch die neue Resolution der Z. gebunden war, obwohl ich mir nichts vergab). Dann sprach Kätes Mann, noch schlechter u. inhaltlich großen Blödsinn. Die Diskussion ergab die zu erwartende Tatsache fast einmütiger Ablehnung der Auffassung von Kätes Mann. Blamiert war nur die Z., deren Vertreter unter dem Druck der Z.-A.-Stimmung nun sämtlich mit der Ausnahme Böttchers gegen ihre letzte Resolution sprachen. Pieck hat das durch eine plumpe Erklärung – die Z. hatte um eine Parteikrise zu vermeiden, Fehler auf sich genommen, die sie gar nicht begangen – noch unterstrichen. Ich hielt im

Rosa Meyer-Leviné, 1917

Schlußwort gepfefferte Abrechnung mit den Kritikern.
Ich war so aufgeregt, daß ich auf einen Zwischenruf von
Kleine (Kätes Mann) mit einem Stuhl auf den Boden
stampfte. Meine Angriffe waren so scharf, daß Pieck mir
einen Zettel reichte »etwas mäßigen« und die Angegriffenen ein paar Mal laut aufheulten. Das Resultat war eine
klägliche Niederlage Kleins und Maslows. Maslow blieb
mit 5 Mann in der Minderheit. Weitere 10 sympathisier-
ten zwar mit ihm bzw. Klein, stimmten aber doch für die
End-Resolution, für die die Z. eintrat, u. für die ich auch
stimmte, trotzdem sie viel Quatsch, aber ungefährlichen,
enthält. Gerade die besten und größten Organisationen,
Rheinland, Mitteldeutschland, Sachsen, Württemberg
usw. waren auf meiner Seite. Die Wut der andern auf
mich ist grenzenlos. Ich weiß, daß sie alle Minen springen
lassen werden. Aber ich freue mich fast auf den Kampf.

Ich werde jede Woche mindestens 3 Tage in der Provinz sein müssen. Also viel Reisen und Arbeit. Aber wir müssen endlich die Gesundung und Beruhigung der Partei erzwingen.

Es tut mir leid, daß der Kleine sich so unmöglich gemacht hat. Den letzten Anstoß bekam er durch einen an uns gerichteten törichten Brief Sinowjews, der übrigens in der Exekutive allein steht. S. regte eigene Aktionen, mindestens 24stünd. Proteststreiks an! (Dies alles über S. natürlich vertraulich!) . . .«

Welche Kräfte am Werke waren und wie die Stimmung während der Rathenau-Krise war, ist den Briefen Ernsts an mich aus jener Zeit zu entnehmen:

[ohne Datum, vermutlich 8. 7. 22]

»[. . .] Zwickau in den Händen der Arbeiter. Überall spontane Ausbrüche. Situation unserer Partei gut. Isolierungsversuche der SPD abgeschlagen. Morgen trotz schärfster öffentlicher Kritik durch uns neue Verhandlungen mit allen Organisationen! Sie fürchten und brauchen uns. Die USP ist in der fatalsten Lage. Sie wollte ins Kabinett und die Bürgerlichen nehmen sie nicht auf. Frage der Reichstagsauflösung wieder akut. [. . .]«

30. 6. 22

»[. . .] abends eine Auflage von 80 000 gehabt, morgen früh von 120 000! Hurrah!! Die Situation ist glänzend für uns; die beiden Abkommen und Dienstag-Demonstrationen gemeinsam, aber freie Kritik gegenüber SPD u. USP. Die Gewerkschaften haben großen Respekt vor uns.

Stimmung in Z[entrale] und R[ote] F[ahne] gut. Zwar wird die SPD die Arbeiter verraten, aber die Arbeiter werden mit *uns* sein. Die USP spielt eine klägliche Rolle.«

Juli 1922.
»Morgen früh erscheint die [Rote] Fahne wieder, es war die höchste Zeit. Wir kommen bereits ins Hintertreffen, da der Vorwärts als ›Nachrichtenblatt‹ erschien. – Koenen benimmt sich während der ganzen Zeit recht gut, sein Verkehrston mit den anderen Arbeiterparteien ist sehr geschickt, ich bin zu ironisch. Ich habe Koenen im Stillen manches verziehen. Laut sage ich ihm das nicht, er ist schon eitel genug. Auch Remmele ist instinktmäßig richtig eingestellt. Pieck sieht zu pessimistisch, aber bleibt deshalb vorsichtig. Jakob Walcher behält stets Humor u. hat gute Fühlung mit den Gewerkschaften. Hoernle schrieb einen glänzenden Aufruf. Die andern wollen Bruch und sind selbst ›Bruch‹. Auch diesen politischen Sermon schließe ich mit vielen Küssen . . .«.

Zwei Tage später kam der Höhepunkt:

Sonntag, vormittags (9. 7.)
[. . .] ich bin ganz verzweifelt, daß ich nicht bei Dir bin. Ich könnte fast weinen. Eben sandte ich Dir noch ein Telegramm, hoffentlich hast Du es bald. Ich hatte schon eine Schlafwagenkarte. Ich wollte am Montag noch den ganzen Tag bei Dir sein. Pieck sagte mir aber, das würde bei der Z. einen Sturm auslösen. Aber selbst die Hoffnung u. Freude, am Sonntag bei Dir zu sein, schwand von Stunde zu Stunde. Der Vorwärts publizierte gestern den Bruch mit uns. Da ward neue Sitzung, Aufruf u. Artikel notwendig. Jakob [Walcher] schrieb das Übernommene nicht rechtzeitig. Die Sitzung begann erst um 8 Uhr zum

2ten Male. Um $^1/_2$ 10 war sie etwa fertig, dann mußte ich wieder wie jeden Abend in die Redaktion u. konnte erst um $^1/_2$ 1 fort. Ich sank sehr traurig u. völlig erschöpft ins Bett. [. . .]

Der angekündigte Bruch löste keine besondere Aufregung aus. Und die Atmosphäre, in welcher diese Politik betrieben wurde, machte ihn eigentlich nur noch empfehlenswerter. Das bestätigte ich Ernst in meinen Briefen vom Juli 1922:

»[. . .] Ich soll Dir über Parteistimmung berichten. Nun sie ist n(icht) gut. Die Arbeiter eines der besten Betriebe, die nur kommunistisch gewählt haben, waren nicht zu der Demonstration auf die Straße zu bringen »es geschehe doch nichts, und da sei es besser, sie arbeiten und verdienen«. Die Zentrale hatte keine Linie. Die Arbeiter wollten nicht mit den Mehrheitssozialisten zusammengehen, aber jetzt würde sie ein Bruch sehr verstimmen. Das war übrigens auch meine persönliche Ansicht, man müßte die Parole der Einheitsfront noch mindestens eine Zeitlang aufrechterhalten und sich nicht abschütteln lassen. Natürlich kann man nicht auf Kritik verzichten. Aber Du, Diplomat, wirst doch am besten wissen, wie man einen unerwünschten Bruch verhindern, vermeiden kann . . .«
Und in der Tat sollte Ernst dann auf einer nichtöffentlichen Sitzung des Leipziger Parteitages im Januar 1923 erklären:
»[. . .] Aber das hinderte mich nicht, daß ich außerhalb der Sitzungen mit den übrigen Organisationen meinen Einfluß dahin geltend gemacht habe, daß die Verhandlungen nicht abgebrochen werden, sondern die KPD eine Haltung einnimmt, die der Partei Nutzen bringt und nicht Schaden. Ich kannte die Stimmungen in unseren Bezir-

ken und brauchte dazu nicht Telegramme u. Briefe von Oberbezirksleitern u. Bezirkssekretären. Ich wußte, daß das deutsche Proletariat, daß unsere eigenen Anhänger nicht verstanden hätten, wenn in dieser Situation wegen nichtiger Dinge abgebrochen worden wäre. Gegenüber Einflüssen, die von Berliner Genossen auf die Zentrale mit allen Mitteln ausgeübt worden sind, habe ich mich gewehrt, wie auch gegen die, die unter dem schärfsten Druck von Kleine ausgeübt worden sind. [. . .]«

Ich berichtete ihm außerdem:
»[. . .] Schlesinger und L[otte] K[ornfeld] schimpfen mächtig.
Mein Urteil schrieb ich im allgemeinen, im einzelnen habe ich keines, weil ich nicht genügend alles verfolgt habe. [. . .]«
»[. . .] Maier – schimpfte auf die Z., sie haben gestern *einstimmig* eine sehr scharfe Resolution gegen Euch angenommen, gegen die Einheitsfront, das wundert mich sehr, weil Böning sich ganz anders darüber äußerte. Die Parole lautet: die Z. muß weg, Maslow und Ruth F. soll an Euere Stelle. [. . .]«
Der Rückzieher der SPD (der Bruch) bewies nur, daß die Kommunisten im Laufe der Verhandlungen nicht »das Gesicht verloren« hatten. Und es war ohne Zweifel vorzuziehen, die Sozialdemokraten das Odium der »Spalter« auf sich nehmen zu lassen. Es gab allerdings Punkte, bei denen Ernst selber für den Bruch eintrat, und er tat es in so beißendem Tone, daß die Zentrale beschloß, ihn von den Verhandlungen auszuschließen. Er wurde nur dann in die Arena gebeten, wenn die Lage eine besonders deutliche Sprache erforderte. Doch bei anderer Gelegenheit beschuldigte man ihn dann wieder, in seiner Konzessionsbereitschaft zu weit zu gehen.

(Juli 1922)
»[. . .] Wie augenblicklich Stimmung gegen mich gemacht wird, erfuhren wir gestern von neuem. Eberlein schickte uns von drüben Abschrift eines Maslowschen Briefes an Radek, worin auseinandergesetzt wird: »am ersten Tage der Rathenau-[Kampagne] ging alles gut. Da erschien E. M. am Sonntag und fiel prompt auf die Gewerkschaftsbonzen herein«. Ein fast wörtliches Zitat. In Wirklichkeit war ich für schrofferes Auftreten gegenüber den andern, u. wurde wegen meines zu wenig versöhnlichen Tones von einzelnen Z.-Mitgliedern gerügt. [. . .]«

»Die Folge meiner Verhandlungen war«, so rief Ernst später den Delegierten bei der geheimen Sitzung des Leipziger Parteitages ins Gedächtnis, »daß andere Mitglieder der Zentrale erklärten, daß ich persönlich zu schroff gegen die Vertreter der SPD und des ADGB auftrete, daß diese Art, zu verhandeln mit Vertretern von proletarischen Organisationen, nicht angängig sei, so daß man sagte: es wird vielleicht besser sein, weil Du zu scharf sprichst, daß bei den Verhandlungen in erster Linie andere Genossen das Wort führen. Und tatsächlich bin ich von der Zentrale immer dann aufgefordert worden, in den gemeinsamen Sitzungen zu sprechen, wenn es sich darum handelt, mit aller Schärfe unseren Standpunkt zu vertreten, auf die Gefahr des Bruches hin.«
»Genossen, das ist die ›Nachgiebigkeit‹, die von mir gezeigt worden ist bei den Verhandlungen mit den Spitzenorganisationen, mit SPD und ADGB. Das ist das Hineinfallen auf das Einheitsfrontgewäsch, von dem Maslow in einem Brief an Radek spricht.«
Sie alle suchten die Verantwortung für das enttäuschende

Ende auf seine Schultern zu laden. Ernst fand die Angriffe ganz besonders heimtückisch, und ich habe ihn noch nie so erregt erlebt. Ich entsinne mich, daß russische Freunde, die uns besuchten, oft ihrem Erstaunen darüber Ausdruck gaben – in privater Unterhaltung natürlich –, daß er so wenig tue, um die Radikalen zu bekämpfen: »Sie blühen und gedeihen mit Anklagen und Demagogie und sind zu einer Macht in Berlin geworden. Du bist zu rücksichtsvoll. Du mußt sie mit ihren eigenen Waffen schlagen.«

Was bedeutet hätte, mit ihren unfairen Methoden zu kämpfen, und das war Ernsts Stärke nicht. Er bekämpfte sie auf seine Art und, wie es schien, ziemlich erbarmungslos. Es hatte schon seinen Grund, daß er die Zielscheibe ihrer Angriffe war, nicht etwa Brandler oder sonst ein anderer. Aber er kämpfte mit politischen Argumenten in bester Tradition demokratischer Spielregeln, die allein das Funktionieren einer gesunden Partei auf die Dauer sicherstellen können.

Es besteht kein Zweifel, daß die Affäre Rathenau Ernst zu Fall brachte. Die wütende Agitation der Linken, ihre skrupellosen Kampfmethoden, die Überschätzung des revolutionären Potentials der Krise durch Sinowjew und sein Vorwurf, die Partei wage sich nicht weit genug vor, die Unterwürfigkeit der Mehrheit der Spitzenfunktionäre, die jeden Befehl oder auch nur Wink der Komintern diensteifrig aufnahm, wie der Vorfall mit Guralski zeigte – alles das half mit, die entsprechenden Bedingungen zu schaffen. Und, natürlich, Ernsts Hilflosigkeit, wenn er es mit Problemen aufnehmen sollte, die er als »persönliche Dinge« betrachtete – sie dürfte ganz erheblich zu seinem Sturz beigetragen haben.

Wie haltlos die Angriffe gegen ihn waren, läßt sich am besten aus Clara Zetkins Zeugnis ermessen; sie hat gesagt, daß alle die einzelnen Fehler nicht die Tatsache aus der Welt schaffen könnten, daß die Rathenau-Kampagne die *erste* breite, vereinte, entschlossen durchgeführte Aktion der Kommunistischen Partei gewesen sei.

Ernsts erbittertster Rivale, Brandler, drückte es nicht weniger deutlich aus mit seiner Äußerung, die deutsche kommunistische Partei habe selten, wenn überhaupt je eine Aktion so gut, mit solcher Klarheit und Entschlossenheit ausgeführt.

In seinem Buch über den Oktober 1923[9], das als Rechtfertigung Brandlers gedacht war, zitiert Thalheimer Sinowjew mit dem Ausspruch, es habe nicht den leisesten Zweifel daran gegeben, daß die KPD im großen und ganzen die Einheitsfrontpolitik mit großem Erfolg angewendet habe und daß es ihr gelungen sei, die Mehrheit der deutschen Arbeiterschaft auf ihre Seite zu ziehen – eine Sache, von der man zwei oder drei Jahre zuvor nicht einmal hätte träumen können.

Thalheimer vergaß nur hinzuzufügen, daß dies nicht Brandlers, sondern Ernst Meyers Werk war. Brandler übernahm von Ernst eine starke, konsolidierte Partei, und er führte diese Partei innerhalb von neun Monaten, vom Januar bis zum Oktober 1923, in den Ruin.

4

Moskau 1922

Im August 1922 wurde Ernst nach Moskau beordert, wo
der erste spektakuläre nachrevolutionäre Prozeß stattfand. Den Angeklagten, einigen führenden Persönlichkeiten der Sozialrevolutionären Partei, wurde Kollabo-
ration mit fremden Interventionstruppen zum Zwecke
der Vernichtung der Bolschewiken vorgeworfen. Ihre
Schuld bedurfte kaum einer Bestätigung und beruhte
nicht auf »Geständnissen«; was sie getan hatten, wußte
alle Welt.

Die Angeklagten machten kein Hehl aus ihrem hem-
mungslosen Haß gegen die Bolschewiken. Sie gehörten
einer Partei an, die auf glänzende Leistungen im Kampf
gegen den Zarismus verweisen konnte, und sie benahmen sich jetzt genau so, wie es ihrer kämpferischen Vergangenheit entsprach. Der Schaden jedoch, den sie ange-
richtet hatten mit ihrer Unterstützung der Intervention
und mit ihren terroristischen Anschlägen – denen Lenin
selbst beinahe zum Opfer gefallen wäre –, war noch zu
frisch im Gedächtnis, und die Arbeiter forderten Vergel-
tung. Todesurteile wurden gefällt und stießen nicht einmal im Ausland auf nennenswerte Kritik.

Dennoch zögerte die Sowjetregierung, die Urteile zu
vollstrecken. Der Bürgerkrieg war beendet, die Angeklagten stellten für den mehr oder weniger stabilisierten
Staat keine große Gefahr dar. Besorgt über den Ein-

druck, den Exekutionen möglicherweise auf die Arbeiter anderswo machen könnten, suchte die Regierung die Meinungen führender Kommunisten anderer Länder einzuholen. Gemeinsam mit Clara Zetkin sollte Ernst Meyer die deutsche Partei vertreten. Allerdings – als er eintraf, war bereits eine Entscheidung gefallen. Trotzki hatte verlangt, die Vollstreckung sollte ausgesetzt, die Verurteilten als Geiseln in Haft gehalten und die Hinrichtung für den Fall vorgesehen werden, daß ihre Partei wieder einen Terroranschlag verüben sollte. Dem widersprach Ernst: »Eine glatte Aufhebung des Urteils wäre mir politisch klüger erschienen. Aber außer den Franzosen und Clara unterstützte mich niemand.«

Ernst war vorsichtig in seinen Briefen, aber er schrieb mir, wie erregt und besorgt er über die Entscheidung war. Er hatte eine persönliche Unterredung mit Trotzki, der ihn für seine Auffassung zu gewinnen suchte und der seinerseits – selbstverständlich – nicht der Mann war, der sich überreden ließ.

Dennoch – zu jener Zeit konnte die mächtige russische Partei noch überstimmt werden. Ernst blieb mit seiner Meinung Sieger:

Montag, 7. 8. 22. abends. (Moskau).
[. . .] heute abend hat das ZK der KPR die überflüssige Geiselgeschichte der SR-Verurteilten fallen gelassen, was ich bereits gestern bekämpfte (neben Clara). Vor Freude verlor ich meine leichte Magenverstimmung, die mich am ganzen Tag quälte. Ich bin über die letzte Entscheidung sehr vergnügt u. denke daher ganz freudig an Dich. [. . .]

In seinen Briefen zeigt Ernst sich auch als Schüler, der

bereit ist, zu lernen und zu bewundern, der jedoch nicht die Augen verschließt vor sichtbaren Schwächen:

7. 8. 22.

[. . .] Überhaupt gefällt mir der Ton im Komintern nicht. Er ist ein Gemisch von deutscher Brutalität und russischer Ursprünglichkeit. Der neue Kurs [NEP] hat dazu einen gewissen rücksichtslosen Egoismus, statt des früheren rücksichtslosen Altruismus hervorgerufen. Auch die »Spitzen« sind westeuropäisch diplomatischer, geschäftskundiger geworden. Im ganzen hat der neue Kurs alles belebt: mehr Menschen, mehr Arbeit, mehr Waren, mehr Verkehr, mehr Initiative, mehr Sicherheit. [. . .]
[. . .] Ich bin kein Schwärmer, aber alles wirkt anregend, erfrischend. Es ist ein lebendiger Zug und Größe selbst im Irren. [. . .]
[. . .] Ich möchte am liebsten gleich ein paar Feuilletons schreiben. Doch soll es in Berlin geschehen; Du mußt mich erinnern und das Geschriebene dann verbessern. [. . .]

Im Herbst desselben Jahres fuhren wir zusammen nach Rußland. Als Vorstandsmitglied der Komintern war Ernst verpflichtet, regelmäßig an deren Tagungen teilzunehmen – ganze drei Monate lang.
Moskau! Ich schritt über geheiligten Boden. Oh ja, ich kannte es, die ganze Stadt, den Kreml, die Kirchen; jetzt aber standen mir die hohen Mauern des Kreml, seine gewaltigen Gewölbe wie durch Zauber offen, mir, dem Judenmädchen, dem der Zutritt in die Stadt dereinst versperrt war. Das Bolschoi-Theater, zu dem Ernst wie alle Spitzenfunktionäre jederzeit Zugang hatte, mit einem Platz in der Kaiserloge, stand mir ebenfalls offen. In ei-

nem ähnlichen Theater in St. Petersburg war Anna Karenina, meine Heldin, von arroganten, flachköpfigen Adeligen gedemütigt worden.

Gleich am ersten Tage liefen wir in Moskau Karl Radek in die Arme; ich lauschte seinen Geschichten mit dem Entzücken, das eine sentimentale Mutter beim Gebrabbel ihres Babies empfinden mag – mein Herz schwoll. Radek gratulierte mir feierlich zu meiner Hochzeit: »Natürlich, Eure Verbindung ist mir nicht verborgen geblieben, aber vorher wäre es wohl indiskret gewesen, davon zu reden – jetzt ist es eine Pflicht.« Dann verfiel er wieder in seine übliche Flachserei: »Wir werden einen Beschluß herbeiführen, daß Ihr Mann die richtige Sekretärin bekommt, die ihm Russisch beibringt.«

Ich parierte: »Sie hatten sie schon massenhaft, und doch ist Ihr Russisch immer noch erbärmlich.«

»Na und – ich spreche ja nicht mit der Zunge zu ihnen.«

Diese muntere Herzlichkeit schien mir wie ein Symbol für die neue Brüderlichkeit in der sozialistischen Gesellschaft. Tatsächlich war dies ziemlich das letzte freundschaftlich verlaufende Zusammentreffen zwischen Radek und Meyer.

Die Stadt schwirrte von Gerüchten über das luxuriöse und schwelgerische Leben der Kominternführer. In Wirklichkeit waren wir in einem einzigen Raum mit einem winzigen Flur und einem angrenzenden Waschraum untergebracht, wobei der letztere das Beste an der ganzen Unterkunft war – und Ernst war immerhin Vorsitzender des deutschen Polbüros. Das Hotel beherbergte unzählige Mäuse und Ratten, die durch die langen Korridore und die Zimmer huschten. Die Verpflegung war reichlich, aber uralt und schlecht. Von den vier Eiern, die wir zum Frühstück bekamen, waren mindestens drei zum Verzehr nicht geeignet.

Ich war entschlossen, die Mißlichkeiten, das Essen und alles, zu akzeptieren als meinen persönlichen Anteil an den Leiden, die das Land meiner Wahl zu erdulden hatte. Nach einigen Tagen des tapferen Bemühens jedoch überkamen mich hohes Fieber und heftige Magenbeschwerden. Einer meiner bourgeoisen Besucher sah, was wir zu essen bekamen, verlangte, daß wir das nie wieder anrührten, und sorgte dafür, daß wir für die Dauer unseres Aufenthaltes besser gekocht bekamen.

Die Bolschewiken gaben sich alle Mühe, ihren sozialistischen Grundsätzen entsprechend zu leben. In unseren Kreisen lag der Lebensstandard in der Regel weit unter dem meiner nichtkommunistischen Freunde, denn Kommunisten wurden geringer bezahlt als Bürgerliche in entsprechender Stellung – ein sogenanntes »Partei-Maximum«, das den Lohn eines qualifizierten Facharbeiters in der Fabrik kaum überstieg. Diese spartanische Selbstbescheidung währte nicht sehr lange. Aber selbst solange sie durchgehalten wurde, war sie leicht illusorisch wie die meisten selbstauferlegten »idealistischen« Beschränkungen. Lebedjew, der in Berlin jeden Pfennig umdrehte und im Restaurant die billigsten Gerichte bestellte, war besser ausgestattet, als sein »Partei-Maximum« eigentlich zuließ. Die Extras wurden als Geschenke getarnt. Der Titel »Bolschewik« kam nichts anderem gleich, er war jetzt Adelstitel. Keine Lohnbeschränkung vermochte diesen Widerspruch auszuräumen.

Eine tiefe Freundschaft entstand zwischen mir und Lebedjews Frau. Sie war bei ihrer Großmutter aufgewachsen, hatte in besseren Verhältnissen gelebt und eine viel bessere Erziehung genossen als ihr Mann. Das hinderte sie nicht, das Los der Ehefrau eines russischen Textilarbeiters und die ständigen Ängste, die mit seiner politischen Tätigkeit verbunden waren, freudig auf sich zu nehmen. Harte Arbeit, Entbehrungen, Unbequemlichkeiten schienen diesen Menschen nichts auszumachen. Bei meinen beiden letzten Reisen nach Rußland in den Jahren 1931 und 1932, als der Hunger das Land lähmte, habe ich oft gedacht, daß diese beinahe unheimliche Lebenskraft einer der größten Aktivposten der Revolution war. Deutsche Arbeiter würden solche Bedingungen schlicht nicht überstehen, geschweige denn dabei einen Achtstundentag leisten.

Die Parteispitze selbst schien sich nicht sehr verändert zu haben. Sinowjew, den ich in seinem Kreml-Büro zu einem bescheidenen Tee aufsuchte, war noch derselbe anspruchslose, herzliche Genosse, der er schon in einem zweitklassigen Hotel in Berlin gewesen war. Bucharin schwelgte noch immer in Witzen und Possen. Die allgemeine Stimmung strafte die herrschende Klischeevorstellung Lügen, daß dem revolutionären Höhepunkt notwendigerweise politische Apathie und Ermüdung folgen müsse. Die Revolution setzte nie geahnte Energien frei, Initiative und Experimentierfreude wurden geweckt und gefördert. Der Partei- und der Staatsapparat erhielten neues Leben durch begabte, energische Männer und Frauen, die für Verwaltungs- und Regierungsaufgaben aus der Arbeiterschaft herangezogen wurden. Die Revolution war nicht beendet, sie stellte neue Aufgaben, und ihre Führer rieben sich auf bei den unmenschlichen Anstrengungen, die ihnen abverlangt wurden.

Im Kreml kamen wir auch an Stalins Zimmer vorbei. Ernst meinte: »Man sagt, er wäre ein bedeutender Genosse, soll ich Dich vorstellen?« Ich lehnte ab: »Wozu,

Eugen Leviné mit seiner Frau Rosa und dem Sohn Genja, 1916

warum?« Im Jahre 1922 war Stalin – obwohl seit dieser
Zeit Generalsekretär der sowjetischen Partei – bei den
ausländischen Kommunisten noch unbekannt.
Wahr ist auch, daß die neuen Aufgaben die russischen
Führer mit der Zeit unfähig machten, die revolutionäre
Bewegung im Ausland zu dirigieren. Rasch verlernten sie
die Kunst der revolutionären Strategie und Taktik, und
ihre Eingriffe in die Entwicklung anderer Länder erwiesen sich als verderblich.

Es war auch die Zeit der ersten Säuberungen; man wollte die Partei von fremden Elementen befreien, was aber nichts zu tun hatte mit Stalins Säuberungen Ende der dreißiger Jahre. Der Verlust des Parteibuches führte nicht einmal unbedingt zum Verlust der Stellung. Dennoch riefen die Säuberungen großen Jammer hervor und führten sogar gelegentlich zum Selbstmord. Die erste Folge war Panik und ein Gefühl der Verunsicherung, was beste Parteigenossen zu Lügen und Betrügereien Zuflucht nehmen ließ. Da die proletarische Abstammung erste und oberste Qualifikation für die Parteimitgliedschaft war, hat etwa Anna Pankratowa, eine der hervorragendsten und ergebensten Revolutionärinnen ihrer Generation, der Partei ihre Abstammung aus dem »bäuerlichen Mittelstand« verschwiegen.

Ringsum wuchsen Angst und Duckmäusertum, ich mußte das in höchst bedrückender Weise mit ansehen. Immer mehr Leute bekannten, sie hätten Angst vor dem berüchtigten »Klopfen an der Tür« – immer nachts, um auch wirklich einschüchternd zu wirken.

»Warum beschwert Ihr euch nicht? Ihr redet so liebevoll von ›unserem Sowjet‹. Ihr könntet doch wenigstens versuchen, an der unnötigen Grausamkeit der Uhrzeit etwas zu ändern.«

»Wir dürfen uns in die Angelegenheiten der Administration nicht einmischen. Was denkst denn Du? Am Ende wittern sie darin noch Antibolschewismus . . .«

Wie erfrischend war es da, wenn einmal einer aufmuckte! Ich nahm an einer Führung durch den Kreml mit einem der Angestellten aus früherer Zeit teil. Da gab es vieles, was den Beinamen »rot« trug – roter Balkon, rote Kammer, rote Tore. Ich wagte die Bemerkung: »Rot, rot – und wie viel rotes Blut ist vergossen worden?«

»Und wird noch vergossen«, sagte unser Führer sehr würdevoll. Seine Ansichten und Animositäten waren für die neuen Herren kein Geheimnis, aber es fiel ihnen nicht ein, den Mann nur wegen seiner Privatmeinung oder wegen persönlicher Bemerkungen, die niemandem schaden konnten, zu entlassen.

Ein Besuch im Revolutionsmuseum vermittelte mir einen Eindruck davon, was jene mit allen Wassern gewaschenen GPU-Leute in den Klauen ihrer Gegner – oftmals freundlicher, kultivierter Leute – früher zu leiden gehabt hatten. Es war vollgestopft mit uralten Folterinstrumenten – und einigen zeitgenössischen. Schaudernd stand man vor Lampenschirmen, Handschuhen und anderen »Gebrauchsgegenständen«, hergestellt aus Menschenhaut, die lebendigen Leibern abgezogen worden war. Die GPU-Leute waren zu abgebrüht, um menschliche Gefühle zu beachten und sie zu schonen. Es war noch zu früh, zu vergeben.

In hoffnungsvollem Gegensatz hierzu schien mir das Verhalten der Miliz zu stehen. Wir konnten beobachten, wie sie mit kleinen Sündern verhandelten – um dem Gesetz Genüge zu tun, wobei es niemandem in den Sinn zu kommen schien, etwa Hand an die Missetäter zu legen. Auch die Soldaten der Roten Armee benahmen sich in ihrem Club mehr wie Studenten – begierig, uns Fragen zu stellen und interessante Geschichten zu erzählen.

Mir schien dies ein Land zu sein, das an Kraft und Ausdauer nicht seinesgleichen hatte. Das Leben war immer noch hart genug, aber der Lebensstandard stieg. »Mehr als gestern« – das war das Leitmotiv der allgemeinen Stimmung und schuf eine Atmosphäre heiteren Vertrauens. Niemals sah ich bei Versammlungen oder im Theater einen leeren Platz, nirgends sonst solche enthusiastischen

Auditorien. Eines Tages sollte Trotzki auf einer Partei-versammlung in der Säulenhalle sprechen, und ganz Moskau war auf den Beinen. Jeder wußte, wohin die Hunderte erregter Menschen in größter Eile strebten, hier ein Lächeln und da ein Nicken austauschend.

Unter der Oberfläche war der Kampf gegen Trotzki bereits im Gange. Seltsam genug: die kleinen Nadelstiche, mit denen er begann, etwa das gelegentliche Weglassen von Trotzkis Namen, seine versehentliche Plazierung auf der falschen Seite einer Liste und andere scheinbar bedeutungslose Lappalien, wurden vom normalen Moskauer Bürger rasch bemerkt und diskutiert. Er bewies mehr Spürsinn als die Partei, der fast gar nichts auffiel. Aber so oder so – es spielte keine Rolle: Freund oder Feind, keiner mochte sich den Genuß entgehen lassen, Trotzki sprechen zu hören. Berstend voll war die riesige Halle, lange bevor die Versammlung begann, und noch viel mehr Leute mußten umkehren. Als wir eintrafen, standen noch Menschenmengen vor dem Gebäude, die gegen alle Vernunft hofften, doch noch einen Platz zu ergattern. Ich hatte als Ernsts Privatdolmetscherin meinen Stuhl neben ihm auf dem Podium.

Trotzkis Redegewalt ist Legende geworden. Ich hörte ihn zum ersten Male und wurde von der gleichen Verzückung hingerissen, die auch seine übrigen Zuhörer in Bann schlug. Außerdem – ich hatte noch einen ganz persönlichen Grund zur Aufregung: Trotzki sprach über Außenpolitik, und seine Kritik an der März-Aktion bestätigte mich in meinen eigenen Ansichten. Die Faszination seiner einzigartigen Stimme und seine brillante Rhetorik waren berauschend und ließen hier und da sogar den Inhalt seiner Rede zurücktreten. Es war einem unmöglich, bei nüchternem Verstande zu bleiben.

Mehr noch als an den stürmischen Ovationen zeigte sich Trotzkis Wirkung auf sein Publikum darin, daß es hinterher nur sehr ungern auseinanderging. Alle erhoben sich von den Plätzen, aber es schien, als hielte eine nahezu physische Vereinigung mit dem Redner sie fest. Ich glaubte zu begreifen, wie dieser Mann das Unmögliche möglich machen konnte, wie er aus dem Nichts eine Armee schuf, wie er sie zum Kämpfen und zum Siegen brachte. Kein Mensch konnte ihm widerstehen. Aber es wäre nur die halbe Wahrheit, wollte man es dabei belassen. Denn plötzlich änderte sich alles; ein anderer Trotzki kam zum Vorschein – Trotzki, der Mensch, egozentrisch und selbstgefällig.

Ernst hatte mir geraten, von der Biographie Levinés[10] je ein Exemplar an Lenin und Trotzki zu schicken und an den Führer der Komintern, Sinowjew. Der Umschlag zeigte ein expressionistisches Bild von Leviné, das ihn grob verzerrt darstellte. Als ich Trotzki vorgestellt wurde, war ich natürlich begierig, klarzustellen, daß dieses Porträt Levinés Persönlichkeit in keiner Weise gerecht wurde. Trotzki widersprach und erging sich dann in einer ausführlichen Würdigung der modernen Kunst. Inmitten all der Menschen, die noch hingerissen an seinen Lippen hingen, war das Thema nicht nur fehl am Platze, es entbehrte auch jeglichen Zusammenhangs. Trotzki redete in der gleichen autoritären Manier wie zuvor, völlig unempfindlich dafür, ob ich folgen könnte oder ob ich überhaupt an diesem neuen Thema ein Interesse nehmen wollte, nicht achtend der Atmosphäre, die noch vom Nachhall seiner Rede vibrierte, gleichgültig gegen alles – er folgte offensichtlich dem Drang, jetzt auf einem völlig anderen Gebiet Eindruck zu machen.

Ich hörte ihm in bestürztem Schweigen zu. Ernst war

überrascht, aber auch stolz angesichts der mir erwiesenen Aufmerksamkeit, ich aber fühlte mich nicht einmal geschmeichelt. Ich spürte, ich hatte entdeckt, daß Trotzki in zwei verschiedene Persönlichkeiten gespalten war.

Die Revolutionsfeierlichkeiten begannen, wie die Revolution selbst, in Leningrad. Eine große Parade und eine Prozession mit Fahnen und Blumen zu dem Platz, an dem die Märtyrer der Revolution begraben lagen, leiteten das Ereignis ein. Der strömende Regen, der überhaupt nicht mehr aufhören wollte, störte nicht die festliche Stimmung.

Sinowjew beherrschte die Stadt. Die Massen hingen an seinen Lippen, reagierten jubelnd auf seine kleinen Scherze, sein »Nieder mit dem konterrevolutionären Regen!« ging von Mund zu Mund, von Marschkolonne zu Marschkolonne. Seine Popularität war unglaublich, und er brüstete sich, daß er fähig sei, die Stimmungen und Erwartungen der Massen zu erkennen, indem er sein Ohr an den Boden legte.

Armut und schlechtes Wetter waren machtlos gegen so viel Begeisterung und Entschlossenheit. Die ausländischen Gäste wurden von Schule zu Schule, von Club zu Club gehetzt, und wenn man nach den strahlenden Gesichtern der Kinder urteilte, machten ihr Erscheinen und ihre kurzen Ansprachen all die Anstrengungen des Malens, Dekorierens, Einübens, ja, sogar die nicht allzu reich gedeckten Tische wett.

Theater, Konzertsäle füllten sich mit Menschen, die nie im Traum daran gedacht hatten, ihnen je nahe zu kommen. Neue Gruppen, neue Experimente schossen wie Pilze aus dem Boden, und engagierte, selbstlose Diener der Kunst taten alles, um das alte hohe Niveau zu bewahren. Ich habe mich manchmal gefragt, wie und warum sie das Bolschoi erhielten. Es stand in so eklatantem Widerspruch zu der Zeit, zum Volke, zu den *Frauen,* die jetzt in ihrer einförmigen, unförmigen Kleidung fast geschlechtslos wirkten. Was mußten wohl ihre Männer empfinden, die hier zu höchster Vollendung erhobene weibliche Schönheit sahen?

Meine russischen Freunde waren entsetzt. »Was denn – die Schönheit abschaffen, sie den Arbeitern vorenthalten? *Sie* haben sie doch geschaffen, die Muße, mit der andere in Kunst und Schönheit schwelgen!«

Auch in Moskau gingen die Feierlichkeiten mit großem Pomp und Enthusiasmus vonstatten, und Trotzki war der Star. Seine Rede, zumindest seine Stimme und Ausdrucksweise, nahmen selbst das diplomatische Corps und die Auslandsjournalisten gefangen. Es klang, als prallten seine Worte an die Häuserwände gegenüber, jenseits des riesenweiten Roten Platzes, und kämen als klares Echo zurück. Das erzeugte einen ziemlich unheimlichen Eindruck, als gäbe es da zwei sprechende Trotzkis. Auch seine Gegner bezeugten Hochachtung in Form von bewundernden Blicken und staunendem Kopfschütteln. Ein- oder zweimal passierte es, daß einer vorbeiziehenden Marschkolonne seine Gegenwart entging. Aber dann muß irgend jemand es ihnen gesagt haben, denn alle blieben stehen, alle Köpfe drehten sich in seine Richtung und ein raunendes »Trotzki, Trotzki« ging durch die Reihen. Er, der Kriegskommissar, nahm die Parade in militärischer Haltung ab, die Hand an der Kappe, so etwa sechs Stunden lang im kalten russischen November. Ich verließ die Tribüne gegen vier Uhr, durchgefroren bis auf die Knochen; Ernst zitterte am ganzen Körper und beabsichtigte, mir bald zu folgen, aber ich wartete vergebens zwei weitere Stunden lang. »Ich konnte mich von diesem Mann einfach nicht losreißen – wie macht er das bloß? Ich bin mir neben ihm ganz klein vorgekommen, und ich hätte es als Feigheit empfunden zu gehen, solange er noch da war.«

Die Festlichkeiten in Moskau wurden normalerweise mit einer Sondersitzung des Zentralsowjets im Bolschoi-Theater von Lenin eröffnet. Ob er diesmal erschiene? Die Frage wurde von jedermann eifrig diskutiert, einschließlich der grimmigen Feinde des Staates. Selbst sie zeigten echte Besorgnis über Lenins Gesundheitszustand: Wenn wir das schon akzeptieren müssen, dann wenigstens mit Lenin . . . Diesmal schaffte er es nicht. Er kämpfte vergeblich, und die traurige Nachricht von seinem Fernbleiben wurde erst im allerletzten Augenblick verkündet. Aber wir wußten nicht, wie ernst es wirklich um ihn stand, als gleichzeitig bekanntgegeben wurde, daß er auf jeden Fall beim Komintern-Kongreß seinen Platz einnehmen werde.

Der Kongreß[11] fand im ehemaligen Thronsaal des Kreml statt. Gold, Elfenbein, Halbedelsteine bildeten den Rahmen für die groben Holzbänke, die man für die Delegierten aufgeschlagen hatte. Der Thron, sorgfältig zugedeckt, wurde in einer Ecke der kleinen Bühne verstaut, die man aufgebaut hatte. Und all der Pomp und Prunk schien gleichermaßen weggepackt – die Menschenmenge, die jetzt diesen Ort beherrschte, nahm kaum Notiz davon. Lenin betrat den Saal und eilte zum Podium. Schrecklich aufgeregt wischte er sich immer wieder mit einem weißen Taschentuch über das Gesicht. Alle erhoben sich, um ihn zu begrüßen, und klatschten, aber es gab keine der üblichen Ovationen, denn Lenins Abneigung gegen jede Art der Schaustellung war jedermann wohl bekannt. Die Zurückhaltung war aber auch eine instinktive Reaktion auf die sonderbare, beinahe greifbar von ihm ausgehende Entrücktheit, die uns wie betäubt verstummen ließ.

In unkonventionell schlichter Form begann Lenin seine Rede. Nicht endende Spekulationen haben sich mit der Frage beschäftigt, wer von den beiden großen Rednern denn nun der bessere wäre, Lenin oder Trotzki. Lenin lag ohne Zweifel vorn. Seine Aufrichtigkeit, das von ihm vermittelte Gefühl, daß er mit jeder Faser seines Wesens hinter dem stand, was er sagte – das war es, was seine Rede so einzigartig machte.

Die offizielle Verhandlungssprache der Komintern war Deutsch. Lenin beherrschte es fast perfekt, dennoch stand ihm eine Schar der bekanntesten Dolmetscher zur Verfügung, damit er für jeden Notfall gerüstet war. Wenn er über ein Wort stolperte, sagte er es auf Russisch und wartete, die Hand am Ohr, auf die Übersetzung. Antwort kam von allen Seiten, aber er schüttelte den Kopf, manchmal zwei-, drei- oder mehrmals, bis er das Wort hörte, das er akzeptieren konnte. Er machte dann mit der Hand eine Geste, als höbe er es auf. Dieser Mann, berühmt wegen seiner kühlen Distanziertheit, seines nüchternen, scharfen Verstandes, war zur gleichen Zeit tief bewegend. Nie konnte ich ohne Rührung an dieses Erlebnis denken oder davon sprechen. Für mich war es das größte Ereignis meines Lebens. Es war Lenins letzte Rede vor der Komintern.

Der Gerechtigkeit halber muß ich hinzufügen, daß nicht jeder meine Gefühle teilte. Ruth Fischer, die neben mir saß, zuckte die Schultern und rief: »Mit dieser Rede ist nun gar nichts anzufangen.«

Danach sprach Trotzki. Ich war zu überwältigt, um noch zuzuhören und zu verstehen. Ich konnte nur noch zuschauen. Wo gibt es auf der Welt zwei große Männer, die sich mehr voneinander unterschieden als Lenin und Trotzki? Trotzki war wohl inmitten großer Massen, hingerissen und hypnotisiert von der Gewalt seiner Stimme, mehr in seinem Element. Hier beschloß er, seine Rede selber für die russischen und dann für die französischen Delegierten zu übersetzen. Dies kam mir wie unnötige Angeberei vor – dennoch muß ich hinzufügen, daß mancher Delegierte ganz begeistert war von solcher Kraftmeierei.

5

Ernst Meyers Entmachtung 1922

Im November 1922 war Ernst hochgestimmt aus Berlin abgefahren, um am Vierten Komintern-Kongreß in Moskau teilzunehmen. Die deutsche Partei, an welcher Paul Levi schier verzweifelt war, arbeitete gut. Das Vertrauen der Arbeiter war wiedergewonnen, Mißverständnisse mit der Komintern in einem »offenen, herzlichen Gespräch« mit ihrem Führer Sinowjew ausgeräumt worden. Auch gewann die Partei stetig an Einfluß, und Ernst war besonders stolz auf seine Fähigkeit, knifflige Einheitsfront-Taktiken mit einem Minimum an Fehlern und Pannen anzuwenden.

Jedoch – bald nach seiner Ankunft in Moskau begann sich Ernsts Schicksal zu wenden. Radeks Herzlichkeit ihm gegenüber verwandelte sich unversehens in einen Kleinkrieg. Mit politischer Auseinandersetzung hatte das nichts zu tun, zumindest was die Methoden bei Radeks Kampagne anlangte. Diese schien rein persönliche Gründe zu haben und zielte vor allem darauf ab, Ernst bei den in Moskau zum Kongreß versammelten deutschen Delegierten in Mißkredit zu bringen. So pflegte Radek bei offiziellen Sitzungen Ernst etwa mit der Frage zu empfangen: »Na, was war's denn gestern abend – Ballett oder Oper?« Oder: »Wir wissen alle, wo wir Ernst Meyer suchen müssen, wenn wir ihn brauchen – im Theater mit seiner jungen Frau.« Zu jener Zeit war die Ablehnung der »bürgerlichen Kultur« geradezu eine revolutionäre Pflicht, wobei das klassische Ballett des Bolschoi besonders bevorzugtes Ziel für Seitenhiebe war, und Radek nützte diese Stimmung aus. Obwohl man seine Andeutungen nicht ernst nehmen konnte, signalisierten sie doch, daß Ernst dabei war, in Ungnade zu fallen, und eine ganze Reihe der deutschen Delegierten war durchaus bereit, sich mit diesem Gedanken zu befreunden.

Allerdings – ein ernsthaftes Motiv gab es schon für Radeks Benehmen, und hier liefert uns Ruth Fischer einen Tip: »Nach Levis Austritt rühmte Radek Thalheimer und Brandler als Personifizierungen des Geistes der Revolution . . . Brandler griff sehr viel fester zu als der verfeinerte Intellektuelle Ernst Meyer.« (*Stalin und der deutsche Kommunismus*, S. 262).

Richtig ist auch, daß zwischen Ernst und Sinowjew eine heftige politische Auseinandersetzung über den Begriff der »Arbeiterregierung« ausgebrochen war, den Sinowjew als Synonym für die »Diktatur des Proletariats« verstand – eine Interpretation, deren Richtigkeit Ernst bestritt. In Sachsen und Thüringen hatte die SPD eine parlamentarische Mehrheit errungen und eine ausschließlich sozialdemokratische Regierung gebildet. Sie war bereit, den Kommunisten eine angemessene Beteiligung zuzugestehen – insgesamt vier Sessel. Sollte die Partei das Angebot annehmen? Der Kongreß entschied positiv. Das war ein gefährlicher Schritt, der im Widerspruch stand zu der kommunistischen Doktrin, sich niemals als Minderheit an einer Koalitionsregierung zu beteiligen. In einem Artikel über »Die Ergebnisse des Vierten Welt-Kongresses« faßte Ernst im Dezember 1922 seine Meinung zusammen:

»Über den Charakter einer Arbeiterregierung entschei-

Moskau, 1. Dezember 1922.

An

den Genossen **E r n s t   M e y e r**,

Kopie an die deutsche Delegation.

Werter Genosse !

In dem Protokoll des deutschen Pol.-Buro vom 21. November 1922 lese ich :

> "**Kongress** Es werden die Berichte des Genossen
> Meyer verlesen. Man ist der Ansicht, dass
> drüben nicht alles klappt. Brandler weist
> darauf hin, dass Genosse Sinowjew auf dem
> Kongress einen internen Brief ausgenützt
> hat. Der Brief wurde nicht als offizielle
> Meinung der Exekutive, sondern als Sinowjews
> Privatmeinung geschickt. Der Sachverhalt ist
> Eberlein bekannt. "

Wird zur
Kenntnis
genommen

Ich bitte Sie, Genosse Meyer, mirmitteilen zu wollen, was Sie der Zentrale der KPD. über diese Angelegenheit mitgeteilt haben. --

Nachdem ich Ihre Antwort in dieser Frage erhalten habe, werde ich ausführlich der deutschen Zentrale und der deutschen Delegation Bericht erstatten über den wirklichen Stand der Dinge.

Sie würden mich sehr verpflichten, wenn Sie mir mitteilen, was nach Ihrer Meinung am Kongresse "nicht klappt" - damit die nötigen Verbesserungen geracht werden könen.

Mit kommunistischer Gruss

G. Zinowjew

73

det nicht die Zusammensetzung nach Personen, sondern die Politik, die von dieser Regierung betrieben wird.«
Und weiter:
»Liberale Arbeiterregierungen, wie sie in England entstehen können, oder sozialdemokratische Arbeiterregierungen, wie sie in einzelnen Freistaaten Deutschlands entstanden sind, können zwar zur Zersetzung des Kapitalismus beitragen, sind aber auf keinen Fall mit wirklichen Arbeiterregierungen zu verwechseln, die den Kampf gegen die Bourgeoisie ernsthaft aufzunehmen versuchen. Die Kommunisten können daher nur dann in eine Arbeiterregierung selbst eintreten und eine Mitverantwortung übernehmen, wenn die Arbeiterregierung sich unmittelbar auf Klassenorgane des Proletariats (Betriebsräte) stützt, ihre ganze Tätigkeit der Kontrolle dieser proletarischen Klassenorgane unterwirft, und wenn die Regierung tatsächliche Kampfesmaßnahmen gegen die Bourgeoisie unternimmt. Wenn eine solche Arbeiterregierung mit Hilfe der Kommunisten zustande kommt, dann wird sie zwar noch nicht mit der Diktatur des Proletariats identisch sein, aber durch die notwendigerweise entstehenden Kämpfe zwischen Proletariat und Bourgeoisie zum Ausgangspunkt der Diktatur des Proletariats werden können.«
Es war von Anfang an offensichtlich, daß das gesamte deutsche Bürgertum die Regierungsbeteiligung der Kommunisten als ernste Herausforderung betrachten würde, die nicht auf einzelne Regionen beschränkt war, sondern das ganze Deutschland betraf. Von der staatlichen Zentralgewalt erwartete man, daß sie die Arbeiterregierungen nicht als legal anerkannte, und man hielt die bewaffnete Intervention für unumgänglich.
Die Ausnahmebedingungen im inflationsgeplagten

Deutschland schienen die Änderung der Taktik zu rechtfertigen. Es gab einen Linksruck im Lande infolge eines Elends, das die Lebensverhältnisse von Tag zu Tag änderte und das uralte Traditionen untergrub. Deshalb war die Annahme erlaubt, daß der Versuch, eine parlamentarisch gewählte Regierung gewaltsam zu beseitigen, auf den bewaffneten Widerstand der Arbeiter stoßen würde und im weiteren Verlauf zum revolutionären Höhepunkt führen könnte – zur Diktatur des Proletariats.

Ernst erhob gegen Sinowjews »Synonym« heftigen Widerspruch, und die Ereignisse bewiesen nur zu bald, daß es eine abenteuerliche Illusion war, die Arbeiterregierung als eine Form der Diktatur zu präsentieren. Am Ende wurde Ernsts Meinung akzeptiert; aber Sinowjew, an offene Opposition nicht mehr gewöhnt, reagierte höchst gereizt auf Ernsts Widerstand. Und was war da einfacher, als durchsickern zu lassen, daß »Meyer die revolutionäre Kraft der Arbeiterschaft unterschätzte« – eine allgemein beliebte Umschreibung für Opportunismus und Rechtsabweichung.

Ziemlich verblüfft registrierte Ernst die Feindseligkeit von Radek und Sinowjew, er sah darin aber keine Gefahr für seine Position in der Partei. Und dann erhielt er eine gute Chance, in einer sehr wichtigen Sache Klarheit zu schaffen: Was waren die Angriffe der Linken gegen ihn wert? Lenin wollte sich in die Kontroverse einschalten und sich mit dem Inhalt der linken Argumente vertraut machen; und so lud er die beiden Hauptkontrahenten ein – Ernst und Ruth Fischer. Gegenstand der Angriffe der Linken war vor allem Ernsts Verhalten in der Rathenau-Affäre. Ich hegte keinen Zweifel daran, daß Lenin sich voll hinter Ernst stellen würde. Jedoch – müde und traurig kehrte Ernst vom Schlachtfeld zurück. Ruth Fischer war in ihren Anklagen äußerst milde, und Ernst war so ergriffen, Lenin so geschwächt wiederzusehen, daß er ihn nicht mit weiteren Problemen belasten wollte. Er konnte kaum sprechen. Lenin hatte übrigens gebeten, sich kurz zu fassen. Lenin, so berichtete er mir, könne keine grundsätzlichen Differenzen erkennen und sähe keine unüberbrückbaren Hindernisse für eine fruchtbare Zusammenarbeit.

Ernsts Schicksal als Führer der Partei wurde in Moskau entschieden. Neben Intrigen, irrigen Theorien und den persönlichen Ambitionen anderer standen hinter dieser Entscheidung auch echte menschliche Gefühle. Die Russen konnten sich einfach nicht vorstellen, wie dieser ruhige, allem Anschein nach kalte, zurückhaltende Mann eine revolutionäre Schlacht schlagen sollte. Sie trauten ihm nicht. Sie verwechselten seine aufrechte, natürliche Würde mit Arroganz und Unbeweglichkeit. Hier prallten wohl zwei verschiedenartige Kulturen aufeinander. Auch Lenins Definition der deutschen Kommunistischen Partei, die im Laufe einer kurzen revolutionären Periode mindestens zehntausend Menschenleben hingegeben hatte, als »nur leicht von den Farben der Revolution angehaucht« konnte nur den Unterschieden der National-charaktere entsprungen sein.

Die Russen fanden Heinrich Brandler alles in allem leichter zu handhaben als Ernst. Nach der März-Aktion war Brandler nach Moskau gegangen, um der gerichtlichen Verfolgung zu entgehen, und dort hatte er viele russische Gewohnheiten angenommen. Er schien – und war auch wirklich – ein Mann der Tat. Von all den zahlreichen ausländischen Gästen war er derjenige, der als er-

Rosa Meyer-Leviné mit ihrem Sohn Genja, 1921

ster die Macht Stalins witterte. Er bewunderte Stalin sehr und prophezeite, daß dieser, nicht Trotzki, wie alle Welt annahm, der Mann der Zukunft sein werde. Er gab sich sogar Mühe, Stalins Art nachzuahmen.

Während seines langen Rußlandaufenthaltes unterwarf sich Brandler, ohne sich dessen bewußt zu werden, dem noch gar nicht offen erhobenen Anspruch, daß die Führungsrolle im Kommunismus eigentlich der russischen Sektion der Komintern vorbehalten bleiben müsse. Er hätte sich sonst kaum zugetraut, als alleiniger Führer der deutschen Revolution aufzutreten. Diese Einstellung enthüllt ein geschlagener, enttäuschter Brandler nach dem sogenannten »Deutschen Oktober« von 1923. Da behauptete er, die Situation werde ganz falsch eingeschätzt, aber er nahm die Schuld auf sich in dem Glauben, die russischen Führer hätten mehr Erfahrung und ihre Meinung sei gültiger als seine eigene.

Ohne Schwierigkeiten konnte Brandler seinen persönlichen Ehrgeiz befriedigen und den großen Führer spielen – hauptsächlich weil Ernst Meyer Rang und Würden gleichgültig waren. Ernst war durchaus bereit, mit anderen Genossen auf gleicher Ebene zusammenzuarbeiten, eine andere Art von Zusammenarbeit konnte er sich gar nicht vorstellen. Dennoch war von all den Funktionären, die auf der politischen Bühne in Deutschland ein kurzes Gastspiel gaben, keiner imstande, die Partnerschaft Ernst Meyers zu ertragen, und alle versuchten, ihn aus der Zentrale hinauszudrängen.

Ernst hat nie um Anerkennung gebuhlt. Das war ihm nicht nur wesensfremd, sondern wäre auch unvereinbar gewesen mit seiner Vorstellung von der Partei als der großen Gebenden, der er, der Nutznießer, tief verpflichtet war.

»Du opferst dich vollkommen auf für die Partei«, sagte einer seiner nicht der Partei angehörenden Freunde einmal, als Ernst spät nachts heimkam, bleich und sehr müde.

»Aber bedenke auch, was die Partei für mich tut. Sie hebt mich heraus aus einem sinnlosen Dasein und versetzt mich in die Lage, an der Erfüllung einer großen Aufgabe mitzuwirken.«

Als Brandler im Winter 1922–23 nach Deutschland zurückkehrte, nutzte er seine neue Position voll aus und zeigte keinerlei Hemmungen in seinem Kampf gegen Ernst. Er spielte den starken Mann, nachdem er in Rußland Geschmack an der Macht gefunden hatte. Die Bezirke, in deren Händen die Auswahl der 21 Mitglieder der neuen Zentrale lag, wies er an, von der Nominierung Ernst Meyers (der immer noch offiziell Vorsitzender des Polbüros war) Abstand zu nehmen. Er tat dies, wie er sagte, im Namen der Zentrale, die »der Meinung war, die Wiederwahl Ernsts würde der Partei schaden«. Auf dem Leipziger Parteitag im Januar 1923 hielt er hinter dem Rücken von Ernst Meyer Geheimsitzungen mit Delegierten ab, denen er Intrigen und Gerüchte schmackhaft machte. Nur die ganz wenigen Eingeweihten begriffen, warum Ernst aus seiner Position gedrängt wurde. Es war kein offener Kampf, alles wurde hinter verschlossenen Türen arrangiert, und Ernst Meyer machte es ihnen außerordentlich leicht, ihn *persönlich* zu treffen. Das Intrigieren war nicht seine Sache. Es verwirrte ihn und machte ihn hilflos wie ein Kind. Nicht einmal dachte er daran, die offene Diskussion der Dinge zu erzwingen – ein Mittel, das er sonst immer für die Lösung innerparteilicher Probleme empfahl –, selbst dann nicht, als man ihm dazu jede Gelegenheit bot.

Nachdem Ernst den politischen Bericht erstattet hatte, der traditionsgemäß dem Vorsitzenden der Partei zukam, nahm der russische Abgesandte Kleine (Guralski) das Wort. Er bediente sich in seiner Rede einer Metapher, in der es um Bazillen ging: »Leider haben wir keine ernste Rechte und keine ernste Linke. Unsere Rechte ist ein Typhusbazillus, und unsere Linke ist eine leichte Erkältung mit wechselnder Temperatur in einem gesunden Körper. Alle Ärzte werden bestätigen, daß ein Typhusbazillus mit einer leichten Erkältung gefährlich werden kann . . .«

Daß der »rechte Bazillus« größere Gefahren birgt als der linke, ist einer jener unbesehen akzeptierten Trugschlüsse. Die Aufstände in der ersten Phase der deutschen Revolution einschließlich der Ereignisse von München waren geprägt von der Gefahr von links. Das gleiche traf auf die berühmten Juli-Tage von 1917 in Petrograd zu, an denen die russische Revolution beinahe gescheitert wäre.

Ernst konnte solche leichtfertigen »Argumente« mit blanker Ironie vom Tisch wischen; aber wenn es um *persönliche* Dinge ging, war er ein erbärmlicher Debattant. Er sagte in seinem Schlußwort: »Ich glaube, daß der Parteitag derselben Meinung sein wird wie ich, daß die Diskussion nicht sehr fruchtbar gewesen ist. Das hängt damit zusammen, daß alle Fragen über die vergangene Haltung der KPD so eingehend in den Mitgliedschaften diskutiert worden sind, daß eigentlich alle Genossen vollkommen über die Argumente des Für und Wider unterrichtet sind.« Für die Delegierten war dies nichts anderes als die Bestätigung der Sticheleien und Angriffe, die ja oft genug wiederholt worden waren.

Ich glaube nicht, daß Ernst aus diesem Vorfall etwas gelernt hatte. In seiner Rede bei einer Geheimsitzung unterließ er es wieder, die wahre Bedeutung der Äußerung von Kleine darzulegen, es tat ihm lediglich »leid«, daß sie sich auf persönliche Beschimpfung »beschränkten«. Aber er gab einen ausgezeichneten Bericht über sein Vorgehen in der Rathenau-Krise, aus dem hervorging, daß – entgegen dem Vorwurf der Nachgiebigkeit gegenüber den SPD-Führern – die Zentrale ihn gerade wegen seiner Härte gerügt hatte und ihn nur dann mit der Führung der Verhandlungen beauftragte, wenn die Lage äußerste Aggressivität erforderte.

Aber nachdem er dann alle Angriffe abgewehrt hatte, kam er zu einer wahrhaft umwerfenden Schlußfolgerung:

»Genossen«, sagte er, »welches sind nun eigentlich die politischen Gründe, die die Delegationen veranlassen, von meiner Wiederwahl Abstand zu nehmen? Brandler hat sie kurz skizziert. Ich muß sie ausführlicher nennen. Die Genossen aus den Delegationen meinen, die politische Klärung innerhalb der Partei wird dadurch gefördert, daß in der Zentrale nicht jemand sitzt, der als Exponent des Opportunismus gilt. Das ist ein Gesichtspunkt, der sich hören läßt.« Er verlangte nur, daß man »diesen politischen Gesichtspunkt« auch »offen aussprechen müsse«, es sei »davon abzusehen, durch erzählen von allerlei Klatschgeschichten das Bild zu verwirren«.

Anscheinend meinte er, er habe genug zum eigenen Schutz getan, vielleicht tat es ihm auch leid, so viel Ärger zu verursachen. In einem seiner Briefe an mich hatte er schon im Juli 1922 geschrieben, er »bedaure Kleine, der sich so unmöglich macht«. Er warnte in der geschlossenen Sitzung des Parteitags 1923 auch seine Freunde: »Genossen, ich bin der Letzte, der seine Person in den

Vordergrund stellen will, und ich sage ganz offen: die Freunde, die mit dem Gedanken einer Sonderkandidatur spielen, bitte ich davon Abstand zu nehmen. Die Klärung in der Partei ist wichtiger, als ob jemand in die Zentrale kommt.«

Die Initiatoren der Kampagne waren durch Ernsts Rede etwas verunsichert und mußten ihre Taktik ändern: Er mußte geopfert werden, um Ruth Fischer und ihre Berliner Bastion zu beschwichtigen.

Ernst sagte ihnen: »Ihr alle wißt, daß ich jeden Schritt akzeptiere, der unserer Partei nützt.« Aber er warnte leidenschaftlich vor Intrigen und Unaufrichtigkeit, »die schädlich sind für sie und für die Ideale, denen wir alle zu dienen versuchen«. Seine letzten warnenden Worte[12] riefen große Unruhe hervor. Clara Zetkin huldigte Ernst auf ihre eigene weibliche Weise: Tränenüberströmt stand sie auf und küßte ihn.

Ernst war bestürzt über die Entwicklung, aber er fühlte sich in keiner Weise geschlagen. Er war vielleicht sogar noch selbstbewußter und noch mehr von seinen politischen Fähigkeiten überzeugt. Jene unwürdigen Spielchen würden mit der Konsolidierung der Partei überwunden werden, sie waren nichts als Wachstumsbeschwerden – schließlich war die Partei erst vier Jahre alt.

Dennoch muß sein Bedürfnis nach Unterstützung und Sympathie überwältigend gewesen sein. Ich hatte meinen Aufenthalt in Leipzig unterbrechen müssen, beeilte mich aber, um wieder bei ihm zu sein; er erwartete mich allerdings nicht. Der Parteitag schloß früher als geplant, die Delegierten fuhren bereits ab, als mein Zug einlief. Ich mußte rennen, um den abfahrenden Zug noch zu erreichen. Ernst schaute mich an, als wäre ich eine Erscheinung aus einer anderen Welt. Für eine ganze Weile war er sprachlos, küßte mich, stammelte und hielt meine Hände, die ganze Welt, so schien es, war für ihn versunken. Leiden vertieft die Liebe. Radek, der mit uns im Abteil war, schaute verblüfft, er vergaß sogar, sein gewohntes sarkastisches Lächeln aufzusetzen. Es mag ihm gedämmert haben, wie wenig er doch von Ernst wußte, und er redete ihn mit Respekt an.

6

Der »Deutsche Oktober«

Die Partei bereitete sich auf den Oktober vor. Ein Teil der Formel für die revolutionäre Situation schien gegeben: So, wie die Menschen zur Zeit lebten, konnten sie nicht weiterleben. Die Stimmung im Lande schien jeden Zweifel daran auszuschließen, daß ein entscheidender Kampf bevorstand.

Es war weitgehend Sache der Kommunistischen Partei selber, den Beweis für die Richtigkeit des anderen Teils der Formel zu führen: daß »die traditionellen Machtmittel der herrschenden Klasse versagen«. Die Kommunisten waren in ihrer Politik ja keineswegs unfehlbar. Der Grundirrtum lag in ihrer Vorstellung, man müsse die revolutionären Energien aufsparen für die »letzte Schlacht«. Ernst argumentierte, man könne revolutionäre Glut nicht im luftleeren Raum aufbewahren oder auf Eis legen. Man müsse sie am Leben erhalten und ständig nähren, indem Tag für Tag auch für mindere Teilziele gekämpft werde. Die Arbeiterschaft würde bei der »letzten Schlacht« nicht alles einsetzen, wenn sie nicht zuvor in einer Serie kleinerer Gefechte, die dieser Schlacht vorausgingen, ihre eigene Kraft wie auch die Fähigkeiten ihrer Führer erprobt hätte. Das träfe insbesondere auf die nichtkommunistischen Arbeiter zu, deren Vertrauen und Unterstützung die Partei nur durch wohldurchdachte, sich steigernde Aktivität zu gewinnen hoffen könne. Brandler mit seinem »Drang zur Sparsamkeit« hat es nicht nur versäumt, derartige Aktivität zu fördern, sondern er ging im Gegenteil so weit, verschiedentlich bereits laufende Aktionen wieder abzublasen. Diese Taktik wurde im Frühjahr bei den streikenden Ruhrkumpeln angewandt – lange bevor man über ein endgültiges Datum für den Aufstand auch nur nachdachte. Die Arbeiter erlitten eine Reihe von Rückschlägen, ohne daß die Partei den geringsten Versuch unternahm, sich dagegen zu wehren.

Die Kommunisten traten am 10. Oktober 1923 in die sozialdemokratische Regierung Zeigner in Sachsen ein. Man betrachtete die Koalition als Sprungbrett für den Aufstand. Für die herrschende Klasse war sie eine Herausforderung und das Eingreifen der Berliner Regierung war unausweichlich. Die Partei wurde aktiv, indem sie ein sorgfältig ausgearbeitetes Aktionsprogramm nach bester revolutionärer Tradition einstimmig verabschiedete, auch mit den Stimmen der Linken. Es bestand aus zwanzig Punkten, das Schwergewicht lag auf Maßnahmen gegen den erwarteten Einmarsch des Militärs: »Bewaffnung aller bestehenden Abwehreinheiten innerhalb von zehn Tagen; Mobilmachung; Ankauf von Waffen durch die sozialistische Regierung.«

Politisch forderte das Programm die »Entfernung aller Reaktionäre aus führenden Positionen und ihre Ersetzung durch Parteimitglieder; Sprengung faschistischer Brutnester und Verhaftung ihrer Führer; Koordinierung der Aktivitäten von Betriebsräten und anderen unmittelbar in den Kampf einbezogenen Gliederungen«, und anderes mehr. Zeigner akzeptierte dieses Programm – eine Vorbedingung für das Bündnis. Aber daß er nicht entschlossen dazu stand, war von Anfang an offensichtlich: Keiner der entscheidenden »provokativen« Schritte wurde auch nur in Angriff genommen.

Ernst hatte große Bedenken, aber keiner hegte den geringsten Zweifel daran, daß der Entscheidungskampf nahe war. Als der Zeitpunkt heranrückte, begann Ernst, seine persönlichen Angelegenheiten zu ordnen, bestrebt, mich in Reichweite zu wissen, damit wir nicht bei ausbrechenden Unruhen durch die Einstellung des Eisenbahnverkehrs oder andere Mißlichkeiten getrennt würden. Er schickte mich nach Berlin, wo ich unsere Wohnung vermieten sollte, um der Gefahr ihrer Verwüstung vorzubeugen, vor allen Dingen um unsere wertvolle Bibliothek zu retten für den Fall, daß die Konterrevolution siegen sollte – eine Möglichkeit, die man schließlich auch in Erwägung ziehen mußte.

Die Stunde Null kam am 22. Oktober, einem friedlichen Nachmittag. Ich erhielt ein Telegramm von Ernst, das mich aufforderte, unverzüglich nach Frankfurt/Main zu kommen. Innerhalb von dreißig Minuten waren meine Koffer gepackt und bereit für den nächsten Zug.

Abends gingen wir zur Versammlung. Der Saal war berstend voll, die Erregung groß. Wir harrten des Signals, das den Generalstreik ausrief. Wie vertraut war mir das doch. Ich entsann mich der Münchner Nacht vor vier Jahren – damals kam das Signal nicht. Aber zu jener Zeit hatten die Kommunisten auch nicht mit ihrem Sieg gerechnet. Der Aufstand war ihnen gegen ihren Willen aufgezwungen worden. Jetzt war es etwas ganz anderes.

Und doch hat die Geschichte sich hier wiederholt. Während wir fiebernd auf das »Signal« warteten, tagte ein Kongreß der Betriebsräte. Einen Aktionsplan diskutierte er nicht. Zu jener späten Stunde fand der Kongreß nur den Mut, seine tragische Unfähigkeit zu entdecken und *einzugestehen* – und zum Rückzug zu blasen.

Ernst Meyer als Student

Am 10. Oktober waren drei Kommunisten in die sächsische Regierung eingetreten. Vier Tage später gab Reichspräsident Ebert dem Reichswehrgeneral Müller Befehl, Sachsen und Thüringen zu besetzen. Um das Unternehmen zu legalisieren, grub er einen passenden Paragraphen aus. Aber die Mitgliedschaft seiner Partei und sogar höhere Funktionäre waren außer sich. Nicht nur die Kommunisten, auch General Müller rechnete unter diesen nie dagewesenen Bedingungen mit erbittertem Widerstand.

Der Betriebsrätekongreß mit seinen 469 Delegierten wurde erst zum 21. Oktober einberufen[13]. Dabei hätte man eigentlich schon die kommunistische Regierungsbeteiligung selbst von der Meinung dieses repräsentativen Gremiums abhängig machen sollen, vor allem auch von seiner Willenserklärung, gegen die erwartete Intervention des Reiches zu kämpfen. Des weiteren wäre es wichtig gewesen, die Bewaffnung der Arbeiterschaft zu beschleunigen. Selbst dieser lahme Kongreß hätte anders reagiert, wenn er sich einer großen Zahl von Arbeitern unter Waffen gegenübergesehen hätte. Aber Brandler setzte auf Nummer Sicher und wartete darauf, daß die Initiative von »der Mehrheit« käme – von seinen sozialistischen Partnern. Er hatte Angst, das Bündnis zu brechen, und glaubte an Zeigners Kampfwillen und Kampfkraft – was sich als blanke Illusion erwies. Weder gab es Waffen – anstatt der angeblich vorhandenen fünfzig- bis sechzigtausend Gewehre konnten zu dem Zeitpunkt nicht mehr als 800 (!) gemustert werden – noch die Entschlossenheit, sie zu beschaffen und zu benutzen, obwohl Zeigners Regierung über die Polizei und die verfügbaren Arsenale gebot.

Die dürftigen Kampfmittel der Kommunisten, all ihre

»Roten Hundertschaften« mochten hinreichen, um bei einem Aufstand als Hilfstruppe zu dienen, aber wenn es um den Kampf gegen ein organisiertes Heer ging, waren sie ein Nichts. Dies allerdings hätte Brandler eher herausfinden können, er hätte versuchen müssen, die Herausgabe der Waffen zu erzwingen, andernfalls aber die Alarmglocke läuten und zurücktreten müssen. Ein rechtzeitiger Rücktritt Brandlers hätte wie eine Fanfare gewirkt bei all jenen nichtkommunistischen Arbeitern, die wirklich bereit waren, ihre Regierung mit Waffengewalt zu verteidigen – wie andererseits sein Verbleiben in der Regierung sie in dem Glauben wiegte, alles sei in bester Ordnung.

Von einem Gefühl besonderer Dringlichkeit war auf dem Betriebsrätekongreß nichts zu spüren. Er setzte sich hauptsächlich aus gemäßigten Delegierten zusammen, denen es in erster Linie um die aktuellen sozialen Probleme der Arbeiter ging. Das war ein weiteres schweres Versäumnis der Partei, daß sie nicht für die Neuwahl der Betriebsräte gesorgt hatte. Für die Münchner Kommunisten damals war das der erste Schritt gewesen, *bevor* sie sich in die Räterepublik begeben hatten. Damit war das Schicksal des Aufstands entschieden. Dennoch wagte niemand, das Todesurteil zu verkünden, und die Beratungen gingen weiter, vor und hinter den Kulissen.
Die Kommunisten suchten das Gesicht zu wahren, indem sie zum Generalstreik aufriefen, aber es war ein Schlag ins Wasser. Keiner der Anwesenden, nicht einmal Brandler selbst nahm das ernst. Eine »friedliche« Waffe dieser Art gegen eine aufmarschierende militärische Streitmacht hätte möglicherweise in der Hand einer eini-

gen, gut organisierten Mehrheit effektiv sein können – so wie etwa beim Kapp-Putsch –, nicht aber in der Hand der Kommunisten gegen eine uneinige SPD. Man wußte, daß sich die Arbeiter, mitgerissen von einem spontanen Solidaritätsgefühl, wohl an einem kommunistisch initiierten Kampf beteiligen, niemals aber in organisierter Form einen Aufruf zur Aktion gegen ihre legitimen Führer befolgen würden.

Kuriere schwärmten aus, um zum Rückzug zu blasen, und nie zuvor fand ein so großes Versprechen ein so klägliches Ende. Brandler sagte einen Kampf ab, auf den sich die Arbeiterschaft viele Monate lang mit ganzem Herzen vorbereitet hatte. Und er tat es im letzten Augenblick, nachdem er die ganze Zeit über die Illusion von der bevorstehenden Schlacht genährt hatte. Einige Arbeiter, von dieser unverhofften Wendung wie vor den Kopf geschlagen, bemühten sich, so etwas wie einen Widerstand selbst auf die Beine zu stellen. Sie kämpften beinahe mit bloßen Händen, bauten Barrikaden in den Weg der marschierenden Truppen, warfen mit Steinen und schossen auch hier und da.

Die Arbeiter empfanden die militärische Intervention gegen eine legale sozialistische Regierung als tiefe Schmach; für sie war dies das »schwarze Jahr«. Ruth Fischer spricht von einer bemerkenswerten Harmonie zwischen Kommunisten und sozialdemokratischen Arbeitern, was ihren gemeinsamen Abwehrkampf und den großartigen Kampfgeist betraf. Und Thalheimer, Brandlers kühnster Apologet, beschrieb die allgemeine revolutionäre Stimmung, in der allerorten Kampfgruppen aus dem Boden schossen wie aus dem Nichts gezaubert.

Dennoch wurde nur in Hamburg gekämpft. Es gibt widersprüchliche Erklärungen für den Ursprung der

»Hamburger Barrikaden«. Einige schreiben sie einer mißdeuteten Handbewegung Thälmanns auf dem Kongreß zu, andere seiner ausdrücklichen Anweisung: Es ist behauptet worden, er habe den Kongreß vorzeitig verlassen müssen und, keine Sekunde daran zweifelnd, daß der Aufstand stattfinden werde, in Hamburg das Signal gegeben. Als ihn die Nachricht vom Mißverständnis erreichte, »hatte er nicht das Herz, die Schlacht zu beenden . . .«

Bezeichnenderweise betrachtete man selbst diese mißratene Schlacht voller Stolz. Die Arbeiter hegten die Erinnerung an die »Hamburger Barrikaden«, und das Ereignis hob das Prestige seines unfreiwilligen Initiators Ernst Thälmann ganz beträchtlich, anstatt ihm zu schaden.

Am 23. Oktober besetzte General Müller Dresden. Am 27. Oktober verlangte Berlin Zeigners Rücktritt. Zeigner wurde verhaftet und verfemt. Die kommunistischen Minister tauchten unter. So endete der »Deutsche Oktober«.

Gegen Brandler erhoben sich Hetze und Geschrei. Er seinerseits wälzte die Verantwortung auf die Russen ab. Vielleicht hatten sie ihren Anteil an den Fehleinschätzungen. Aber auch sie waren irregeführt worden. Um sich lieb Kind zu machen bei seinen hohen Gönnern, hatte Brandler das revolutionäre Potential, besonders das seiner eigenen Hochburg Sachsen-Thüringen, erheblich übertrieben dargestellt – ihm zufolge wartete seine Heimat bloß darauf, den Herrn zu wechseln. Hinterher beschwerte er sich zwar darüber, daß die Berichte, die ihm nach Moskau erstattet worden waren, unverantwortlich, unrealistisch und nicht auf Fakten gestützt gewesen seien, doch vertrat seine Fraktion auch den Standpunkt, daß die Situation im Oktober günstig genug gewesen sei, um eine Räterepublik zu schaffen, zumindest um einen enormen Einfluß auf die Massen zu gewinnen. Thalheimer schrieb, daß die Partei einem Heer gleichkam, das davon überzeugt war, den Sieg schon sicher in der Tasche zu haben.

Als in Moskau die Schlußabrechnung begann, erklärte Sinowjew sein Vorgehen mit der festen Versicherung Brandlers, daß Zeigner entschlossen wäre, dem Angriff Widerstand entgegenzusetzen und daß der Regierung Zeigner ein Heer von rund fünfzig- bis sechzigtausend Arbeitern zur Verfügung stünde. Diese Zahl tauchte in vielen Berichten immer wieder auf. Sinowjews vieldiskutiertes Telegramm, man solle General Müller ignorieren und die sächsischen Arbeiter bewaffnen, wurde auf der Grundlage von Brandlers Einschätzung und in seiner Gegenwart aufgesetzt. Auch wenn er nicht unmittelbar für das Telegramm verantwortlich zeichnete – Sinowjew erklärte, Brandler habe seine Zustimmung nur zögernd gegeben –, dessen Absendung war doch durch ihn vollkommen gedeckt. Tatsächlich hätte man gar nichts anderes tun können. Die Behauptung, daß Zeigner bereit sei, eine solche Anzahl von Arbeitern zu bewaffnen, kam der Garantie gleich, daß er kämpfen wollte. Hier wurden auf der Basis verfälschter Fakten Entscheidungen gefällt.

Aber die Schuld der Russen wog dadurch noch schwerer, daß sie einem Manne, der die Qualifikationen eines guten regionalen Funktionärs besaß, solch unbegrenzte Autorität zugestanden. Brandler seinerseits bemühte sich, das in ihn gesetzte Vertrauen zu rechtfertigen, und er blickte ständig mit einem Auge nach Rußland, was seinen gesunden Menschenverstand und seine Urteilskraft noch weiter verdunkelte.

Die Abkehr der Arbeiter von Brandler war so vollkommen wie seine eigene verwirrende Kehrtwendung; sie gelangten zu der Überzeugung, daß Kungeleien mit den Sozialdemokraten, daß die Einheitsfront zum Verrat an der Revolution führte.

War es denn wirklich eine verratene Revolution?

Die Chancen für eine erfolgreiche kommunistische Erhebung sind niemals ernsthaft durchdacht worden. Zu viele Leute waren stets zu sehr damit beschäftigt, die eigene Axt zu schleifen, um sich daneben noch um eine ordentliche Analyse zu kümmern. Das schließt sogar Trotzki ein, der gegen Ende seiner Tage Brandler und die Komintern barsch des »Verrats« bezichtigte. Was die Linke betraf – Ruth Fischer und Maslow –, so machte sich diese die Aufwallung von Erbitterung und Empörung, in der die Arbeiterschaft nach neuer Führung Ausschau hielt, voll zunutze. Die Linken sahen ihre Zeit gekommen; sie vergaßen ihre eigene Zustimmung zur Koalition und schwelgten in Schmähungen des »ministrablen Kommunismus«, der Einheitsfront und alles anderen.

Konnte man von der klassischen revolutionären Situation sprechen?

Die französische Besetzung des Ruhrgebiets im Januar, dieses lebenswichtigen deutschen Industriereviers, hatte spürbare Zerfallserscheinungen im Bürgertum hervorgerufen. Die Regierung Cuno forderte offen zu Streiks und passivem Widerstand auf. Die Arbeiter kamen dieser Aufforderung rückhaltlos nach, und das Unvorstellbare geschah – eine Art »Einheitsfront« zwischen der Arbeiterschaft und der herrschenden Klasse. Was immer die Regierung planen mochte, die Situation war explosiv. Wie zu Kriegszeiten spürten die Arbeiter, daß man sie »brauchte«, sie fühlten sich geschmeichelt und zum

Kampf ermutigt, und ihr Selbstvertrauen wuchs. Die Haltung ihrer »Partner«, die oft bei Wahrnehmung ihrer jeweiligen eigensüchtigen Interessen uneins waren und bereit zum Kompromiß mit den Invasoren, war eine weitere Quelle der Radikalisierung. Nach dem Protokoll des folgenden IX. Parteitages hat Brandlers Gruppe erklärt, daß, wenn sie die Bedeutung des Ruhrkonfliktes richtig eingeschätzt habe, »eine deutsche Räterepublik in greifbarer Nähe wäre«.

Aber noch lag es in der Macht des Staates, die Bewegung zu zerschlagen. Ende September wurde der passive Widerstand abgesagt, und die Bourgeoisie, weithin wieder einig, konnte sich auf die Stabilisierung der Mark konzentrieren. Das war das sicherste Mittel, die unruhigen Massen friedlich zu stimmen – ja, schon die Verheißung einer möglichen Stabilisierung vermochte die Aktivität einer beträchtlichen Zahl von Arbeitern zu lähmen.

Mag sein, daß der Rückzug unvermeidlich war. Nicht aber ein so katastrophaler, ein so kampfloser Rückzug. Nirgends war es den Arbeitern möglich gewesen, durch eigene Erfahrung herauszufinden, ob die Revolution nun »verraten« worden war oder ob sie den Kampf in offener Feldschlacht verloren hatten, weil sie noch nicht stark genug waren, ihr Ziel zu erreichen. Sie fühlten sich gedemütigt und geprellt.

7

Die »Mittelgruppe«

Der Linksruck war die energische und eigentlich gesunde Abkehr von einer gefährlich rechten Politik – und von Brandler. Bei dieser Massenflucht allerdings stampfte die Partei alle ihre Traditionen und teuer erkauften Erfahrungen in den Boden. In jenen kritischen Tagen ging die Führung auf die sogenannte »Mittelgruppe« über – das politische Zentrum der Partei –, die die Zentrale bis zum IX., dem Frankfurter Parteitag im April 1924 beherrschte. Die Historiker nennen Koenen, Stoecker, Remmele, Ulbricht als Führer der Mittelgruppe – der vergessene Ernst Meyer jedoch war der Kopf dieser Fraktion und wurde nach Moskau gerufen, um den neuen Kurs zu bestimmen.

Solange die Linke regierte, war die Mitte der Einfachheit halber als rechts etikettiert worden. Man warf sie mit den Brandleristen in einen Topf und machte sie mitverantwortlich für den Mißerfolg des Oktober. Diese Auffassung war schwer totzukriegen, ja, man kann wohl sagen, sie ist nie aus den Köpfen verschwunden. Die Komintern übernahm sie und identifizierte bei jeder sich bietenden Gelegenheit Ernst Meyer, den Hauptsprecher der Mittelgruppe, mit den Brandleristen. Selbst als die Komintern sich gezwungen sah, Ernst Meyer wieder an die Spitze zu berufen, nannte sie ihn offiziell »den Rechten«. Weder vernünftiges Argumentieren noch heftiger Protest vermochten daran etwas zu ändern.

In Wirklichkeit hatte diese Gruppe Brandlers Politik entschieden bekämpft, und sie wiederholte beharrlich, als
Brandler in die Regierung Zeigner eingetreten war:
»Unser Eintritt in die Regierung hat nur einen Zweck:
Verzehnfachung des revolutionären Mutes der Massen
und Mithilfe an der Organisierung der Kräfte.« Sie pre-
digte, bei der Waffenbeschaffung nicht zimperlich zu
sein, und deckte Brandler mit Kritik und Warnungen ein.
Als er aus Moskau zurückgekommen war, drängte sie
ihn, in die Bezirke zu fahren und sich gründlich über die
Stimmung und die Situation zu unterrichten, *bevor* er in
die Regierung ginge. Daß er dieser Forderung nicht
nachgekommen war, so bekannte Brandler später, war
sein größter Fehler. Im Oktober 1923 machte die Mittelgruppe Brandler den Vorwurf, er »spiele Minister«:
»Wenn es zu kämpfen gilt, dann muß man in der Arbeiterschaft den Geist der Rebellion und des Opfermutes
wecken, dann darf man sich nicht in Nebensächlichkeiten
verlieren und sich in ›Staatspflichten‹ einbinden lassen.«
Am Vorabend des Chemnitzer Betriebsrätekongresses,
am 20. Oktober, forderte sie ihn dreimal auf, nach Berlin
zu kommen. Brandler, noch immer mitten in den Verhandlungen mit den Sozialdemokraten, lehnte ab: Er
habe keine Zeit für »Ratschläge«.
Auf dem Frankfurter Parteitag 1924 sagte Ernst:
»Es muß klipp und klar gesagt werden: es waren in den
Oktobertagen keine Differenzen zwischen der Linken
und dem Grundkern der Mittelgruppe. Wir haben gemeinsam für den Kampf gestimmt. Die Opposition hat
damals nicht gesagt, daß wir den Sieg in der Tasche hatten, wie sie das jetzt darstellt. Im Gegenteil, sie sagte, daß
nüchtern gesagt: mehr Chancen für Niederlage als für
Sieg vorhanden seien. War der Rückzug falsch oder rich-

Ernst Meyer, 1920

tig? Es war kein Rückzug, es war ein Versagen der Partei, ein Ausweichen vor jedem Kampfe. Wir haben im Jahre 1923 dieselbe Taktik angewandt wie in den Jahren 1920 und 1921. Wir haben den Gegner provoziert, und als wir ihn provoziert hatten, erklärten wir: Wir kämpfen nicht. Das ist kein Rückzug. (Heiterkeit.) Wir hatten die Pflicht, zu kämpfen, denn 40 Prozent des Proletariats wollten den Kampf. Wir mußten ihn aufnehmen, selbst wenn er mit keinem Siege geendet hätte. Nach schweren Kämpfen einen Rückzug antreten, bei dem wir große Teile der SPD-Arbeiter mitbekommen und zwischen SPD-Führern und -Massen eine Kluft schaffen, das ist ein guter Rückzug. Der Wille zum Kampf war bei uns so ernst wie bei den Linken. Im Oktober war aber kein Rückzug, es war eine platte Niederlage der Partei.«

Aber es war unmöglich für die Mittelgruppe, alle Fehler Brandlers auf einen Schlag wieder wett zu machen, und am allerwenigsten konnte sie in diesem Stadium eine Spaltung riskieren. Die Partei stand unter dem Bann der Autorität Brandlers, und natürlich glaubte jeder, daß er in voller Übereinstimmung mit der Komintern handele. Brandler gab ja zu, daß er »in Augenblicken des Zweifels« immer am liebsten »den russischen Führern gehorchte«.

Nach Brandlers Sturz war es, genau wie in der Zeit nach der März-Aktion, die erste und wichtigste Aufgabe, Angst und Verzweiflung zu beschwichtigen. Die Bewegung gewann aus all ihren tragischen Irrtümern doch auch unschätzbare Erfahrungen für die Zukunft, was man bei der Jagd nach Sündenböcken ganz außer Acht ließ. Den sozialdemokratischen Arbeitern hätte sie die Erkenntnis vermitteln können, die Kommunisten längst vertraut war, daß parlamentarische Siege allein nicht genügen, um sozialistische Ziele zu erreichen. Die jüngsten Ereignisse hätten dazu dienen können, die demokratischen Illusionen zu zerstören, die tief in der deutschen Arbeiterschaft wurzelten, und diese Arbeiterschaft empfänglicher zu machen für kommunistische Ideen.

Ernst hat die rechte Gefahr in keiner Weise beschönigt, aber in eben jenem Augenblick war es sein Ziel, die aufschäumende, von den Linken geschürte Hysterie zu bremsen und der Partei zur richtigen Sicht auf das jüngste Geschehen zu verhelfen. Trotz aller Irrtümer der Linken vergaß er nie, was sie als Gegengewicht zu den starken reformistischen Tendenzen in der deutschen Bewegung leisteten. Er war davon überzeugt, daß die Linken aus der Erfahrung lernen und zu aller Nutzen in der Führungsspitze bleiben würden. Wiederholt erklärte er: »Ich würde *selbstverständlich* viel lieber mit den Linken zusammenarbeiten als mit den Rechten« – eine Ansicht, die er bis an das Ende seiner Tage beibehielt.

Nach den vielen ergebnislosen Gefechten der ersten revolutionären Phase, die schwere Verluste an treuen, mutigen Arbeitern und Funktionären gefordert hatten, war die Partei ein Trümmerhaufen. Auf einem der ersten Parteitage im Februar 1920 hatte Brandler gesagt: »Wir haben überhaupt noch keine Partei. Und wenn ich das so schroff ausspreche, so muß ich das tun, nachdem ich die Bewegung in Rheinland-Westfalen kennengelernt habe . . . Was in Rheinland-Westfalen besteht, ist schlimmer, als wenn wir gar nichts hätten. Und es wird in nächster Zeit nicht möglich sein, die Kommunistische Partei auf die Beine zu bringen.«
Damals hatte Ernst eine optimistischere Haltung: »Die augenblickliche Müdigkeit in der Arbeiterschaft wird überwunden werden, und wir dürfen uns auf keinen Fall von dieser vorübergehenden Müdigkeitsstimmung anstecken lassen. Die objektiven Ursachen, wirtschaftliche Krisen, politische Krisen, werden indessen diese Stimmung bald zerstreuen. Das wird um so rascher geschehen, je mehr die Partei sich zusammenschließt und sich

ihrer Rolle als revolutionäre Avantgarde bewußt ist, . . .
wenn wir die revolutionäre Kraft in der deutschen Arbeiterschaft zusammenfassen und zu steigern suchen. Es gilt
deshalb, sich keiner pessimistischen Stimmung hinzugeben, sondern alle Kraft zusammenzufassen zu neuer Arbeit.«

Seine Rede nach der Oktober-Niederlage atmete den
gleichen Geist:

»Wir haben den Boden für neue Zuspitzungen. Wir haben auch die ersten Abwehrkräfte des Proletariats und es
ist Miesmacherei, wenn man sagt, wir müssen erst eine
kommunistische Partei schaffen, bevor wir kämpfen
können. Wenn nach einer solchen Niederlage, wie im
Oktober, das Proletariat sich schon wieder aufrafft zu
großen, wenn auch verlustvollen Abwehrkämpfen, so ist
das ein großer Schritt vorwärts . . .

Die faschistische Welle, von der Trotzki gesprochen hat,
hat sich wohl schwächer und unbedeutender herausgestellt, als wir dachten . . .

Wir müsen die Partei auf die steigende Welle der Revolution einstellen.«

Ein paar hochangesehene Persönlichkeiten gehörten
damals der Partei an, darunter die österreichische Gräfin
Hermynia zur Mühlen, Wittfogel, der spätere China-Experte, Felix Weil, der Millionär, und der berühmte Meisterspion Richard Sorge.

Weil, Schöpfer und Besitzer eines Instituts für Sozialforschung, beherrschte die Szene. Er hegte wahren Wider-
willen gegen seinen Reichtum, der ihn geradezu zum
Ausgestoßenen machte. Er war ein Mann von bescheide-
nem Auftreten, ernst und anspruchslos. Seine glücklich-

ste Zeit, so erzählte er uns, hatte er als Student verlebt, als niemand Näheres von ihm wußte. Dann lernte er die Tochter eines alten Sozialisten kennen und heiratete sie – ihre Mutter war eine gute Freundin von Clara Zetkin.

Es war Weils Herzenswunsch, eine Einrichtung in der Art des Moskauer Marx-Engels-Institutes zu schaffen – ausgerüstet mit einem Stab von Professoren und Studenten, mit Bibliotheken und Archiven –, die er eines Tages einem siegreichen deutschen Rätestaat zu stiften hoffte. Sein Vater bot ihm einen Handel an: er sagte zu, das kostspielige Hobby seines Sohnes zu finanzieren, wenn der Sohn sich verpflichte, einen angemessenen Lebensstil zu pflegen in einer großen Villa mit Butler und allem, was dazu gehört, so lange der alte Mann lebte. Der Vater war ein sehr kranker Mann, und Weil sagte ja. Der Luxus brachte ihn auf, und er pflegte sich in beschwörendem Tone zu entschuldigen, wenn er Genossen in seinem Hause empfing. Seine Frau spielte die Rolle des »armen reichen Mädchens« beinahe überzeugend.

Als der Vater starb, hatte Weil freie Hand, die verhaßte Umgebung von sich zu schütteln. Aber nun weigerte sich seine Frau. Sie hatte sich an den neuen Stil gewöhnt und mochte ohne den Luxus und ohne die »wirklich kultivierten Menschen« des Rothschild-Sets nicht mehr auskommen. Es traf ihn hart. »Mehr als einmal habe ich am Fluß gesessen und das Wasser angestarrt«, sagte er mir. Aber er bestand die Probe mit Bravour, er gab Frau und Kind und Luxus auf und kehrte zu dem bescheidenen Leben eines normalen Werktätigen zurück.

Hermynia zur Mühlen, die kultivierte, geistreiche Gräfin voller Charme und Lebenslust, begann ihr turbulentes Leben damit, daß sie einen baltischen Baron ehelichte, der ihr versprach, mit Hilfe ihrer beträchtlichen Mitgift seinen Landsitz in ein Tolstoisches Paradies zu verwandeln. Als ich sie kennenlernte, lebte sie allerdings mit einem nicht gerade sehr erfolgreichen jüdischen Literaten, viele Jahre jünger als sie, in einer schäbigen Pension. Sie war ein zerbrechliches Geschöpf und hielt sich durch Übersetzungsarbeiten über Wasser, manchmal schrieb sie auch Geschichtchen für den kommunistischen Nachwuchs. Drei Hunde waren ihr vom ehemaligen Luxus noch geblieben – auf sie konnte die einstmals verwöhnte Dame nicht verzichten, und sie fügten ihrem ohnehin schon harten Alltag noch weitere unendliche Komplikationen hinzu.

Einer aber gelangte wirklich zu Weltruhm – Richard Sorge. »Ika«, wie er mit Spitznamen hieß, und seine Frau Christiane arbeiteten beide in Weils Institut. Christiane war der lebende Beweis für seinen Ruf als unwiderstehlicher Frauenheld. Sie, Ehefrau eines wohlbestallten, hochangesehenen deutschen Professors, hatte die Sicherheit ihres wohlgeordneten Heimes verschmäht, um Ika, einem Studenten ihres Mannes, sieben Jahre jünger als sie, auf seinen ungewissen Lebenspfaden zu folgen.

Sorge war Anfang dreißig, hochgewachsen, mit den edlen Bewegungen eines wohlgestalteten Körpers von natürlicher Eleganz, ein perfektes Modell für klassische Statuen – Apollo persönlich. Er hatte etwas Jungenhaftes an sich, in seinen grau-blauen, schelmisch zwinkernden Augen, in seinem sonderbaren leisen Lachen, bei dem seine ganze riesenhafte Gestalt vibrierte. Er war ein ziemlich bescheidener Mensch, überhaupt nicht der selbstbewußte Draufgänger, den man jetzt aus ihm macht.

Ernst und ich machten ein paar Trinkgelage in Sorges Wohnung mit, und ich hatte den Eindruck, daß Ika das Trinken für schick hielt, daß es ihm aber eigentlich gar

Ernst Meyer mit seiner Frau Rosa Meyer-Leviné und deren Sohn
Genja, 1924

keinen Spaß machte. Mit kindlichem Entzücken
schwärmte er von der angeblichen Trinkfestigkeit Stalins: »Was für ein Mann!«
Ende 1924 gingen die Sorges nach Moskau – sie, um im
Marx-Engels-Institut zu arbeiten, er mit einem mir unbekannten Auftrag. Dort traf ich sie im Herbst 1925. Ihre
Ehe war im Begriff zu zerbrechen und ging dann 1926

auseinander. Frau Sorge kehrte nach Deutschland zurück, er wurde nach England geschickt. Ich nehme an, daß er hier mit den Tätigkeiten begann, die seine bekannte Agentenkarriere in Gang setzten.

Zum letzten Mal sah ich ihn, als er 1929 aus England zurückkam. Er war ganz plötzlich abberufen worden, kaltgestellt ohne Geld, ohne Erklärung. In England hatte er an einem sehr gefährlichen Auftrag gearbeitet – so etwas wie Infiltration der Armee mit kommunistischem Gedankengut oder Ausspähung militärischer Geheimnisse. Darauf stand eine Strafe von rund zehn Jahren Zuchthaus. Er mußte in London in strenger Abgeschlossenheit leben, ohne persönliche Kontakte, ohne Mädchen. »Überleg dir das mal – diese langbeinigen, schlanken englischen Girls!« Eine Strafe für sich.

In der Moskauer Hierarchie ging unterdessen aber eine große Machtverschiebung vor sich. Bucharins Büro – das Sorge entsandt hatte – wurde umorganisiert, und Sorges so mühselig gesammelte Informationen wurden viele Monate lang nicht einmal angeschaut. Ich weiß nicht, wie er so sicher sein konnte – irgendwie entdeckte er wohl, daß seine Berichte ihren Adressaten nicht mehr erreichten. Aber die Entdeckung machte ihn rasend. Ich erinnere mich noch, wie er mit geballten Fäusten im Zimmer hin und her stampfte: »Hunde! Diese Hunde! Wie ich sie hasse! Eine solche Mißachtung menschlicher Nöte, menschlicher Gefühle!«

Er erstickte fast an der Demütigung und schmiedete alle möglichen Rachepläne. »Zumindest müssen sie mir doch einen ordnungsgemäßen Bescheid geben. Und sie haben mir seit Monaten nichts gezahlt.«

Ich versuchte, ihn zu beruhigen: »Du wirst eben ganz neu anfangen müssen. Selbst wenn du Glück hast, das bißchen Geld hilft dir auch nicht viel.« Er wußte es natürlich selbst, er hatte nur den Kopf verloren.

Ich sehe ihn noch, wie er dastand im dunklen Torweg und sich verabschiedete. Er wollte, daß ich mit ihm ausginge. Er wollte es ein bißchen allzu heftig, und ich lehnte ab. Er bedrängte mich: »Endgültig? Dein letztes Wort?« Ich schaute, vielleicht mit einem gewissen Bedauern, in sein charmantes, erregtes Gesicht: »Sei nicht bös – ja, mein letztes Wort.«

Ich verriegelte das Tor hinter ihm.

Es scheint, als hätte jemand seine Begabung für den Agentenberuf gewittert und ihn für den neuen Auftrag ausgesucht. Was hat ihn veranlaßt, ihn zu übernehmen? Geld, Abenteuerlust, Verzweiflung? Sein alter Idealismus, seine ehrliche, jugendliche Hingabe an die Sache konnten es nicht mehr sein. In jenen vergangenen Tagen hatten wir ein so prachtvolles menschliches Potential – und wir haben es so gnadenlos vergeudet. Trotzki hat einmal etwas gesagt, was mir für immer im Gedächtnis bleiben wird: »Es war das größte Verbrechen der Komintern, daß sie jene, die aufgebrochen waren, um die Menschheit in eine bessere Zukunft zu führen, korrumpierte.«

8

Sieg der Linksradikalen 1924

Der Triumph der Linken überstieg alle Erwartungen[14]. Eine Gruppe junger, unerfahrener Leute, in der Arbeiterbewegung nicht verwurzelt, kaum kampferprobt, brachte es fertig, in völlig freier Abstimmung die Mehrheit der deutschen Kommunisten um sich zu scharen: Sie errang 92 Delegiertenmandate, die »Mittelgruppe« hingegen nur 34. Brandlers Niederlage war vollkommen.

Die neue revolutionäre Welle schwemmte drängende, ungeduldige Leute nach oben, getragen vom eigenen, frischgebackenen Radikalismus. Stolz auf ihre Erkenntnis, daß der Parlamentarismus keine Lösung, daß die Gewerkschaften keine revolutionären Organisationen und daß die Sozialdemokratie keine revolutionäre Partei waren, fochten sie gegen jegliche Zusammenarbeit mit ihnen. Der klägliche Zusammenbruch der Arbeiterregierungen in Sachsen und Thüringen schien ihre düstersten Verdächtigungen zu rechtfertigen.

Zu ihnen gesellte sich ein neues revolutionäres Element, die »Roten Hundertschaften« und andere militärische Einheiten, die für den bewaffneten Kampf gedrillt wurden und weder Interesse noch Gelegenheit hatten, sich ernsthafte Gedanken um theoretische Grundlagen zu machen. Sie, die nach dem Rückzug der Partei in der Luft hingen, waren leichte Beute für fast jede neue Führung und fügten der allgemeinen Verwirrung noch ihren eigenen Beigeschmack hinzu.

Diese Rebellen wurden nun von der Partei nicht mehr zurückgedrängt; vielmehr fanden sie Ermutigung und organisatorische Unterstützung bei einer Führung, die ihre Stimmung und ihre Meinungen teilte. Viele von denen, die jetzt die Linke unterstützten, waren ehemalige Unabhängige Sozialdemokraten, die in der Hoffnung auf rasche Erfolge zu den Kommunisten gestoßen waren und die auch keine Neigung verspürten, sich mit den langweiligen alten Organisationen einzulassen.

Diese kämpferischen Romantiker wollten Freiheit von Moskau wie von Berlin. Eine Gruppe (Boris und Samosch, beide Russen) forderte den Abbruch aller politischen und organisatorischen Bindungen der Kommunisten an den russischen Staat. Eine andere plädierte für eine Organisationsstruktur der Partei, die das Zentralkomitee zu einem bloßen ausführenden Organ der politischen Beschlüsse einzelner lokaler Gremien gemacht hätte – im Gegensatz zur bestehenden Praxis, in der es dem Zentralkomitee oblag, die politische Linie für die Gesamtpartei zu erarbeiten.

Die »Freiheit« ging mit ihnen durch; niemanden kümmerte, was wohl geschehen würde, wenn zehn örtliche Parteikomitees zehn verschiedene Aktionsprogramme beschließen würden. Sie nannten sich – und gingen in die Geschichte ein als – »die Linke«. Aber sie waren die Protagonisten extremer Ideen: der Ablehnung der Gewerkschaftsarbeit, der Ablehnung der Einheitsfrontpolitik. Sinowjew hatte diese Linke durchschaut und beobachtete die Entwicklung mit großer Sorge. Aber unternehmen konnte er nichts, ohne sich einer schwerwiegenden diktatorischen Einmischung schuldig zu machen. In jenen Tagen war ein solches Verhalten geradezu unausdenklich. Deshalb begrüßte er es, daß sich eine »Mittelgruppe« bildete, gestützt auf die älteren, erfahreneren Parteifunktionäre – solche, die durch die jüngste schwere Niederlage nicht kompromittiert waren –, die den neuen Führern helfen konnte, ihre Unzulänglichkeiten zu überwinden. Der Kern seiner Botschaft an den Frankfurter Parteitag von 1924 war, daß die neue Führungsspitze nur dann der Revolution dienen könne, wenn sie eng mit der Mittelgruppe zusammenarbeite, um von deren Erfahrung und Tradition zu profitieren. Nur eine solche Zusammenarbeit könne den Aufbau einer wahrhaft revolutionären Partei garantieren.

Leider hat Sinowjew später diese Politik dann selber nicht befolgt.

Die Partei wurde von der Gruppe Ruth Fischer/Maslow vollkommen beherrscht – wobei Ruth Fischer die weitaus bedeutendere Figur war. Ich hörte zum ersten Male von ihr durch Radek, der geradezu überschwenglich von ihrem Genie und von ihrer Schönheit schwärmte und der fest überzeugt war, daß sie sehr bald den Platz von Rosa Luxemburg einnehmen werde.

Natürlich brannte ich darauf, diese fabelhafte Frau kennenzulernen. Münzenberg war es, der mir ein junges Mädchen vorstellte – ein rundes, frisches Gesicht, das an ein hübsches Zimmermädchen denken ließ, eine Figur, die schon Anzeichen künftiger Beleibtheit erkennen ließ. Noch trug sie keine proletarische Verkleidung, sondern ein weißes Wollkleid, schick und extravagant, wenn man bedenkt, wie oft so etwas gereinigt werden muß. Ich war dermaßen überrascht, daß ich hinterher Münzenberg mehrmals fragte: »Ruth Fischer – ihr meint *diese* Ruth Fischer?« Natürlich stellte ich nicht ihre hervorragenden

Talente in Frage. Ihre ungewöhnliche rednerische Begabung allein hätte sie schon zu einem Gewinn für jede Partei gemacht. Ihr Unglück – und noch mehr das Unglück
der Partei – war vielmehr, daß Ruth Fischer in eine so
dominierende Position gelangte, bevor sie Zeit hatte, zu
lernen und zu reifen. Auf der anderen Seite allerdings ist
es sehr zweifelhaft, ob sie überhaupt fähig war, irgendwelche Gedanken, die ihrer Gemütslage und ihren Nei-
gungen zuwiderliefen, aufzunehmen oder gar anzunehmen. Schon damals, in diesem frühen Stadium, schien sie
zu meinen, daß es für sie nichts mehr zu lernen gab. Ernst
war manchmal ganz aus der Fassung angesichts ihrer politischen Ignoranz; er behauptete, sie hätte nicht einmal
das Kommunistische Manifest je gelesen, ganz zu
schweigen von sonstiger theoretischer Literatur.
Sie kannte keine Skrupel, keinen Sinn für Ehrlichkeit
oder Fairneß, wenn es um ihre – politischen oder persönlichen – Interessen ging. Und sie war so entsetzlich selbstsicher. Einmal saßen wir bei einer Versammlung neben-
einander und ich fragte sie, ob sie nicht einen bestimmten
Punkt in ihrer Rede ansprechen wolle. Ich trug ihr meine
Sache vor im Ton des blutigen Laien, der den großen Gelehrten etwas fragt. Sie aber sah sich in ihrem Stolz verletzt und raunzte mich an: »Ich brauche keine Nachhilfe-
stunde, Genossin!«
Ende 1922 trafen wir uns in Moskau in gesellschaftlichem
Rahmen. Der Kampf zwischen den Linken und Ernst war
schon eine Weile im Gange, und bei den Methoden, mit
denen die Linken ihn führten, war ich nicht gerade Gegenstand der besonderen Gunst Ruth Fischers. Aber sie
legte sich mit hohem Fieber zu Bett, und ich fühlte mich
verpflichtet, sie zu pflegen. So verbrachten wir viele
Stunden miteinander, und wieder war ich betroffen von

ihrem aufgeblasenen Selbstbewußtsein. Sie gab sich Mühe, liebenswürdig zu mir zu sein, aber das lief ihrem Wesen eben doch entschieden zuwider. Ich erinnere mich, wie sie mir ein Kompliment machte: »Wie es heißt, kommen wirklich interessante Frauen erst in ziemlich fortgeschrittenem Alter zu ihrem Recht. Welch' eine Zukunft liegt da doch vor *uns*!« Ich mußte im Stillen lachen. War das nicht eine elegante Art, *sich selbst* zu schmeicheln? Nun ja, zumindest hatte sie es ja huldreich gemeint . . .

Mit einem triumphalen Sieg trat die Linke ihr Regiment an: Bei den Parlamentswahlen im Mai 1924 wurden 3,7 Millionen Stimmen für die Kommunisten abgegeben, sie vermehrte ihre Reichstagssitze von 15 auf 62. Diese Gewinne wurden dadurch noch gewichtiger, daß sie auf Kosten der Sozialdemokratischen Partei erzielt wurden, die dabei 70 Sitze einbüßte[15].

Mehrere Faktoren hatten zu dem Erfolg beigetragen: Es war die erste Wahl nach der Verschmelzung mit den Unabhängigen Sozialdemokraten; die revolutionäre Grundstimmung war noch nicht ganz verschwunden; vor allen Dingen aber war das Wahlergebnis eine Antwort auf die verhaßte Reichsintervention in Sachsen und Thüringen, auf die Beseitigung einer legitimen Regierung und die Repressalien, die sich angeschlossen hatten.

Die Linke war zwar grundsätzlich gegen den Parlamentarismus, aber sie führte den Wahlkampf mit großer Energie. Das ganze Drum und Dran des Wahlkampfes, die Versammlungen, Demonstrationen, Paraden entsprachen durchaus ihrem Temperament, und die Agitation für abstrakte revolutionäre Ziele, die weder besonderes theoretisches Wissen noch sehr viel Erfahrung voraussetzte, die lag den Linken. Es gab in ihren Reihen einige ausgezeichnete Redner, und sie hatten natürlich die einmütige Unterstützung aller Parteigliederungen.

Stolz auf den Erfolg, selbstbewußt, heiter, so stellte sich eine Abordnung der Linken in Moskau vor und nahm es im Sturm. Solche Leute waren mehr nach dem Geschmack der Russen; dieser feurigen, ungestümen, unkonventionellen Schar, die sich auf der Straße unters Volk mischte, fühlten sie sich eher geistesverwandt – das hier waren allem Anschein nach »echte Bolschewiken«. Thälmanns berühmte Geste, sich inmitten einer öffentlichen Ansprache den Kragen auszuziehen, trug ihm mehr Popularität ein, als es seine Rhetorik je vermocht hätte. Auch Ruth Fischer spielte proletarische Maskerade, wobei die Krönung ein häßlicher, überdimensionaler Sowjetstern war, der ihr vom Busen baumelte. Ihre Rede auf dem Roten Platz war eine echte Sensation. Die Linken allesamt waren dort vertraute Gestalten, und zwei ihrer prominentesten Sprecher, der Russe Maslow und der hochbegabte Heinz Neumann, sprachen Russisch. Ein spontanes Verwandtschaftsgefühl riß alle mit – einschließlich Sinowjew, den Vorsitzenden der Komintern. Hier mag eine der Erklärungen für seine weitere Haltung gegenüber den Linken liegen. Vielleicht erlag er auch dem Wunschdenken und versuchte, sich selbst einzureden, daß die neue deutsche Führung die Flamme der Revolution neu entfachen könnte und daß noch nichts verloren sei. Er fing an, sich seiner Eintracht mit den Linken zu brüsten und in deren hemmungslose Hetze und Schikane gegen Opponenten einzustimmen. Er ließ es nicht nur zu, sondern wirkte persönlich daran mit, daß die Mittelgruppe, die er selber in die neue Führungsspitze schicken wollte, zerschlagen wurde.

Die Linke wurde zur alles beherrschenden Kraft und war entschlossen, ihren Sieg voll auszukosten. Sie errichtete ein Regime der Einschüchterung und der Maßregelungen, sie war den Russen um Jahre voraus, was die Einführung bestimmter Praktiken betraf, etwa die totale Kaltstellung in Ungnade gefallener Genossen. In Rußland durften prominente Menschewiken noch verantwortliche Posten in Sowjetinstitutionen bekleiden, die deutsche Linke hingegen verlangte, daß freie Stellen bei russischen Einrichtungen in Deutschland ausschließlich ihren Schützlingen vorbehalten sein müßten. Auch die Vulgarisierung der politischen Terminologie bei ihren bolschewistischen Meistern nahmen die deutschen Linken vorweg, indem sie das Wort »Bolschewisierung« in ihren tagespolitischen Aufrufen benutzten, lange bevor Stalin begann, kleine Diebstähle in Betrieben als »Bucharinismus« zu brandmarken. Mit dem Hinauswurf von Rechten aus der Partei hatte man schon im Juli 1924 angefangen – am Ende des Jahres ging die Linke so weit, Parteimitglieder auszuschließen, weil sie »Mißtrauen gegen führende Persönlichkeiten der Partei hegten«.

Als die Sowjetführung abweichende Meinungen und Kritik noch duldete, schaffte die Linke in Deutschland rapide jegliche innerparteiliche Demokratie ab. Unter dem Vorwand, Geld sparen und den Parteiapparat einschränken zu müssen, säuberte sie ihn von nahezu allen »Unerwünschten«. Mitglieder der Rechten oder der Mitte, mochten sie noch so qualifiziert sein, hatten wenig Chancen, in einer russischen Institution in Deutschland angestellt zu werden. Ich war eine der sehr seltenen Ausnahmen – ich durfte, dank meines Namens, durch das engmaschige Netz schlüpfen.

Familie, 1924

Bald geriet die Partei in finanzielle Schwierigkeiten. Eine Flüsterkampagne setzte ein, und der Unterschlagungsverdacht fand bezeichnenderweise zu allererst in der Führungsspitze offene Ohren. Das Gebalge um die begehrten Posten erzeugte so viel Korruption und Mißtrauen unter ihnen, daß die führenden Genossen bereit waren, voneinander das Schlimmste zu glauben.

Leider schwirrten auch in unseren Kreisen die häßlichsten Gerüchte herum. Ernst erklärte die Finanzkalamität mit einem Mißverhältnis zwischen produziertem und konsumiertem Propagandamaterial: Berge von »Bolschewisierungs«-Flugblättern, die niemand haben wollte, konnten durchaus zum Bankrott führen. Die Linken gingen zu weit in ihrem »revolutionären Eifer«. Schon 1918 hatte Ernst argumentiert, daß es sinnlos sei, mehr Propaganda zu drucken, als man verteilen könne: »Unsere Möglichkeiten, größere Lesermassen zu erreichen, finden ihre Grenzen in der Stärke unserer Organisation. Vermodernde Papierballen, seien sie mit noch so feurigen revolutionären Texten beschrieben, sind nichts als Platz- und Geldverschwendung.«

Die Linken schimpften besonders heftig über den erpresserischen Druck des Rubels, der angeblich schuld war an der Zerstörung der gesunden revolutionären Bewegung in Deutschland. »Das Jahresbudget der Partei wurde in Berlin aufgestellt«, schrieb Ruth Fischer später, »aber man schielte nach Moskau und wollte sich bei den Vorgesetzten, die es zu genehmigen hatten, beliebt machen; die Aufstellung der einzelnen Posten im Budget, für die Mittel angewiesen wurden, tendierte immer nach Übereinstimmung mit der russischen Politik des Augenblicks« (*Stalin und der deutsche Kommunismus*, S. 539 f.).

Lug und Trug wurden zur täglichen Praxis unter den Linken. Hand in Hand damit ging natürlich die Verfolgung von Intellektuellen. Wenn ein führender Funktionär entschlossen ist, jegliche Opposition zu ersticken, dann behandelt er Widerspruch, Diskussion, ja sogar das bloße Wissen als finstere Machenschaften verworrener Geister und als Ablenkung von den dringenden Aufgaben der Revolution. Das ist ein Trick, der darauf abzielt, die primitiven Gefühle der Arbeiter anzusprechen und ihnen zu schmeicheln – erfunden von Intellektuellen.

All das lief unter der Überschrift »Bolschewisierung« ab. Die Linken leugneten jegliches Verdienst der revolutionären Bewegung Westeuropas, die Spartakisten eingeschlossen – die Bolschewiken allein hielten das Revolutionsmonopol. Das Wort »Bolschewismus« wurde fast so häufig benutzt wie später der Name Stalin.

Es war eine schwere Zeit, auch wenn das Schlimmste uns

noch erspart blieb. Ernst war Zielscheibe Nummer eins für die Angriffe. Er wurde nicht in die neue Zentrale gewählt, seine Kritik und seine Vorschläge wurden mit Schmähungen beantwortet, er wurde als »Rechter« abgestempelt und stand tatsächlich vor dem Parteiausschluß. Schließlich wurde er auf einen Redakteursposten bei der Zeitung *Die Welt am Abend** abgeschoben.

Die Furcht, politisch gemaßregelt zu werden oder sich die Gunst der Herrschenden zu verscherzen, griff in der Partei um sich. Ein neues Element führte sich ein: man begann, wirkliche oder vermeintliche Abweichler zu meiden. Einmal wandte sich W. Koenen rasch von Ernst ab, als Ruth Fischer auftauchte. Ernst lachte den ganzen Heimweg über bei der Vorstellung, wie wütend ich wohl reagieren würde, wenn er mir das erzählte. Auch die Sowjetbotschaft paßte sich den neuen Praktiken an. Krestinski, der Botschafter, sorgte eilends dafür, daß Ernst (und auch ich natürlich) zu den offiziellen Empfängen nicht mehr eingeladen wurde, obwohl er nie aufhörte, das Gespräch mit Ernst zu suchen – heimlich.

Auch im Kreise unserer eigenen politischen Freunde wurde die Atmosphäre allmählich höchst unerfreulich. Klatsch, zynisches Gerede und Selbstgerechtigkeit schwollen an. Es war nicht immer einfach, sich von dieser Gemütsverfassung frei zu halten, und manchmal ertappten wir einander dabei, daß wir uns im Grunde genau so verhielten – daß wir wenig schmeichelhafte Bemerkungen über beinahe jedermann machten. Aber wir waren uns wenigstens der Gefahr bewußt: »Vorsicht, wenn alle falsch liegen außer uns beiden.«

* *Die Welt am Abend* gehörte zum Münzenberg-Konzern.

Unsere Rettung war der stetige Einfluß russischer Gäste, die – bezeichnenderweise – sehr viel mutiger waren als ihre deutschen Genossen oder sowjetische Veteranen. Unser bemerkenswertester Besucher war Jaglom, mit sechsundzwanzig bereits Stellvertreter von Tomski, dem Vorsitzenden der mächtigen Sowjetgewerkschaften, und Chefredakteur des Zentralorgans *Trud*. Zusammen mit Bucharin und Tomski nahm er 1928 den Kampf gegen Stalins Industrialisierungs- und Kollektivierungskurs auf und auch gegen die Wiedereinführung einer ultralinken Politik in Deutschland. Zwischen Ernst und Jaglom entwickelte sich eine enge Freundschaft, und die Russen brachten viel Fröhlichkeit in unser Leben. Am Weihnachtsabend brachte Jaglom eine Gesellschaft von drei stellvertretenden Ministern mit, die sich auf einer offiziellen Besuchsreise in Deutschland befanden. Das deutsche Außenministerium machte Programm für sie und war so taktlos, den offiziellen Empfang mit der deutschen Nationalhymne abzuschließen. Die Gäste mußten sich selbstverständlich erheben und in aller Feierlichkeit lauschen. Bevor sie aber Zeit hatten, sich nach dem letzten Ton wieder zu setzen, stimmten die Russen ihre Hymne an – und so mußten die Gastgeber zu ihrer Bestürzung in der gleichen feierlichen Weise die »Internationale« anhören.

Eine bedeutende Rolle spielte im Parteileben der »Rote Frontkämpferbund«[16] – der RFB –, der Ende 1924 eine große Errungenschaft der Linken war und der eine gähnende Lücke füllte – die Lücke, die eine Politik der Enthaltung von praktischer politischer Arbeit geschaffen hatte. Der RFB hatte seine Wurzeln in den proletarischen Kampfeinheiten von 1923. Sie übernahmen nach dem Mißlingen der Revolution die Aufgabe, Versammlungen, Arbeiterviertel und Parteibüros wie auch einzelne Persönlichkeiten vor monarchistischen Schlägerbanden zu schützen, die die Großstädte terrorisierten. Der RFB blühte bald zu einer gewaltigen Organisation auf, die es eine Zeitlang erfolgreich mit dem monarchistischen »Stahlhelm« und ähnlichen Gruppen, die den Militarismus wiederzubeleben hofften, aufnehmen konnte.

Die Angehörigen des Roten Frontkämpferbundes wurden in Uniformen eingekleidet; die Partei verlangte dafür weiter nichts, als daß sie paradierten und bei Versammlungen da waren. Es war sehr viel angenehmer, auf diese Weise »der Revolution zu dienen«, als die mühsame Kärrnerarbeit der täglichen Parteiroutine zu leisten, und so zog der Bund weit über den Kreis der Kommunisten hinaus die Arbeiter an – SPD-Mitglieder und sogar Katholiken waren in seinen Reihen zu finden. Thälmann wurde zu seinem Vorsitzenden erkoren.

Während die neue und einzige Absicht der Partei in der Agitation bestand, lieferte der Rote Frontkämpferbund für die zahllosen Kundgebungen und Demonstrationen den Glanz. Überall trat er auf, zog mit Musik und Gesang Massen an, nicht unähnlich der Heilsarmee, und leistete Dienste in der Art der Pfadfinder. Bei einer Flutkatastrophe erntete der RFB wohlverdientes Lob für seinen disziplinierten, selbstlosen Hilfseinsatz. Der Eindruck, den diese jungen Männer machten, die in militärischer Ordnung marschierten, mit Musikkapellen und flatternden Fahnen, war außerordentlich. Ihr Jahrestreffen in Berlin mit gereckten Fäusten, Salutschüssen, »Rotfront!«- und »Heil Moskau«-Rufen wurde zum nationalen Ereignis. Leute der unterschiedlichsten politischen

Bekenntnisse gewährten Zehntausenden von Fremden, die aus der Provinz herbeigeströmt waren, fröhlich ihre Gastfreundschaft. Die ganze Stadt war auf den Beinen, die Menschen standen am Straßenrand, jubelten und boten Erfrischungen an. Aus zuverlässiger Quelle habe ich gehört, daß Trotzki während seines illegalen Berlinaufenthaltes im Sommer 1926 den Umzug der Roten Frontkämpfer beobachtet und anschließend getobt habe über die Unfähigkeit einer Partei, die mit einer solchen Armee an der Hand der Revolution nicht näher sei.

Mit der steigenden Arbeitslosigkeit verloren die Leute dann die Lust am Soldatenspiel, und die Beliebtheit des RFB schwand. Seine Auflösung im Mai 1929 ging fast unbemerkt vonstatten. Ausdrücklich geschaffen, um dem wieder erstarkenden Militarismus entgegenzutreten, wurden die Roten Frontkämpfer selber – ohne wirklich militärische Ausbildung – in gewisser Weise zu Militaristen. Nach und nach degenerierte der Bund, und Teile von ihm gingen zu Hitler über.

9
Der Abstieg der Ultralinken

Der Dawes-Plan, im August 1924 angenommen, bürdete Deutschland neue Lasten auf. Die jüngste kommunistische Niederlage bewirkte unverhüllten Zynismus und viel »freimütige Reden« über jene überflüssigen Leute, die die Wirtschaft des Landes belasteten – mit etwa 15 Millionen –, um sie zu retten.

Aber die Linken, in unbeugsamer revolutionärer Gesinnung groß geworden, erwiesen sich als unfähig, sich der neuen Situation anzupassen. Die Partei, die auf der Schwelle des Jahres 1923 eine Kraft war, mit der man rechnen mußte, die man für fähig gehalten hatte, den Griff nach der Macht im Staate zu wagen, sie hatte ihre Kraft in der lange Zeit und beharrlich geübten Praxis der Einheitsfront-Politik aufgebaut. Um das ihr gesteckte Ziel zu erreichen, mußten die Kommunisten die Mehrheit der organisierten Arbeiterschaft gewinnen, die noch im sozialdemokratischen Lager stand. Es gab keinen anderen Weg. Bessere, klassenbewußtere Arbeiter waren außer in der Kommunistischen Partei sonst nirgends zu finden. Es war eine besonders schwere Aufgabe, weil die SPD auf konkrete Leistungen für die Arbeiterschaft verweisen konnte, im Bereich von Wohnung, Bildung, ärztlicher Versorgung, Kinderbetreuung und sogar bis zu einem gewissen Grade bei der Verbesserung der Löhne und der Arbeitsbedingungen. Die Kommunisten konnten sich solcher Leistungen bis dahin nicht rühmen. Jetzt mußten sie die Arbeiter davon überzeugen, daß sie – sogar vorrangig vor der Revolution – ihre Interessen besser vertreten würden. Oft hatte Ernst mir ins Gedächtnis gerufen, daß »wir die sozialdemokratisch und gewerkschaftlich organisierte Arbeiterschaft brauchen. Entweder wir gewinnen sie für uns oder es wird keine Revolution geben.« Aber die neue Führung hatte für Abkommen mit der SPD keinerlei Verwendung und weigerte sich grundsätzlich, sich mit den praktischen Problemen des Alltags überhaupt zu befassen. Für sie war der Kampf um höhere Löhne unnütz, denn die Kapitalisten würden immer Wege finden, den Arbeitern das Erkämpfte wieder abzunehmen. Nur die Diktatur des Proletariats könne der Armut ein Ende setzen.

Die Linken hatten 62 Sitze im Reichstag erzielt, aber sie waren entschlossen, das Parlament ausschließlich als Agitationsbühne zu nutzen und als »ein Mittel, den kapitalistischen Staat zu desorganisieren«. Jeden Gedanken an eine positive Arbeit wiesen sie mit Verachtung von sich: »Es ist nicht unsere Aufgabe, die Bourgeoisie zu lehren, wie sie mit ihren Problemen fertig wird. Soll sie sich doch an den eigenen Haaren aus dem Sumpf ziehen.« Sie beschränkten ihre parlamentarische Arbeit auf Zwischenrufe und gelegentliche Wortgeplänkel. Große Sorgfalt verwendeten sie darauf, ihre »wahrhaft revolutionäre« Verachtung für bürgerliche Institutionen zu demonstrieren. Sie schrien Beschimpfungen wie »Verbrecher-Republik!« und lärmten mit Signalhörnern. Sie suchten ihre Wähler mit kindischen Streichen zu belustigen, etwa wenn sie ihre Hände bei der Eidesleistung mit rotem Tuch umwickelten. Ruth Fischer begann ihre Jungfernrede im Hohen Hause mit der Anrede: »Hohes Affentheater!«

Die Bewahrung des Geistes der Revolution wurde zum obersten Ziel der Bewegung erklärt. Eine neue revolutionäre Welle stand angeblich unmittelbar bevor, und die Partei mußte darauf vorbereitet sein, den Kampf dann zum siegreichen Ende zu führen. Niemand wagte es, eine ernsthafte Analyse der Situation vorzunehmen. Von der langfristigen revolutionären Perspektive zu reden war gefährlich – solche Ansichten waren gleichbedeutend mit Pessimismus und Rechtsabweichung.

Unvermeidliche Konsequenz dieses Kurses war der Auszug aus den sozialdemokratisch beherrschten Gewerkschaften, die ja geradezu Brutstätten des Reformismus und des »Verrats« waren. Die Linken behaupteten, die deutsche Arbeiterschaft hätte den Glauben an diese morschen alten Institutionen verloren; ganz falsch wäre es, Energien zu verschwenden bei dem Versuch, ihnen neues Leben einzupumpen. Sie forcierten die Bildung »kommunistischer« Gewerkschaften[17]. Nun waren sie ganz unter sich, in unbefleckter revolutionärer Reinheit, aber vollkommen isoliert von den kämpfenden Massen. Ihre Anfangserfolge waren gewiß beeindruckend gewesen – aber sie hörten auf, in den Geschicken des Landes irgendeine Rolle zu spielen. Ihre Tätigkeit war auf halbmilitärische Paraden, Kundgebungen und Demonstrationen geschrumpft. Geschrei und tönende Reden ersetzten den Kampfgeist, und natürlich gab es viele Zusammenstöße mit ziemlich schweren Verlusten für die Roten.

Die Folge des Enthaltungskurses der Linken war ein ungeheurer Stimmenverlust. In dem kurzen Zeitraum vom Mai bis Dezember 1924 büßte die Partei fast eine Million Stimmen bei der Reichstagswahl ein. Mit gleicher

Schnelligkeit erholte sich die SPD, die eineinviertel Millionen Stimmen hinzugewann. Die Kommunistische Partei selber schwand nicht weniger rasch dahin – von rund 300 000 Mitgliedern zur Zeit des Frankfurter Parteitages ging sie auf 121 000 Mitglieder zurück. Selbst wenn man die nachrevolutionäre Flaute einrechnete, war der Rückgang alarmierend[17a].

Die Linken gaben sich Mühe, die Wahlniederlage mit einem Achselzucken abzutun; ihr Cheftheoretiker, Professor Rosenberg, erklärte, daß es nicht von Bedeutung sei, ob die Partei eine oder zwei Millionen Stimmen bei dem »parlamentarischen Affenspiel« verliere. Die einzige Aufgabe sei die Bewahrung des Geistes der Revolution und der revolutionären Organisation.

Ernst protestierte beim Vertreter der Exekutive:

Berlin, den 3. Januar 1925

W.G.! Die unerhörte Passivität der Partei veranlaßt mich, Ihnen folgendes zu unterbreiten:

Fast die gesamte Zentrale ist ins Ausland gegangen und läßt die Partei völlig direktionslos.

Die Partei lebt überhaupt nur noch von den Skandalen, die im Sumpfe der SPD und des Bürgertums entstehen.

Die wichtigste aktuelle politische Frage ist die der Lösung der Regierungskrise. Das Bürgertum vertagte diese Frage bis nach den »Festtagen«. Die »Rote Fahne« tat ihnen den Gefallen, ebenfalls darüber zu schweigen. Als die R. F. am 31. 12. einen Artikel zur Regierungskrise aufnahm, stand darin kein Wort von unserer Forderung der Arbeiter- und Bauernregierung. Selbst das Wort Arbeiter- und Bauernregierung ist nach wie vor in der deutschen Partei verpönt. Der Hallesche »Klassenkampf« (vom 6. 12. 24) hat sogar in dem offiziellen Aufruf der

Ernst Meyer, 1928

Exekutive eigenmächtig die Worte »die Regierung der Arbeiter und werktätigen Bauernschaft« gestrichen und durch »die Diktatur aller Werktätigen in Stadt und Land« ersetzt.

In den Ministerien liegen die neuen Steuer- und Zollvorlagen für den neuen Reichstag bereit. Die Partei macht keine Propaganda, um den Verwirrungsmanövern der SPD erfolgreich entgegenzutreten. Die »Rote Fahne« druckte am 17. 12. *einen* Artikel ab, in dem es richtig hieß:

»Lastenabwälzung? Vortrefflich, ihr Wälzer und Schieber. Also Konfiskation aller königlichen, kaiserlichen, fürstlichen, kirchlichen Reichtümer und Vermögen, aller Kriegs- und Inflationsgewinne, Aufhebung der Lohnsteuer.«

Dieser Artikel ist Oase in der Wüste geblieben. Ihm ging keine Propaganda für die dort enthaltenen Forderungen voraus. Ihm ist keine Propaganda gefolgt; und diese Forderungen, die ich schon lange vertrete, werden von einer Reihe von Parteigenossen jetzt als eine kleine Entgleisung Maslows kritisiert.

Im Februar, März finden die Betriebsrätewahlen statt. Der Aufruf in der »Roten Fahne« vom 24. 12. fordert »Die rote Einheitsfront des Proletariats von unten«. Aber auf die praktische Frage des Verhältnisses zu den gewerkschaftlichen SPD-Arbeitern in den Betrieben bei den Wahlen (gemeinsame gewerkschaftliche Liste) gibt er keine Antwort und vermehrt noch die Verwirrung. In den Bezirken richtet man sich noch nach den alten, falschen Anweisungen.

In wichtigen Industriezweigen sind Lohnbewegungen (so im Ruhrgebiet, beim Bergbau, in der Metallindustrie). Der »Vorwärts« behandelt sie zum Teil gar nicht, zum Teil ebenso versteckt. Die KPD ist nicht die Führerin dieser Bewegungen, beeinflußt sie nicht einmal.

Seit Mai 1924 haben wir eine Teuerungswelle, die seit dem Herbst immer stärker wird. Die Parteipresse ließ diese wichtige Erscheinung unbeachtet, statt sie täglich auszunutzen. Die Teuerung ist eine verschleierte, schwächere Inflation. Die Partei glaubt an den Schwindel der Marktstabilisierung und tröstet sich damit über ihre Mißerfolge.

Solange nicht die politische und ökonomische Einheitsfront-Kampagne wirklich durchgeführt wird, bleibt auch die Kampagne für die gewerkschaftliche Einheitsfront Papier. Das englische Argument ist vorzüglich. Es kann das deutsche Argument unterstützen, aber nicht ersetzen.

Ich bitte Sie, mit allen Mitteln auf Abstellung dieser Verhältnisse zu wirken.

Mit kommunistischem Gruß
Ernst Meyer

Die Kommunisten sahen sich mit Situationen konfrontiert, die große Flexibilität verlangten. Preußen hatte eine sozialdemokratische Regierung unter Ministerpräsident Otto Braun. Sie hielt sich mit Unterstützung des Zentrums und der Republikaner, die bereit waren, gegen die aufsteigenden Monarchisten einen demokratischen »Volksblock« zu bilden. Er hatte nur eine schmale Mehrheit und konnte sehr leicht stolpern. Sein Schicksal hing von der Haltung der Kommunisten ab.

Nicht weniger entscheidend war das Verhalten der Kommunisten bei der anstehenden Wahl des Reichspräsidenten. Es war üblich, daß die Parteien in einem ersten Wahlgang eigene Kandidaten präsentierten – eine Runde zur Erprobung der Kräfte. Daß der kommunistische Kandidat Ernst Thälmann erneut eine Million Stimmen verlor, war ein unmißverständliches Zeichen dafür, daß die Wähler gegen eine eigene kommunistische Kandidatur im entscheidenden Wahlgang waren. Als die äußerste Rechte dann den alten Feldmarschall von Hindenburg als Kandidaten aufstellte, war keiner der anderen Kandidaten populär genug, um allein gegen Hindenburg eine Mehrheit auf sich zu vereinigen. Der Ausgang der Wahl lag so in der Hand der Kommunisten, und an der Sache gab es nichts zu deuteln: Entweder unterstützten sie einen sozialdemokratischen Kandidaten oder sie ermöglichten die Wahl eines Monarchisten.

Maslow erließ einen Aufruf zur Unterstützung eines Kandidaten des »Volksblocks«, aber die Bedingungen, die er an das Angebot knüpfte, schienen mehr darauf angelegt zu sein, die Ablehnung sicherzustellen. Ruth Fischer schreibt, daß dieses Angebot auch so spät gekommen sei, daß es der SPD unmöglich war, an ihrer Haltung noch etwas zu ändern – es sei eher als Alibi gedacht gewesen gegenüber den zu erwartenden Anklagen, man habe Hindenburg in den Sattel gehoben.

Unter den linken Führern bestand volle Übereinstimmung darin, daß eine gemeinsame Aktion mit der SPD zu sabotieren sei. Thälmann wurde für den zweiten, entscheidenden Wahlgang als Kandidat aufgestellt.

Die SPD machte noch eine Anstrengung, eine antimonarchistische Mehrheit zusammenzubringen, indem sie ihren Kandidaten zugunsten des Zentrumskandidaten, des Katholiken Marx, zurückzog. Es war ein verzweifelter, aber fruchtloser Schritt, denn eine Mehrheit war nur durch einen »Volksblock« gegen den »Reichsblock« zu erzielen. Die Spaltung sicherte Hindenburg den Sieg. Die Arbeiter, auch die »einfachen Mitglieder« der Kommunistischen Partei, dachten realistischer; sie wußten, daß ein Sieg des gegnerischen Lagers unausweichlich zu verstärktem Druck auf ihren Lebensstandard und ihre politischen Freiheiten führen würde. In den Betrieben gab es Tumult, die Politik aber wurde nicht revidiert.

Die Unterstützung eines sozialdemokratischen Kandidaten wäre eng mit einer Kette weiterer Maßnahmen der Einheitsfrontpolitik verbunden gewesen, die aus dem

Programm der Linken ja kategorisch gestrichen war. Die Komintern drängte zur Wiederaufnahme der Arbeit in den alten Gewerkschaften als Grundlage für den Kontakt zur SPD. Trotz der Illusionen, die er sich über die Linken machte, gab Sinowjew niemals seinen Glauben an die Wirksamkeit der Einheitsfrontpolitik auf. Im Unterschied zu anderen führenden Leuten, die in dieser Taktik nur ein Mittel zur Entlarvung der Fehler der SPD oder zu geschickten Manövern sahen, betrachtete er die Einheitsfrontpolitik als eine positive Strategie, die im Interesse der Arbeiterschaft lag. Ich habe ihn in Leningrad leidenschaftlich den Gedanken widerlegen gehört, man solle die SPD mit unannehmbaren Forderungen »abschrecken«: »Im Gegenteil, unsere Forderungen müssen populär, durchführbar, *schwer* abzulehnen sein. Wir brauchen, wir wollen die Zusammenarbeit. Sie ist ein Schritt zu unserem Ziel. Wir müssen nur dafür sorgen, daß wir die Initiative ergreifen und nicht hinterhertrotten.«

Ruth Fischer spielte ihr altes Spiel; sie war, solange sie in Moskau war, gar nicht so abgeneigt: »Alle meinten, daß wir in den Gewerkschaften Einfluß haben müßten und daß wir ihn nicht haben.« Wieder zu Hause, präsentierte sie dann allerdings alle möglichen »Gründe«, um die Beschlüsse zu sabotieren: Das Schicksal des deutschen Proletariats wird nicht durch Gewerkschaftsarbeit entschieden, sondern durch die Schaffung eines politischen Klimas, in dem die gemeinsame Aktion sichtbar im Interesse der deutschen Arbeiter und nicht bloß im russischen Staatsinteresse liegt ... Die Arbeit würde doch bloß in eine Sackgasse führen, konzentrieren wir uns lieber auf unabhängige Gewerkschaften, um die alten offen zu bekämpfen und ihr Machtmonopol in der Arbeiterschaft zu brechen[18].

Als der Druck der Komintern zu stark wurde, versuchten die Linken, die Russen auszutricksen, indem sie mit großem Getöse die glühendsten Anti-Gewerkschaftler aus der Partei hinauswarfen, insgeheim jedoch »ausgezeichnete Beziehungen« zu ihnen unterhielten. Sie waren nach Maslows Ansicht »die besten Elemente der Partei«.

Niemand erwartete, daß die Linken Ernst Meyer für die neuen Wahlen im Dezember 1924 als Kandidaten aufstellen würden. Jedoch – der von ihnen Auserkorene trat plötzlich zur SPD über, und die Linken mußten vorsichtig sein, denn Ernst war in Ostpreußen sehr populär. Der Fall wurde der Komintern unterbreitet und diese entschied, daß die Kandidatenauswahl dem Gutdünken des Wahlkreises überlassen bleiben müsse. Die Vorsitzenden der örtlichen Parteigliederungen in Ernsts Wahlkreis wurden zusammengerufen, und Berlin entsandte einen Sonderbeauftragten mit der ausdrücklichen Weisung, die Nominierung von Ernst Meyer zu verhindern. Aber die Konferenz stimmte für ihn. Er schickte mir ein sehr munteres Telegramm, ahnte aber bald, daß sein Sieg für die Linken viel zu »gefährlich« war, sie konnten ihn nicht einfach schlucken. Und richtig – das Abstimmungsergebnis hinderte Ruth Fischer nicht, sein Mandat für nichtig zu erklären. Er forderte eine Begründung, und sie erklärte: »Dein Name ist ein Programm. Wir können es uns nicht leisten, dir eine prominente Position zu geben.« An diesem Punkte schrieb Ernst an die Komintern-Exekutive:

Berlin, 5. November 1924

An die Exekutive der Komintern Moskau

Werte Genossen.

Die Zentrale hatte beschlossen, dem Bezirksparteitag Ostpreußen die Auswahl der Parlamentskandidaten zu überlassen. Was mich anbetrifft, so beschloß die Zentrale, von vornherein Alles zu unternehmen, um den Bezirk dahin zu beeinflussen, meine Wiederaufstellung zu unterbinden. Trotzdem der Zentrale-Vertreter versucht hatte, meine politische Tätigkeit scharf zu kritisieren, mußte der Bezirksparteitag doch einsehen, daß mein ganzes Auftreten in keiner Weise den Beschlüssen der Komintern widerspricht. Ich stelle hier fest, daß meine so viel besprochene Auffassung über die Arbeiterregierung – schon auf dem Leipziger Parteitag – identisch ist mit der des 5. Weltkongresses, was sich aus den stenographischen Parteitagsprotokollen ergibt. Sogar von den 13 Delegierten, die auf Veranlassung der Zentrale einen Gegenvorschlag unterschrieben hatten, stimmten nach Kenntnisnahme der Tatsachen 9 für mich. Ich wurde also mit allen Stimmen (ca. 60) gegen 4 als Spitzenkandidat aufgestellt.

Die Zentrale hat trotzdem den Beschluß des Bezirksparteitages annulliert, nachdem Versuche der Zentrale, durch die Bezirksleitung den Beschluß des Bezirkparteitages aufheben zu lassen, zurückgewiesen wurden.

Außerdem hat die Zentrale mir verboten, nach Ostpreußen zu fahren. Selbst bereits vom Zentral-Wahlkomitee festgelegte, vom Bezirk verlangte öffentliche Versammlungen mußten eilig abgesagt werden.

Die Zentrale kann mir in keinem einzigen Falle eine Durchbrechung von Beschlüssen der Partei und der Komintern nachsagen. Die Maßregelung erfolgt ausschließlich deshalb, weil ich notwendige Einzelkritik im Rahmen der vorgesehenen Parteiinstanzen geübt habe. Die Verhinderung meiner Parlamentstätigkeit, trotzdem auch die Zentrale anerkennen muß, daß sie für die Partei nur förderlich war, bedeutet den Beginn meiner völligen Ausschaltung aus der Parteitätigkeit, die vom Standpunkt der Zentrale weniger »gefährlich« wäre.

Ich ersuche die Exekutive, die politischen Gründe der Zentrale nachzuprüfen, und dazu umgehend Stellung zu nehmen.

Mit kommunistischem Gruß
Ernst Meyer

Ruth Fischer behauptet in ihrem Buch, daß Ernst sich später mit der Linken ausgesöhnt habe: »Obwohl er im wesentlichen seine Position aufrecht erhielt und seiner Fraktion treu blieb, hatte Meyer nach der Erfahrung von 1923 seine Einschätzung der Linken revidiert und sympathisierte mit ihrem Streben nach größerer Unabhängigkeit von Moskau.« (*Stalin und der deutsche Kommunismus*, S. 540)

In Wirklichkeit ist es Ernsts größter Stolz gewesen, daß er sich niemals in irgendwelche Kompromisse mit den Linken eingelassen hatte. In seiner Rede auf dem X. Parteitag 1925 sagte er:

»Die Behauptungen der Gen. Ruth Fischer, daß der Gen. Scholem und ich, Frölich und Becker auf demselben Standpunkt ständen, von gleichen Voraussetzungen ausgingen und zu gleichen Resultaten kämen, wird von niemand in der ganzen Partei ernst genommen, auch nicht von der Gen. Ruth Fischer. Ich will auch nicht eine halbe Minute meiner 15minutigen Redezeit vergeuden, um diese Behauptung zurückzuweisen.«

Ausschnitt aus dem Präsidium des Gründungskongresses der Kommunistischen Internationale in Moskau 1919. V. l. n. r.: Gustav Klinger, Hugo Eberlein und W. I. Lenin

Dies wird noch näher erläutert in einem Brief, den Ernst an einen »Genossen Fischer« (nicht mit Ruth verwandt) schrieb:

Berlin, 5. 1. 25
Lieber Gen. Fischer,
auf Dein Schreiben vom 1. 1. beeile ich mich wiederum zu antworten, weil mir möglichst weitgehende und rasche Verständigung im Interesse der Partei zu liegen scheint.
Deine Beantwortung meiner Punkte habe ich nicht ganz verstanden, weil ich einige selbst – vergessen habe.

Schicke mir daher bitte eine Copie »meines« Briefes.
Die Grundlage aller Verständigung ist folgende:
wie erklärst Du Dir, daß die Mitglieder in *freier* Diskussion im Winter Brandler verwarfen? Weiter: weshalb ist es auch im Anfang v. J., als es noch nicht Ausschlüsse gab, weder der »Rechten« noch dem »Zentrum« gelungen, einige Bezirke zu halten oder zu gewinnen?
Wer in diesen *Tatsachen* nicht die z. T. ganz berechtigte, z. T. erklärliche Reaktion gegen die Oktoberpolitik sieht, beurteilt auch die zukünftige Entwicklung falsch.
Zweitens: ohne Exekutive wird sich für absehbare Zeit eine wirkliche bolschewistische Opposition nicht bilden können, es sei denn, daß die jetzige Parteiführung in einer konkreten *Kampfsituation glatt* versagt. Ich fühle mich zu verantwortlich für die Partei, um in Schadenfreude den Zusammenbruch kommen zu sehen und mitzuerleben.
Ohne Einwirkung der Exekutive auf die deutsche Partei (betr. Einheitsfront-Politik und Freiheit der notwendigen Kritik) wird es keine erfolgreiche Opposition geben.
Selbstverständlich gilt es, in der Partei *überall* zu arbeiten, *besonders* in Betriebszellen, Distrikten etc.
Selbstverständlich gilt es daneben, eine *homogene* bolschewistische Opposition im Rahmen der Partei zu schaffen. Die Erklärungen Brandlers und Thalheimers sowie das anläßlich Remscheid versandte »rechte« Fraktionsmaterial stimmen mich indessen skeptisch. Ich habe mich einmal – in Leipzig – durch Brandler ohne Widerspruch betrügen lassen. Es liegt auch nicht im Interesse der Partei, daß ich eine zweite Erfahrung dieser Art mache. Eine Einigung mit *mir* gibt es nur auf meiner Plattform. Im übrigen hat man mich seit Frankfurt immer im Stich gelas-

sen. Wer von den »Rechten« hat scharf im Z.-A., auf den Redakteur- u. Sekretär-Konferenzen Stellung genommen oder mich auch nur unterstützt?

Ich rate Westermann u. allen in ähnlicher Lage dringend, sich *sofort* bei der Exekutive zu beschweren. [. . .]

Ich schreibe Dir bald nach dem Z.-A. Besten Gruß, auch an Deine Frau,

von Ernst Meyer

Ernst war bestrebt, die für ihn ungewohnte Mußezeit zu nutzen, um die *Geschichte des Spartakusbundes* zu schreiben. Ich drängte ihn, er solle Urlaub nehmen und sich ganz dem Buche widmen, aber er fühlte sich zu eng mit der Bewegung verbunden; er mußte an Ort und Stelle sein, in ständiger Verbindung mit der Partei.

Häufiger Gast bei uns war in jener Zeit Gerhart Eisler, Bruder Ruth Fischers und Jünger von Walter Ulbricht. Damals war er Anfang Zwanzig, hochintelligent mit einem Hauch von Genie, belesen und geistreich. Leider wurden diese Vorzüge bei ihm wettgemacht durch seine überwältigende, bestürzende Dünkelhaftigkeit. Mag sein, daß er auf diese Weise sein Äußeres zu überspielen suchte, seine zu kurz geratene, wabbelige Gestalt, sein rundes Babygesicht, seinen rötlichen, schon kahlwerdenden Kopf. Sein hitziges, selbstherrliches Gehabe wirkte lähmend auf jedermann – manchmal hätte man ihn umbringen können.

Die Eisler-Familie behauptete von sich, daß sie wie Pech und Schwefel zusammenhielte. Das hinderte Ruth allerdings nicht, ihren Bruder Gerhart in der Zeit McCarthys beim Ausschuß für un-amerikanische Umtriebe des US-Repräsentantenhauses zu denunzieren – woraufhin er verhaftet, als gefährlicher russischer Spion ausgewiesen und an Ulbricht in Ostdeutschland ausgeliefert wurde[19]. Die Äußerungen über seine Schwester, die ich von Eisler hörte, als er sich Ernsts Oppositionsgruppe angeschlossen hatte, waren für sie weniger gefährlich, aber auch nicht gerade zärtlich. Als er vom Unfalltod einer Genossin hörte, rief er: »Hätte das nicht mein Schwesterchen sein können? Sicher, ich hätte geweint – aber wie gerne!«

Mit den wachsenden Mißerfolgen der Partei kamen die russischen Abgesandten, um Ernst zu befragen. Einmal kam die Frage auf, ob sich die Opposition stark genug fühle, die Führung zu übernehmen. Eisler sprang auf: »Wer – wir? Wer sind wir denn? Niemand! Das ist ja eine geradezu lächerliche Vorstellung, das müssen wir ablehnen.« Es war eine erschreckende Äußerung. Keine Opposition hat eine Existenzberechtigung, wenn sie nicht davon überzeugt ist, daß sie es besser machen kann. Vielleicht hat Eisler gespürt, daß er selber dieser Rolle nicht gewachsen war, und bekam Angst.

Als den Linken die Macht genommen war, leistete Eisler recht gute Arbeit und gewann rasch an Statur und Reife. 1928 aber wurde er nach China befördert. Das sollte dazu beitragen, die Mittelgruppe der Partei, die man jetzt die »Versöhnler« nannte, zu zerstreuen. Ein verwirrter, unglücklicher junger Mann sollte eine verantwortliche Führungsposition in einem fernen, fremden Lande übernehmen, ohne Kenntnis der Sprache, der Menschen, der Bedingungen. Er akzeptierte seine Ernennung und hatte einen tröstlichen kleinen Spruch parat: »Man kann nicht gegen ein Sechstel des Universums kämpfen.« 1931 wurde er zurückberufen und erhielt einen Posten in Moskau. Dort traf ich ihn bei meinem letzten Besuch Ende 1932, als er gerade im Begriff war, eine Mission in

Westeuropa anzutreten. Er, ein zerstörter, geduckter Mensch, ermahnte mich strahlend: »Wenn du jetzt nicht imstande bist, für die Sowjetunion, die in solcher Gefahr ist, zu lügen und zu betrügen, dann bist du niemals Kommunist gewesen.«

Damals sollte ich gerade vor Gussew, dem Vorsitzenden der Propaganda-Abteilung der Komintern, erscheinen, um mich wegen eines kontroversen Artikels zu verantworten, den ich geschrieben hatte und der nicht dem Befehl Stalins entsprach, alle revolutionären Parteien zum Ruhme des Bolschewismus in Stücke zu reißen. Ich weigerte mich, Änderungen vorzunehmen, und bot an, den Artikel zurückzuziehen. Ich war von einer Autorität zur anderen geschickt worden; Gussew war die letzte. Eisler warnte mich: »Streite nicht. Es führt zu nichts. Eines Tages wird die geschichtliche Wahrheit bestimmt wieder hergestellt werden. Jetzt spielt das keine Rolle, jetzt muß man alles für Sowjetrußland tun.«

»Aber das heißt doch die Spartakisten beleidigen; Leviné hat sein Leben hingegeben und Ernst seine besten Jahre, im Dienste der Partei. Wozu soll man denn überhaupt Artikel schreiben? Niemals werde ich meinen Namen unter Fälschungen setzen.«

Im Triumph kehrte ich von Gussew zurück. Er hatte meine Darstellung akzeptiert! Eisler war verblüfft. Eine Zeitlang wanderte er schweigend im Zimmer auf und ab. Dann: »Sie haben nachgegeben, weil ... nun, sie betrachten Sie nicht als führende Persönlichkeit.«

Nach diesem Vorfall mied Eisler meine Gesellschaft. Zum letzten Male sah ich ihn im Jahre 1934 in Paris, und wir verabredeten ein Treffen. Er erschien nicht.

10

Der Sinowjew-Brief

Der Parteitag des Jahres 1925 fand im Juli statt. Er hatte die Parteimeinungen herauszuarbeiten und die daraus folgende politische Linie zu beschließen. Traditionsgemäß gingen ihm Vorgespräche voraus, die Kritik auf dem Parteitag weitgehend ausschlossen.

Ernst wurde von allen Seiten mit den Warnungen Wohlmeinender bestürmt: »Exponiere dich nicht. Warte ab. Die Partei braucht dich.« Man versuchte, ihn mit Versprechungen zu ködern – nicht mit Posten, so plump wäre niemand gewesen, Ernst bestechen zu wollen –, Versprechungen auf Neuorientierung und Veränderung. »Sei nur ruhig, die Komintern wird alles in Ordnung bringen.«

Gemeinsam mit Paul Frölich schrieb Ernst einen Offenen Brief an die Partei. Sie hatten kein Delegiertenmandat; was hier zusammenkam, waren ausgesuchte Leute; kaum ein Andersdenkender hatte die Chance, das dichte Netz zu durchdringen. Deshalb herrschte große Überraschung, als es Ernst gestattet wurde, dem Offenen Brief noch eine zwanzigminütige Rede folgen zu lassen – es wußte nämlich noch niemand von dem heimlichen Gerangel zwischen der Komintern und Ruth Fischer, das bereits im Gange war. Das Publikum, meist Neulinge, die den verhaßtesten Mann nach Brandler zum ersten Mal sahen, verhielt sich höflich und recht verständnisvoll. Allein die Tatsache, daß sie zuhörten, war unter den ge-

gebenen Umständen schon als großer Erfolg anzusehen.

Als ich in der *Welt am Abend* – Ernsts eigener Zeitung – einen Bericht über die Rede las, fand ich ihn so strohtrocken und wirr, daß kein Leser sich ein Bild von Ernsts Vorstellungen machen konnte. Er hatte für das Thema genau so viel Platz reserviert, wie eine Abendzeitung normalerweise für politische Berichte zur Verfügung stellt, und obendrein hatte er ihn einem drittklassigen Journalisten überlassen. Ernst konnte das richtige Programm ausarbeiten, er konnte lobenswerte Reden halten, aber es ist ihm nie eingefallen, daß er das, was er tat, auf die richtige Werbewirkung abstellen müßte. Dieser Fehler entsprang seiner tiefen Anständigkeit, aber es war ein Fehler, der seiner Karriere und der Partei schadete.

Der Parteitag schien ein einziger Triumphzug der Linken. Ruth Fischer konnte sich mit Recht der Tatsache rühmen, daß zum ersten Male seit Bestehen der Partei zweimal hintereinander dieselbe Führung gewählt worden war[20]. Das Ereignis wurde mit einer glanzvollen Schau gefeiert, sie selbst war der unumstrittene Star, der in den Tagungssaal schritt, flankiert von einer schick uniformierten Abteilung der Roten Frontkämpfer, die sie feierlich zu einer mit Plakaten und Bannern dekorierten Bühne geleiteten und dort stramm hinter ihr Aufstellung nahmen. Inmitten der Hochrufe und Ovationen des gewaltigen Auditoriums übertraf sie, die ausgezeichnete Rednerin, sich selbst.

Und doch, trotz dieses ganzen Theaters – es war Ruth Fischers Schwanengesang. Es lag etwas in der Luft, fast unmerkliche kleine Anzeichen deuteten darauf hin, daß irgend etwas los war. Ernst wurde freundlicher angelächelt; Heinz Neumann kam gerannt, um uns zu begrüßen, und sprach mich auf Russisch an, überschüttete mich mit Fragen nach der Gesundheit, den persönlichen Plänen – ich konnte mich nicht erinnern, mich je zuvor mit ihm unterhalten zu haben. Ich hätte ihn beinahe gefragt, was ihn das denn anginge, aber dann fand ich keine Entgegnung verachtungsvoll genug.

Niemand rechnete mit entscheidenden Veränderungen. Bei dieser augenscheinlich homogenen linken Führung vom Zentralkomitee[21] bis hinunter zum letzten örtlichen Funktionär – welche irdische Macht konnte dagegen auftreten? Nichtsdestoweniger – in ihren vertraulichen Gesprächen mit der Exekutive verurteilte Ruth Fischer merkwürdigerweise die Ultralinken und behauptete, sie bekämpfe diese bereits seit dem Frankfurter Parteitag von 1924. Sie klagte sie der größten aller möglichen Sünden an – gegen die Bolschewisierung zu sein. Rosenberg und Scholem, die prominentesten Vorkämpfer der Ultralinken, wurden demonstrativ aus dem Parteiapparat ihres Bezirkes entfernt[22], und Ruth Fischer drohte sogar ihren eigenen Freunden »strenge Maßnahmen« an. Sie tat, was sie konnte, um ihre Macht zu behalten. Ernst definierte ihre Schwenkungsbemühungen spöttisch als eine »schlechte Imitation der Zentristenpolitik«. Zwischen der Mittelgruppe, die einen Zweifrontenkrieg gegen rechts und gegen ultralinks führte, und Ruth Fischer konnte es keinen Mittelweg geben. Die Mittelgruppe war die eigentliche Parteilinke.

Ruth Fischer war in der Klemme: Sie würde eine beherrschende Machtposition räumen und eine ihrer Statur angemessene Position akzeptieren müssen. Unausweichlich würde die Macht wieder auf die Mittelgruppe und auf

Ernst Meyer übergehen. Das ist der Grund, warum sie ihre ganze Gehässigkeit gebündelt gegen Ernst richtete und nicht begriff, daß sie die Macht in Wirklichkeit an Thälmann würde abtreten müssen.

Der Zehnte Parteitag im Juli 1925 war dazu bestimmt, all die gemeinsamen Beschlüsse zu verwirklichen, die Partei und Komintern in freundschaftlichen Gesprächen gefaßt hatten. In einem Brief an den Parteitag ließ Sinowjew Lob über die linke Führung rieseln: »Die Partei hat die partikularistischen Tendenzen einzelner ihrer Organisationen überwunden und eine energische Führung geschaffen. Sie hat mit großem Erfolge ihre inneren rechten Abweichungen entlarvt und überwunden. Sie ist gleichzeitig entschlossen gegen die ultralinken Abweichungen aufgetreten . . . Der Grundkern unserer Zentrale hat die richtige Linie gefunden, hat sich verdientermaßen das Vertrauen der Partei erobert und wird es zweifellos auch weiterhin erobern. Die Komintern unterstützt diesen Kern voll und ganz und wird Hand in Hand mit ihm arbeiten.«
Sinowjew erteilte der Partei auch eine milde Rüge, weil sie seine Warnungen vor den Ultra-Linken nicht beherzigt habe – wobei er sich aus dem ultralinken Flügel nur drei Übeltäter erwählt hatte: Rosenberg, Scholem und Katz. Aber er fand selbst eine Entschuldigung für den Fehler: »Die Kommunistische Partei Deutschlands hat sich eine Zeitlang in einem ultralinken Fieberzustand befunden. Es ist die Aufgabe des X. Parteitages, die Partei endgültig von diesem Fieberzustand zu befreien.« So hatte Scholem die Möglichkeit, zu erwidern, daß sie alle, Ruth Fischer, die anderen Genossen und er selber, bis

zum Mai vom linksradikalen Fieber befallen gewesen seien.

Jetzt, da die Führung stabilisiert war, konnte sie sich mehr Diskussionsfreiheit, eine andere Haltung gegenüber der Opposition und eine Revision der Parteiausschlüsse erlauben. Sinowjew hatte allerdings auch nicht vergessen, eine stärkere Konzentration auf Gewerkschafts- und Einheitsfrontarbeit zu fordern.

Hier zeigte die Komintern, daß sie bemerkenswert schlecht unterscheiden konnte zwischen Versprechungen (die oft genug schon in den Wind gesprochen waren) und tatsächlichen Leistungen, die sie der Partei im Vorhinein schon gutgeschrieben hatte. Für ihre naive Selbstgefälligkeit und Selbstsicherheit hatte sie teuer zu bezahlen. Der Parteitag endete im Tumult, mit der offenen Rebellion der Delegierten gegen die Komintern. Erbost verlangte die Komintern, daß eine repräsentative Delegation zur Klärung der Lage entsandt würde. Als die Führung das schlicht verweigerte, überschätzte sie allerdings ihre Kräfte – die Komintern erwies sich als stärker. Unter Druck gesetzt, entschlossen sich mehrere Spitzenfunktionäre, sich den Wünschen der Exekutive zu fügen, und im August 1925 trafen sieben von ihnen, an der Spitze Ruth Fischer, Thälmann und Dengel, in Moskau ein.

Thälmann und Dengel waren bald »überzeugt«. Ruth Fischer griff zu ihren alten Methoden und versuchte sogar, sich dumm zu stellen; auf die Rüge, sie habe ihr Versprechen gebrochen, die längst überfällige Gewerkschaftsabteilung zu bilden, entgegnete sie, es sei ihr nicht bewußt, daß dies ein bindender Beschluß gewesen sei. Andererseits brachte sie ihre uneingeschränkte Solidarität mit den vorgeschlagenen Veränderungen zum Ausdruck: »Sie drückten alles das aus, wofür wir in den letzten zwei

Jahren gekämpft haben ... Wir haben keine grundlegenden Meinungsverschiedenheiten über die Aufgaben der Partei.« Anstifter der falschen Politik sei die Mitgliedschaft, erklärte sie, und sie sei gegen deren linksradikale Stimmungen machtlos.

Sinowjew lernte seine Lektion und war nicht mehr bereit, sich auf mündliche Vereinbarungen zu verlassen. Er schlug vor, sie mit klaren Worten in einem Brief an die Partei niederzulegen. Ruth Fischer sah sich in die Ecke gedrängt. Sie konnte sich nicht gut weigern, ihre Unterschrift unter ein Dokument zu setzen, das angeblich ihren eigenen Vorstellungen Ausdruck gab und das ihr den Kampf gegen unbotmäßige Mitglieder nur erleichtern konnte. (Später beschrieb sie den Akt als die »Unterschrift unter mein eigenes Todesurteil«.)

Ende August erreichte Sinowjews »Offener Brief« die deutsche Partei. Er kam wie ein Blitz aus heiterem Himmel und weckte Aufregung und Angst[23]. Man rätselte an den Motiven Sinowjews herum. Viele waren sich einig, daß der Brief ein Ergebnis der heimischen Fraktionsprobleme Sinowjews war. Tatsächlich sah er sich eingeklemmt zwischen zwei bitteren Möglichkeiten, mußte aber handeln. Egoistische Motive liefen parallel mit den vitalen Interessen der Partei. Um sich ehrenvoll aus der Klemme zu ziehen, mußte er seine persönlichen Interessen opfern. Er wagte es nicht, die Wahrheit zu sagen. Nachdem er in seiner Unterstützung der Linken zu weit gegangen war, hätte es seine völlige Vernichtung bedeutet, wenn er offen und klar seine Fehler zugegeben hätte. Also versuchte er, den Schaden an seinem Prestige mit List und Tücke in Grenzen zu halten. Die Abkehr von einer Politik, die als Gefahr für die Revolution etikettiert war, mußte durch den Hinauswurf einiger willkürlich ausgewählter Spitzenfunktionäre erreicht werden.

Arkadij Maslow

Bis dahin konnte man Sinowjew Fehler in der Beurteilung, nicht aber grobe, unverantwortliche Manipulationen vorwerfen. Der »Offene Brief« aber war eine zynische Mißachtung der Wahrheit und ein Affront gegen das allgemeine Denken und Fühlen. All die zutreffenden Argumente, die er enthielt, wurden zunichte gemacht durch den Versuch, die Schuld an allen Fehlern von der Partei

Ruth Fischer (richtiger Name: Elfriede Eisler)

auf einige wenige Individuen abzuwälzen. Um zu unterstreichen, daß die Partei, und das hieß die Linke, vollkommen in Ordnung sei, machte Sinowjew einen absurden Unterschied: »Die Hauptmängel sind nicht zu suchen in der kerngesunden proletarischen Mitgliedschaft der Partei, sondern in der Spitze ihrer Spitze, die versagt hat.« Und wieder verbürgt er sich im voraus: »Nicht die Linke, sondern einige Führer dieser Linken sind bankrott, und die Linke wird sich behaupten auf anderen Gleisen, indem sie immer größere Schichten der Parteimitgliedschaft überzeugen und die energischste, positive Arbeit entwickeln wird.« Um die Schuld seiner langwährenden Nachsicht gegenüber der Linken loszuwerden, überschlug er sich geradezu, ihre Verdienste zu loben: »Die deutsche Linke mit all ihren Fehlern in der Vergangenheit und in der Gegenwart war nicht bloß eine

Gruppe von einzelnen Personen. Sie hat eine große historische Rolle zu erfüllen. Sie zog die Lehren aus dem Oktober 1923, sie schlug den Brandlerismus, sie einigte die zerrissene Partei im Moment ihrer schwersten Krise.« Thälmann, ein treuer Gefolgsmann Ruth Fischers, der nie eigene politische Gedanken an den Tag gelegt hat und der durch Schmeichelei und subtile Einschüchterung gewonnen worden war, wurde auserkoren, die Partei zum triumphalen Finale zu führen. Sinowjew erklärte sogar, daß die Komintern so lange gezögert habe, weil die linke Führung einen Mann von Thälmanns Kaliber besitze.

War der Brief nun eine Wohltat für die deutsche Partei? Entsetzt und enttäuscht, wie Ernst war, begrüßte er ihn doch: »Er wird die Klärung beschleunigen. Was für Zweideutigkeiten er auch enthält, er zeigt den richtigen Weg. Jetzt ist es *unsere* Aufgabe, das übrige zu tun . . . Es wäre dumm von uns, Thälmann unsere rückhaltlose Unterstützung zu verweigern, wenn das Zentralkomitee den neuen Kurs wirklich akzeptiert. Wir müssen der Partei helfen, die gegenwärtige Krise mit geringstmöglichem Schaden zu überwinden . . . Wir konnten die Zusammenarbeit nicht verweigern, denn dies war die Politik, für die wir selber lange eingetreten sind[24].« Es war das letzte Mal, daß er der Komintern irgend etwas zugute hielt oder ihr huldigte.

Dennoch war er mit dem Brief nicht vorbehaltlos einverstanden. Das Sekretariat des EKKI berichtete: »Die Gruppe um die Genossen Ernst Meyer und Paul Frölich trat schon auf der Konferenz der politischen Sekretäre und Redakteure mit einer eigenen Plattform hervor. Sie betrachtet sich durch den Brief der Exekutive gerechtfertigt. Sie stimmt dem Briefe zu, gibt aber ihre fraktionelle Stellungnahme nicht auf, aus folgenden zwei Gründen:

1. Sie hält auch die neue Führung nicht für geeignet, den neuen Kurs der Exekutive durchzuführen.

2. Sie behauptet, daß die praktischen Aufgaben der Partei nicht richtig gestellt sind und hält es für ihre Aufgabe, sie zu ergänzen. Dafür sind die Ausführungen des Genossen Ernst Meyer auf der Konferenz der politischen Sekretäre und Redakteure charakteristisch: ›Die Partei muß ihre Stellungnahme gegenüber dem Dawespakt revidieren . . .‹

Diese Gruppe entfaltet jetzt eine gesteigerte Tätigkeit, sie betrachtet die jetzige innerparteiliche Konstellation als ein Übergangsstadium und hofft, bei gesteigerter Aktivität die Parteiführung in die Hände zu bekommen.«

Niemand bezweifelte, daß Ernsts Stern im Steigen begriffen war. Seine Briefe aus dieser Zeit bezeugen, daß dies die vorherrschende Ansicht war:

»[. . .] heute früh bekam ich einen netten Brief von einem Bekannten aus dem Zuchthaus: ›Ruth und Maslow waren nur zeitweilige Führer, bedingt durch die Verhältnisse, die eine radikale Politik forderten. Seit 1924 haben sich die Verhältnisse wieder so geändert, daß wir zur Einheitsfront-Politik zurück müssen. Nun erwarte ich jeden Tag von irgendeiner Seite die Nachricht, daß Du die Führung der Partei übernimmst.‹ Auch Grete St.[illmann] begrüßte mich als ›künftigen Parteichef‹, dem sie ihre noch immer ultralinken Warnungen ausspricht. So ist die allgemeine Stimmung, und daher besonders wütende Angriffe auf mich.«

»Der Ex.-Vertreter wollte mit mir und der Zentrale eine Sitzung machen (Gegenstand u. a. meine sofortige Wahl in die Zentrale). Wegen meiner Reise wurde sie bis Mitte d. W. verschoben . . .

Natürlich war Königsberg wieder ein politischer Sieg für

mich. Meine Resolution mit 20 : 1 Stimmen angenommen, außerdem wurde ich zum Delegierten für die Reichskonferenz gewählt. Sogar noch schärfere Resolutionen in 2 andern Unterbezirken Ostpreußens angenommen. [. . .]«

Führende Leute wie Münzenberg und Heinz Neumann fingen an, sich um Ernst zu scharen, seine Gunst, seine Vergebung zu suchen, einer übertraf den anderen in plumpen Schmeicheleien und Selbsterniedrigung. Neumann beichtete Fehler, plädierte aber auf mildernde Umstände – er war ja so jung, und er versprach Besserung und loyale Zusammenarbeit. Er war durchaus bereit, gegen seine ehemaligen Verbündeten zu arbeiten und die entgegengesetzten Ansichten zu verfechten. Er wollte nur eins – seine führende Position behalten.

Münzenbergs Haltung war stabiler; er bot seine Loyalität auf andere Art an: Schlafwagenkarten, großzügige Honorare für *ungeschriebene* Artikel. »Gib mir dein Gedankengerüst und deine Unterschrift. Ich verspreche dir fachmännische Ausführung.« Als ich mit Tuberkulose in einem Schweizer Sanatorium lag, wurde er besonders penetrant. »Sie brauchen doch so dringend Geld, warum lehnen sie das ab?« Seine Frau, Babette Gross, überschlug sich, um mir Arbeit zu verschaffen, und sie schickte mir ein Buch, das bereits übersetzt worden war. Aber wir brauchten mein wohlverdientes Geld, und so nahm ich das Honorar.

Ruth Fischers zwiespältiges Verhalten setzte die Maßstäbe für die Mehrheit der Führungsgruppe, und so war die Annahme des Sinowjew-Briefes gesichert. Trotzdem ging nicht alles glatt, denn Berlin-Brandenburg, Ruth Fi-

schers Bastion, und einige andere Bezirke leisteten heftigen Widerstand. Im Sommer des Jahres 1926 rechneten
sich die verschiedenen Linksgruppen immer noch ein
Viertel der Parteifunktionäre zu, und der Kampf wütete
weiter bis zum Jahresende.

Aber die Linke war nicht einig. Von tiefem Mißtrauen erfüllt gegen alles, was nach »rechts« schmeckte, unfun-
diert und vage in den Zielen, spaltete sie sich in mehrere
Gruppierungen. Die »Bolschewisierer« von gestern
wetteiferten nun miteinander in wilden Anklagen gegen
den Sowjetstaat. Korsch nannte ihn »Roten Imperialismus«; Schwarz, der sich von Korsch abgespalten hatte,
beschuldigte diesen, ein »neuer Lenin« zu sein – was bis
dahin ein Terminus der höchsten Wertschätzung gewesen war. Einer von ihnen, Katz, erklärte zu Sowjetrußland: »Das Bollwerk der Weltrevolution ist Bollwerk des
Weltkapitalismus geworden. Gegen den russischen Kapitalismus muß das Proletariat die kommende Weltrevolution so gut schlagen wie gegen den englischen und deutschen . . .« Er beschuldigte die KPD, die Kriegskredite
zu befürworten, Hindenburgs Einkünfte zu steigern und
vieles mehr. Solches Gewüte kompromittierte nur die
Sache der Linken und trug zu ihrer Auflösung bei. Ihr
Einfluß verlor sich ebenso rasch, wie er sich in der deutschen Partei breit gemacht hatte.

Die Schwierigkeit, vor der die Partei jetzt stand, war
nicht die Abwehr der Ultralinken, sondern die Überwindung der Hürden, die ihr mit den Mehrdeutigkeiten des
»Offenen Briefes« in den Weg gelegt worden waren.
Nachdem die Führungsgruppe das Widerrufungs-Ritual
hinter den verschlossenen Türen Moskauer Konferenz-
säle durchlaufen hatte, nach ein paar wortreichen, un-
verbindlichen Deklarationen sah die Linke keine Not-

wendigkeit, ihre Ansichten zu ändern, teilweise hatte sie sogar Angst davor, das zu tun. Die Erklärung des Zentralkomitees, die zusammen mit dem »Offenen Brief« publiziert wurde, läßt das Bemühen erkennen, einer Grundsatzdiskussion auszuweichen:

»Wir scheuen weder die Selbstkritik noch die Kritik der Arbeiterklasse, denn wir sind Fleisch vom Fleisch, Blut vom Blut der Arbeiterklasse.

Wir sagen klar und deutlich: Nicht um Personen handelt es sich, sondern um die Sache der Partei und der Revolution, wenn wir aus eigenen Kräften, unter Führung der Kommunistischen Internationale die Abweichungen von der Linie des Bolschewismus richtigstellen.

Die Partei muß brechen, endgültig brechen mit einem System, das uns von den großen Massen des Proletariats getrennt und bis zu einem gewissen Grade isoliert hat. Wir sprechen offen aus, daß wir in dieser Beziehung unsern politischen Kurs ändern. Mögen unsere Gegner hoffen, mögen sogar einige Stimmen in unseren eigenen Reihen behaupten, die Partei vollziehe eine Änderung ›nach rechts‹, zum ›Opportunismus‹, die Feinde werden am eigenen Leibe das Gegenteil spüren und alle ehrlichen Parteimitglieder werden sich in der Praxis vom Gegenteil überzeugen.

Die KPD ändert ihre Linie nicht nach rechts, sondern in der Richtung zum Bolschewismus – neben dem es, außer hohlen Phrasen, keine ›linkere‹ Politik geben kann.«

Ernst beurteilte die Lage nach objektiven politischen Kriterien, er unterschätzte den sogenannten »menschlichen Faktor«, die Ängste, Ambitionen, Eitelkeiten, die bei jedem Schritt das Werk der Konsolidierung behinderten. Er schrieb mir im September 1925: »Die Parteidiskussion ist bisher sehr unerquicklich u. unpolitisch.

Man macht in der Provinz eine unerhörte Hetze gegen mich mit viel Verleumdungen. Aber das sind die letzten Anstrengungen. Ich bin und bleibe optimistisch, wenn auch nicht für die nächste Zukunft.«

Mir war weit unbehaglicher zumute. Ich war bald nach Erscheinen des »Offenen Briefes« zufällig in Rußland und bekam Informationen aus erster Hand über Sinowjews Bericht und seine allgemeine Gemütsverfassung. Für den russischen Verbraucher war eine gute Formel gefunden worden: Eine hervorragende linke Partei war von verantwortungslosen Intellektuellen in die Irre geführt worden; es sei notwendig geworden, sie auf ihre Plätze zu verweisen. Thälmann, der das »proletarische Element« verkörperte, sei nur das Opfer von List und Tücke gewesen. Jetzt aber habe er die Fesseln der Intellektuellen abgeschüttelt und sei als der Mann hervorgetreten, der er wirklich sei – der wahre Führer des deutschen Kommunismus.

Der Sinowjew-Brief schien seine Aufgabe zu erfüllen. Ernst kam ins Polbüro, und angeleitet von der Mittelgruppe erwachte die so lange verschmähte Einheitsfrontpolitik zu neuem Leben – mit unverzüglichen Erfolgen. Der aufsehenerregendste dieser Erfolge war die gelungene Kampagne gegen die Forderungen der kaiserlichen Familie, die drei Milliarden Mark als Abfindung verlangte. Zunächst stieß die Kampagne auf mannhaften Widerstand aus der SPD, aber die Initiative der Kommunisten fand in der Arbeiterschaft und bei vielen wirtschaftlich ruinierten und ohne Abfindung lebenden Bürgern der Mittelschicht breiten Widerhall. Die Wucht der öffentlichen Meinung zwang die SPD, die Kampagne zu

billigen und mit den Kommunisten zusammenzuarbeiten[25].

Die Partei erholte sich, und man war allgemein geneigt, die große Knute der Komintern, die über ihr schwebte, zu ignorieren. Im März 1926 wurde Ernst nach Moskau berufen, um am Sechsten Plenum der Komintern-Exekutive teilzunehmen. Seine ersten Eindrücke beschreibt er in einem Brief vom 15. März:

»Du kannst Dir nicht vorstellen, wie dick die Wand des Mißtrauens ist, die zu durchbrechen war. Gestern war ich nicht mehr Hannibal vor oder in den Toren, sondern der reißende Wolf, der Teddy mit Haut und Haaren verschlingen will! Dafür hat Gregor [Sinowjew] ausdrücklich bestätigt, daß mein Steuerprogramm und Programm zum Dawesprogramm vollkommen richtig war, und daß Teddy und Ruth im unrecht waren! Na, was willst Du mehr? Ich sagte ihm darauf, seine Worte hätten einen Nutzen gehabt, wenn er sie 1 $\frac{1}{2}$ Jahre früher öffentlich gesprochen hätte, worauf er schwieg. Aber Schluß, sonst schreibe ich zuviel. . . .

Nachmittags.

Eben komme ich von einem Gespräch mit Stalin. [. . .]«

In einem anderen Brief schrieb Ernst:

»Heute nur das Wichtigste: man hat mit der dtsch. Kommission gewartet, bis ich komme. Gregor [Sinowjew] hat sofort mit mir $\frac{1}{2}$ Stunde gesprochen und nach Kenntnis meines Referats eine weitere Besprechung erbeten. Man[uilski] bat mich, nicht anzugreifen. Dasselbe sagten mehrere andere. Man erwartete d. h. fürchtete, daß ich Prügel austeile. Ich wohne im Hotel Passage, Zimmer 29, neben Teddy [Thälmann]. Es wohnen alle Germanen dort. . . .

Losowski hat mich für morgen eingeladen. Jaglom noch nicht gesehen. Ich weiß gar nicht, wen man zuerst sprechen soll. Atmosphäre flau . . .
Ich fühle mich trotz Reise sehr gut u. habe schon jetzt Grund zu Optimismus. Teddy war nett wie ein Bär.«
Die Komintern konnte keine Fehler machen. Wenn man Ernst wieder zur Führungsspitze zuließ, so mußte er notwendigerweise einen Sinneswandel vollzogen haben und nach links geschwenkt sein. Alles andere hätte ja bedeutet, daß das deutsche Zentralkomitee sich nach rechts gewendet hätte!
Wer sich da wem angenähert habe, spielte in den Debatten des Sechsten Plenums eine große Rolle. Sinowjew und Bucharin setzten alles daran, um die Konferenz davon zu überzeugen, daß Ernst der alleinige Annäherer war. Dann kam Stalin, der die Auseinandersetzungen mit einem Beitrag eigener Prägung krönte. Er habe, so sagte er, »die klugen Ausführungen des Genossen Ernst Meyer aufmerksam verfolgt«; allerdings sei es ihm in einem Punkte unmöglich, ihm zuzustimmen. Ernst Meyer behaupte, die Komintern sei auf seine Linie eingeschwenkt; aber: »Das gegenwärtige ZK ist im Kampf gegen die Rechten entstanden, in deren Reihen Meyer sich noch vor kurzem betätigte. Das ZK kann sich nicht auf die Position der Rechten stellen, wenn es sich nicht selbst verleugnen will, wenn es nicht das Rad der Geschichte der Kommunistischen Partei Deutschlands zurückdrehen will. Steht nun Meyer dessen ungeachtet dem jetzigen ZK heute näher als ehedem, so folgt daraus, daß Meyer nach links gerückt ist und begonnen hat, die Fehler der Rechten einzusehen, von den Rechten abzurücken. Also nicht das ZK nähert sich Meyer, sondern, umgekehrt, Meyer nähert sich dem ZK. Er nähert sich dem ZK, ist aber noch nicht bei ihm angelangt.«

Zu allem Überfluß erteilte er Ernst auch noch den väterlichen Rat, »zwei oder drei Schritte« weiter zu gehen und noch mehr von seinen Irrtümern aufzudecken. Ernst spottete, er sei durchaus dafür, »Schritte zu gehen«, und stellte wiederholt die Frage, worin denn seine Irrtümer bestünden. Aber darauf wagte niemand zu antworten.

Ruth Fischer wurde so manches vorgeworfen: Trägheit bei der Bekämpfung der Ultra-Linken, Vernachlässigung der Gewerkschaftsarbeit, »unerträgliche« Behandlung sozialdemokratischer Arbeiter und – was bei der Partei der Bolschewiken sehr schwer wog – ein Mangel an kollektiver Zusammenarbeit im Zentralkomitee. All das aber war nicht entscheidend für ihren Sturz. Sinowjew zog seine Konsequenzen mit großer Vorsicht, er mochte ihre Ablösung von der Führungsspitze weder empfehlen noch auch nur in Betracht ziehen.
Aber sie war die prominenteste Persönlichkeit der Linken und den Russen viel zu ehrgeizig. Thälmann eignete sich weit besser zur Marionettenrolle. In einer privaten Unterhaltung sagte er zu Ernst, er wolle sich mit einem Team von Sekretären, Ernst eingeschlossen, umgeben, die für ihn arbeiteten. »Die Politik wird ohnehin aus Moskau kommen«, schloß er weise. So wurde die Macht an die Thälmann-Dengel-Fraktion übergeben, die sich von der scheidenden Führungsgruppe in nichts anderem auszeichnete als in ihrem Mangel an Talent und Ideen. Sie alle arbeiteten in vollkommener Harmonie, und sie waren es, die jene gefährliche Uniformität in die Partei brachten, die hauptsächlich für den Zerfall des Kommunismus überall auf der Welt verantwortlich war. Bald wurde offenbar, daß Thälmann eine viel stärkere Posi-

Heinz Neumann als Redner auf einer Versammlung in
Berlin-Wedding, 1930

tion hatte, als man hätte erwarten können, und daß er
freie Hand hatte, sie zu seinem Vorteil weiter auszu-
bauen.

Der von dem »Offenen Brief« hervorgerufene Riß in der
Partei war eigentlich geringfügig. Die Mehrheit derjenigen, die anfänglich Ruth Fischer unterstützt hatten,
sprang bald auf das Trittbrett des neuen Zuges und durfte
auf ihren Posten bleiben. Damit blieb die linke Führung
unversehrt, sie behielt den »verläßlichen« Funktionärs-
stamm von früher und konnte ohne Hast darangehen, die
Kräfte wieder zu installieren, die Veränderungen bewirken konnten. Obwohl man die Politik der »Mittelgruppe« übernahm, sprach man von ihr ohne Scham als von

den »Rechten«, und das Gerede von der rechten Gefahr ging unverändert weiter. Der Begriff »ultra-links«, der eine frühere Politik kennzeichnete, wurde sorgfältig getilgt. Es war in jeder Hinsicht erheblich sicherer, zu der entlarvten Linken gehört zu haben. So stellte die Komintern der Partei die unlösbare Aufgabe, die ultra-linke Politik zu bekämpfen, während sie deren Vorkämpfer stützte und gegen deren Kritiker, die »Rechten«, ausschlug.

Dieser lässig-frivole Umgang mit der deutschen Krise ist oft dem wachsenden, von Stalins »Sozialismus in einem Lande« hervorgerufenen Nationalismus der russischen Partei zugeschrieben worden. Das erklärt aber nicht, wieso auch Trotzki selber, der Internationalist par excellence, das Unheil so unterschätzte – ebenso wie er ganz entschieden die traurige Rolle unterschätzte, die Sinowjew dabei spielte. Als sie sich im März 1926 trafen, fragte Trotzki Ernst: »Was halten die deutschen Arbeiter von Sinowjew?«

»Ich bin davon überzeugt, daß Lenin, wenn er noch lebte, ihn gehängt hätte für den Schaden, den er der deutschen Bewegung zugefügt hat. Ja, ich meine das wörtlich: physisch vernichtet.«

»Ist das Ihre Privatmeinung oder die Meinung der deutschen Arbeiter?«

»Ich bin ihr Sprecher und hoffe, ihr Denken und Fühlen korrekt wiederzugeben.«

»Ich glaube, Sie übertreiben, Genosse Meyer.«

»Wie Sie meinen, Genosse Trotzki.«

Ernsts Antworten waren ganz offenbar Ausdruck seiner Verbitterung, immerhin aber machten sie seine wahre Meinung über Sinowjew deutlich. Er schrieb mir im August 1926: »Mein Grimm gegen die Verderber ist groß,

aber nicht geringer auf alle ihre Stützer, in den letzten
2 $^1/_2$ Jahren. Es ist die ernsteste Krise seit Heidelberg.
Wir werden nicht viel verlieren, aber unsere Isolierung
wird vorübergehend vermehrt werden. Beim ZK ist noch
immer keine Entschlußkraft zu einer energischen Politik
und keine Einsicht in die weitere Perspektive . . .«
Ziemlich lange versuchte Ernst, zu erraten, warum
Trotzki so beleidigt war – das Geheimnis seines bevorstehenden Zusammengehens mit Sinowjew wurde wohl
gehütet. Er brauchte anscheinend die Illusion von Sinowjews Bedeutung und war entschlossen, dessen Rolle
nicht so gründlich zu analysieren. Die neuen Aufgaben
der russischen Führung erforderten ihre ganze Kraft und
ließen nicht viel Raum für die gründliche Erforschung
der internationalen Fragen. Vor allen Dingen beein-
trächtigten sie das Verständnis und die Beurteilung vor-
revolutionärer Taktiken – sie gehörten für die Russen der
Vergangenheit an. Am 18. August 1926 schrieb Ernst:
»Mit Bu[charin] sprach ich ausführlich. Er war – im Gegensatz zum März – sehr liebenswürdig, gab mir in allen
politischen Fragen recht und bat nur um etwas Geduld.
Er war gegenüber Teddy und der Z[entrale] noch kriti-
scher als ich . . .«
»Buch[arin] war mit allen meinen *politischen* Vorschlägen einverstanden. Er sprach wieder sehr abfällig über
Heinz N[eumann] und selbst Teddy. Auch drüben hat
man nicht den Mut, mit Teddy zu brechen oder ihn auch
nur einzuschüchtern. Man fürchtet, daß er noch einmal
umfällt. Deshalb macht man weitere personelle Konzessionen an ihn. Illusionen über ihn und über seine Gruppe
bestehen bei Buch[arin] nicht im mindesten . . .«
Ernst wußte, daß ihm ein langer Kampf bevorstand, und
war entsetzt über die Entartung der russischen Sektion

der Komintern. Er sagte zu Bucharin: »Zum ersten Male verlasse ich Rußland mit dem wachsenden Gefühl, daß es nichts gibt, was ich von seinen Führern lernen könnte.«

11

Rußland 1925

Ich fuhr per Schiff nach Leningrad und spürte sofort die großen Veränderungen. Es war 1925, die glücklichste Zeit der Sowjetgeschichte, und ich fühlte mich in eine andere Welt versetzt. Es war nicht mehr die Welt des harten Lebens, des grimmen Kampfes ums Überleben, wie ich sie 1922 gesehen hatte.

An Bord gab es einige NEP-Leute – reich geworden durch die Auswirkungen der »Neuen Ökonomischen Politik« –, und sie durften mit dem fest stabilisierten Sowjetrubel reisen und in westlichem Luxus schwelgen. Jeder schien beseelt vom Geist großer Hoffnungen und grenzenloser Erwartungen, und das verlieh allen eine Energie und Lebendigkeit, die in dem Deutschland, das ich hinter mir gelassen hatte, längst erstickt waren. Hier auf dem Schiff durften die Kinder der NEP-Leute an den Aktivitäten der Jungkommunisten teilnehmen, und sie sangen die neuen erregenden Lieder mit der gleichen Begeisterung.

Der Hafen von Leningrad mit seinen endlosen Formalitäten und dem bürokratischen Durcheinander war eine Zumutung. Ich verpaßte die mir zugedachte Betreuerin und sah mich ganz auf mich allein gestellt. Für einen Augenblick fühlte ich mich ziemlich verlassen, aber sobald ich in die Straßenbahn stieg, war ich sofort zu Hause. Die Bahn war gerammelt voll: Saubere, gutgenährte Menschen, einfach, aber passend gekleidet, in ihre Abendzeitung vertieft. Sie lasen nicht die Klatschspalten oder die Sportseite; das war ohne Mühe zu erkennen, weil die russischen Zeitungen ihre politischen Berichte auf der ersten Seite bringen. Wir hatten die gleichen Interessen, wir lasen dieselben Zeitungen, es war, als gehörte man zu einer großen Familie. Dieses Gefühl steigerte sich von Minute zu Minute, verstärkt noch durch den Anblick ungewöhnlicher Prozessionen, die vorbeizogen. Rußland beging das zweihundertjährige Jubiläum der Akademie der Wissenschaften. Hunderte von Männern und Frauen marschierten da mit roten Fahnen, und die Fahrgäste wurden munter: »Unsere Leute gehen zum Bahnhof, um die ausländischen Wissenschaftler zum Zug nach Moskau zu bringen. Eine ganze Menge Besucher sind gekommen. Sie sollen unsere Errungenschaften sehen.« Der rückständige russische Arbeiter ehrt die Akademie der Wissenschaften! Wo sonst könnte eine solche Demonstration wohl stattfinden?

Die Wörter »wir«, »uns«, »unser« waren überall zu hören – »unser Bus«, »hast du unsere neuen Häuser gesehen?«, »unsere Gärten«, »unsere Kindergärten« – bei weitem nicht viel, bei weitem nicht genug, aber »unser«.

Ich ging mir die Festung Peter und Paul am Ufer der Newa ansehen, die sowohl als Mausoleum für tote Zaren wie auch als Gefängnis für Revolutionäre und andere Staatsfeinde gedient hatte. Der Volksmund bezeichnete sie als einen Ort, wo man »tote Zaren hinein- und tote Revolutionäre hinausträgt«. Sehr wenige entkamen diesem Ort lebend. Das Bauwerk hatte auch einen besonde-

ren Flügel für Feinde der Zaren aus deren eigenem enge-
ren Umkreis: Höflinge und andere Würdenträger. Ihre
Identität wurde sogar vor den Kerkermeistern geheim
gehalten.

Wer genügend Phantasie hat, mag sich vorstellen können, was das Leben in der Festung bedeutet hat. Ein
Aspekt dieses Martyriums jedoch liegt außerhalb
menschlicher Vorstellungskraft: die Stille. Und es war
hauptsächlich diese schauerliche Stille, die für sehr viele
Wahnsinns- und Selbstmordfälle verantwortlich war. Wir
erlebten sie für einen kurzen Augenblick. Unser Führer
unterbrach plötzlich seinen Vortrag: »Und jetzt, Genossen, schließt die Augen.« Er machte die schwere Zellen-
tür zu. Stille senkte sich aus den feuchten, dicken Mauern, von der Decke, von überall her auf uns herab, bedrohte uns, packte uns. In wenigen Minuten wurde mein
Körper taub. Ich war wohl die erste, die die Augen öffne-
te. Die jungen Gesichter ringsherum waren weiß wie
Bettlaken, sie sahen in dem trüb erleuchteten steinernen
Loch wie Leichen aus. Fäuste wurden geballt, bereit zur
Rache an einem unsichtbaren Feind.

Der Winterpalast, Residenz der Zaren, stand in all seiner
Pracht genau gegenüber der Festung. Seine großen Fenster gaben den Blick auf den makabren Ort frei. Die Zaren sind wohl nicht sehr empfindsam gewesen. Oder hat
es vielleicht zu ihrem Sicherheitsgefühl beigetragen, daß
sie jederzeit vor Augen hatten, wie gut vergraben ihre
Feinde waren?

Der Palast war zu einem Revolutionsmuseum geworden.
Hier wurde die Geschichte der Unterdrückung und des
revolutionären Kampfes in Bildern und Dokumenten
dargestellt: Beschreibungen des Sklavenhandels, Bilder
von grausigen Folterinstrumenten, von Hinrichtungen,

Bilder auch von den Revolutionären selber. Es berichtete über Ereignisse und Persönlichkeiten, angefangen bei den Rebellen Stjenka Rasin und Pugatschow bis hin zu unseren Tagen.

Ein Brief fand starke Beachtung und rief einiges Gelächter hervor. Er war von einer Mutter, die das Pech hatte, für die Vorbereitung ihres Sohnes auf die Höhere Schule Lenins älteren Bruder als Nachhilfelehrer zu engagieren; sie bat nun um Gnade. Lenins Bruder wurde später wegen revolutionärer Umtriebe hingerichtet. Die Mutter versicherte dem Zaren, daß sie und ihr Sohn von den Ideen des Lehrers nichts gewußt hätten. Sie war Köchin, und der Gedanke, daß ihr Sohn eine höhere Schulbildung genießen sollte, überstieg das Fassungsvermögen des Zaren. Er war so entrüstet, daß er an den Rand schrieb: »Das ist ja der Gipfel! Eine Köchin schickt ihre Kinder auf die Höhere Schule!«

Die Besucher, Schulkinder, Soldaten, Arbeiter, waren so ganz anders als Touristen in anderen Ländern. Sie wollten zum Beispiel wissen: »In welchem Sessel hat der Zar Todesurteile unterschrieben und an welchem Fenster hat er dem Arbeitermassaker im Januar 1905 zugesehen?«

Die Menschen blickten frei und selbstsicher, sie lernten, sich zu artikulieren. Die veränderten sozialen Beziehungen waren am besten in Urlaubsorten zu beobachten, wo man sich auf einer gemeinsamen Basis gegenübertrat – im Streben nach Gesundheit und Erholung.

Die herrliche Küste der Krim war dicht besetzt mit Villen und Palästen, die man in Sanatorien für Arbeiter und Bauern verwandelt hatte. Ihre Insassen waren in öde Uniformen gekleidet – Gegenstand mancher Auseinandersetzung. Die Revolutionäre, von denen ein großer Teil viele Jahre in zaristischen Gefängnissen zugebracht hatte, beschwerten sich, daß diese Kleidung sie an ihre finstere Vergangenheit gemahnte.

Da standen Wand an Wand private Sanatorien für die hochbezahlten Wissenschaftler und Spezialisten – und für die »Neureichen«. Dieses »neureich« darf nicht mit dem verwechselt werden, was man im allgemeinen mit Kriegsgewinnlern oder anderen mühelos zu Geld gekommenen Leuten verbindet, die von der gutsituierten und gebildeten Gesellschaft verachtet werden. Unsere Neureichen gehörten meist den gutgestellten Kreisen des alten Besitzbürgertums an, denen man jüngst erst wieder privatwirtschaftliches Unternehmertum zugebilligt hatte. Sie sahen wohlversorgt aus, wohlausgestattet, sie besaßen Pelze und Juwelen. Aber ach – sie wirkten so bestürzend fehl am Platze und in gewisser Weise sogar bemitleidenswert. Es verlangte ganz entschieden Mut, zu diesem Zirkel zu gehören. Nicht die schicken Kleider und die Juwelen sind es gewesen, die den besitzenden Klassen ihren Rang verschafften, sondern das Gefühl der Sicherheit in ihrer beherrschenden gesellschaftlichen Stellung. Dies hatten sie nun verloren. Unser häßliches, uniformes Äußere war ebenso achtungsgebietend wie Diamanten und Diademe – es war Zeichen des »Dazugehörens«.

Und noch eine Entdeckung konnte man machen: Benehmen, »gutes Benehmen« war keineswegs eine Sache der ästhetischen Verfeinerung. Hier war innerhalb einer Dekade ein Wandel eingetreten. »Dame« genannt zu werden war fast eine Beleidigung, die Anrede »Genossin« eine Auszeichnung, nur vergleichbar mit Sir oder Lord in England. Der Handkuß, der ganze von der Oberschicht aufgerichtete Anstandskodex verschwand einfach. (Es ist symptomatisch, daß dies alles im Jahre 1928, als die Machthabenden in Schwierigkeiten gerieten, wieder zum Vorschein kam.) Die oberen Gesellschaftskreise waren bestrebt, sich die Sitten, das Benehmen und sogar die Sprache ihrer Nachfolger an der Macht anzueignen.

Natürlich gab es auch eine ganze Anzahl von Allerweltskerlen, intriganten, habsüchtigen Karrieristen, die die neuen Möglichkeiten ausschließlich für ihre eigenen Zwecke ausnutzten. Und doch unterschieden sie sich von den entsprechenden Typen in anderen Ländern. Auch sie waren von den neuen Notwendigkeiten, wenn nicht Denkweisen, berührt. Ihr Fortkommen hing unmittelbar vom Gedeihen des neuen Staates ab und sie waren bereit, ihren Teil beizutragen, was sogar so weit ging, daß sie sich mit Weltpolitik befaßten.

Eine Fahrt durch Dörfer mit verfallenden Hütten, unpassierbaren Straßen, schmutzstarrenden Gören in Lumpen, mit Behausungen hinter hohen Schutzwällen, in denen die eingeborenen Tataren noch immer ihr Weibervolk in Furcht und Sklaventum hielten, eine Vision dessen, was den neuen Kreuzrittern aufgegeben war, ging mir durch den Kopf. Wie würden sie mit so viel Armut, Aberglauben und Finsternis fertig werden? Meine russischen Freunde schienen unverzagt: »Oh ja, wir wissen es. Aber wir haben angefangen.«

Die Frauen befanden sich in einem großen Zwiespalt. Alle Rechte und Möglichkeiten der Gleichheit und der gerechten Chancen hatte man ihnen gegeben, aber sie hatten die Sicherheit des eigenen Heims, des eigenen Ehemannes eingebüßt. Und sie fühlten sich verloren und verwirrt. Die Erleichterung der Ehescheidung war eine sehr einseitige Angelegenheit: »Für ein harmonisches Zusammenleben sind zwei nötig, für die Trennung genügt einer.« In den Anfangsstadien der Revolution führ-

Heinrich Brandler

ten schon die trivialsten Zankereien zur Scheidung – was allerdings nicht etwa moralische Zügellosigkeit zur Folge hatte. Anders, als die pikanten Klatschgeschichten der antibolschewistischen Presse es darstellten, war in den ersten Jahren der Revolution Promiskuität selten – Radek bezeichnete dies als einen weiteren Beweis dafür, wie stabil und gesund die Revolution sei. In der Tat – die Menschen waren von den neuen Aufgaben viel zu stark in Anspruch genommen, als daß sie noch sehr viel Zeit für ein sogenanntes »Privatleben« gehabt hätten. Abgesehen davon, daß dafür auch Hunger und Kälte nicht gerade die besten Voraussetzungen boten. »Unser Liebesgeflüster beschränkt sich im Augenblick auf: Und was hast du diese Woche auf die Zuteilung bekommen?« erzählte eine hübsche junge Frau, der es gelungen war, sich trotz der ernüchternden Umstände zu verlieben und zu heiraten.

Es sah ganz so aus, als wären hauptsächlich die Männer Nutznießer der gelockerten Ehe- und Scheidungsbestimmungen, und sie spielten Katz und Maus mit ihren Frauen. In der bürgerlichen Gesellschaftsordnung pflegten sie in der Regel leichte Beute unter den Frauen anderer Gesellschaftsschichten zu suchen, die eigenen Mädchen jedoch mit mehr Sorgfalt zu behandeln – hier waren Skrupel dieser Art nicht zu beobachten. Abtreibungen, in unerträglich großem Umfang praktiziert, wirkten sich verderblich auf die psychische und physische Gesundheit aus. Ich habe so manche Geschichte von Resignation und Enttäuschung gehört. Die ganze Atmosphäre war so völlig anders als die unbeschwerte, kameradschaftliche Atmosphäre meiner frühen Jugend. Als passionierte Spaziergängerin stellte ich zu meinem Kummer fest, daß es ziemlich gefährlich war, einen Mann zum Spazierengehen einzuladen, das stieß nämlich jetzt gewöhnlich auf zweideutige Bemerkungen und vielsagendes Lächeln bei anderen Gästen, bei Männern und Frauen gleichermaßen, und dann war hohe Überredungskunst nötig, um klarzumachen, daß Spaziergang Spaziergang hieß und sonst gar nichts. Nicht endende Anspielungen aufs »Mondbaden« in zahllosen kunstreichen Variationen waren das allgemeine Tischgespräch.

Zu meiner Überraschung wurde in Fragen der Sexualität

keinerlei Gleichberechtigung zugestanden. Die Ansicht, daß ein Mädchen an Wert und Achtbarkeit verliert, wenn es leicht zu haben ist, blieb voll in Kraft. In den Sanatorien, die ich aufsuchte, herrschten die gleichen Witze, dieselbe Haltung gegenüber Frauen auch 1931 und sogar 1933 noch vor.

Das besagt auf keinen Fall, daß aus dem revolutionären Rußland die »Große Liebe« entschwunden gewesen wäre. Es gab sie noch zur Genüge, und ihre Irrungen und Wirrungen reichten immer noch für Bände von guten altmodischen Romanen.

Die Sowjetregierung hatte mir als der Witwe Levinés eine Leibrente ausgesetzt, aber es wurde nur die Hälfte der Summe ausgezahlt. Meine Wiederheirat spielte nach den Sowjetgesetzen keine Rolle, und wirtschaftliche Sicherheit bedeutete das Geld für mich sowieso nicht. Ich hatte die andere Hälfte nicht eingefordert, solange ich imstande war, meinen Lebensunterhalt selbst zu verdienen; nun aber war mein Gesundheitszustand besorgniserregend – ich war im Anfangsstadium meiner Tuberkuloseerkrankung –, und auch Ernsts wackelige politische Position seit zwei Jahren war nicht gerade beruhigend. Ich glaubte nicht das Recht zu haben, Levinés Sohn meiner eigenen ungewissen Zukunft auszusetzen, und so beschloß ich, das Wiederaufleben seines Rentenanteils zu beantragen. Sinowjew kannte die Sache und konnte mir helfen.

Nebenbei hoffte ich, ihn fragen zu können, wie er mit seiner genauen Kenntnis der deutschen Verhältnisse es zulassen konnte, daß sich die Dinge ohne ein Zeichen seiner offenen Mißbilligung so lange hinschleppten. Ich versprach Ernst, sehr behutsam zu sein, und ihm gefiel der Vorschlag: »Ich bin überzeugt davon, daß du ihm die Pille so gut verzuckern wirst, daß er sie schluckt, ohne es zu merken.« Als ich in Moskau war, rief ich in Sinowjews Büro an und bat um einen Termin. Ich nannte meinen Namen und erklärte, daß ich mich nur für ein paar Tage in Moskau befände. Ich mußte wieder und wieder anrufen, und schließlich wurde mir mitgeteilt: »Genosse Sinowjew erholt sich gerade von einer Erkrankung, die ihn vom Dienst ferngehalten hat, und er ist mit Arbeit überhäuft. Er wird kaum in der Lage sein, Sie zu empfangen.«

»Weiß Sinowjew, um was es mir geht?«

»Nein. Ich bin bemüht, ihn so wenig wie möglich zu stören.«

»Ich nehme den abschlägigen Bescheid von niemand anderem als von Sinowjew selber entgegen.«

»Wie war doch Ihr Name?«

Ich sagte es ihm. Nein, er kannte den Namen nicht. Ich fuhr ihn an: »Nicht gerade eine Empfehlung für einen Sekretär des Genossen Sinowjew.« Er ging sofort, um mich zu melden, und war sehr kleinlaut, als er zurückkam. »Genosse Sinowjew hat mich gebeten, Ihnen zu sagen, daß er Sie unbedingt sehen will. Ich werde Sie verständigen, sobald er frei ist.« Er fuhr entschuldigend fort: »Natürlich kenne ich die Namen Meyer und Leviné. Es war die Kombination der beiden Namen, die mich durcheinandergebracht hat.«

Nichts lag mir ferner als vorauszusetzen, daß ein verantwortlicher Mann wie Sinowjew jederzeit für Besucher zur Verfügung stehen müßte, aber der Kontrast zwischen der anfänglichen kalten Gleichgültigkeit des Sekretärs und seiner späteren Servilität ließ höheren Ortes eine

Haltung erkennen, die zutiefst beunruhigend war. Der Vorfall machte die Runde bei meinen russischen Freunden, und es gab große Entrüstung über die »Entartung im Umkreis Sinowjews«. Fiel die Kritik so scharf aus, nur weil Sinowjew »rutschte«? Von seinem Prestigeverlust in der deutschen Partei wußte man hier nichts. Es war ihm gelungen, die Darstellung durchzusetzen, daß sein »Offener Brief« eine Art väterlicher Ermahnung der über die Stränge schlagenden deutschen Kinder gewesen war. Eigentlich war er gar nicht der Rede wert: »Es war nötig, die Intellektuellen Ruth Fischer und Maslow abzudrängen und der Gruppe der echten Proletarier im Zentralkomitee mehr Spielraum zu geben. Es war unverzeihlich, wie diese Leute die alten Kader behandelt haben, ganz unvereinbar mit bolschewistischen Traditionen.«

Meine Freunde drangen nicht allzu tief in die deutschen Probleme ein. Solange das Hauptziel, die Revolution, noch nicht zur Debatte stand, waren sie bereit, alles zu akzeptieren. Selbst die wenigen besser informierten Leute urteilten nicht so streng über Sinowjew und erwarteten keineswegs, daß er stürzte. Der interne Kampf hatte noch nicht zu einer Krise geführt, Sinowjew war immer noch der mächtige Herrscher von Leningrad.

Nur bei »unbolschewistischem Verhalten« war man äußerst empfindlich, und daß ich den Sekretär zurechtgewiesen hatte, rief Entzücken hervor. Es vergingen weitere drei Tage, ohne daß ich mein Ziel erreicht hätte. Ich traute dem Sekretär nicht. Ich rief an und sagte bestimmt: »An gutem Willen bin ich nicht interessiert. Wenn ich Sinowjew treffen soll, dann muß es jetzt sein.« Es wirkte wieder. »Könnten Sie sofort kommen?« Ich lief durch viele Tore und Türen, während man mich vergatterte: »Er ist sehr beschäftigt.« Das war gar nicht nötig. Ich fühlte mich entmutigt und gab alle Hoffnung auf eine freundschaftliche Unterhaltung auf.

Drei Jahre waren vergangen, seit ich Sinowjew zuletzt gesehen hatte. Er war schlaffer, schwerer geworden und wirkte wie ein Teil des massiven Sessels, aus dem er sich kurz erhob, um mich zu begrüßen. Sein Gesicht war ohne Farbe, seine Augen trübe, fast blicklos hinter den halbgeschlossenen Lidern. Das gedämpfte Licht im Zimmer verlieh seiner Gestalt und der ganzen Szene etwas Schwermütiges.

»Wie Iwan der Schreckliche! Er ist tot, eine Leiche auf einem Thron!« Diese Worte schossen mir durch den Kopf, immer und immer wieder, und verfolgten mich noch lange.

Er empfing mich herzlich, und ich unterbreitete ihm die Bitte, die Rente meines Sohnes wieder aufleben zu lassen. Ich konnte es mir nicht verkneifen, mit einfließen zu lassen: »um ihn vor den schwankenden Geschicken seines Stiefvaters Ernst Meyer abzusichern«.

Er erinnerte sich gut an die Sache. Sie hatten da einen Fehler gemacht. Er machte sich eine Notiz, er würde sich darum kümmern. Aber meine Anspielung auf die »schwankenden Geschicke« wirkte: »Was macht denn Ihr Mann? Wie geht es ihm gesundheitlich?«

Ich gestattete mir noch eine kleine Provokation: »Er ist durch betrübliche Parteiangelegenheiten natürlich sehr angegriffen.«

Er fiel darauf herein und begann einen merkwürdig zusammenhanglosen Monolog über bevorstehende Veränderungen. Er redete im lässigen Ton des großen Feldherrn, der leutselig am Los eines verarmten Vasallen Anteil nimmt oder auch in der Art, wie man die Dummheit des Hauspersonals zu erörtern pflegt.

»Ist Ernst Meyer noch Mitglied des Preußischen Landtages wie früher?«

Das ließ mich jegliche diplomatische Zurückhaltung vergessen. Ich stampfte mit dem Fuß auf und schrie: »Das ist er nicht, und Sie wissen es!«

Er wußte es wirklich. Der Fall war in der Komintern zur Genüge diskutiert worden, da er eine besonders abscheuliche Affäre und eine Verletzung aller Parteistatuten war. Für einen Augenblick wurde er ganz menschlich und sagte hilflos: »Ich kann mich nicht erinnern.« Es war erbärmlich, und ich verabschiedete mich rasch.

In hellem Entsetzen rannte ich aus dem Kreml. Sinowjew hatte sich dumm benommen, geradezu lächerlich. Er würde es nicht gern sehen, daß ich Ernst von unserer Unterhaltung berichtete. Noch im Banne der Kreml-Atmosphäre schloß ich: Er wird mich kidnappen lassen und einsperren, vielleicht auch einfach erschlagen. Zum ersten Male begriff ich, treue, inbrünstige Kommunistin, blitzartig die Bedeutung eines totalitären Staates. Ich durfte also nicht reden, nicht, solange ich in Rußland war. Alles mögliche konnte passieren. Und das war 1925...

Ich besuchte Radek. Er war einer der wenigen, an denen die Macht keine Spuren hinterlassen hatte; er war noch derselbe kameradschaftliche, unkonventionelle Mensch, den ich von früher kannte. Aber nicht alles in seinem Hause war in Ordnung. Er hatte geschworen, niemals seine Ehe zu zerstören. Aber die Bremsen, die er in seinen Beziehungen zu anderen Frauen immer mit Bedacht zu ziehen pflegte, hatten diesmal versagt. Larissa Reißner war zu stark. Sie war jung, sehr attraktiv, hochbegabt und ehrgeizig. Sie war mit Raskolnikow verheiratet, dem Sowjetbotschafter in Persien, einer der fesselndsten Figuren der russischen Revolution; abrupt ließ sie ihn stehen, als sein Stern zu sinken begann und er seinen Posten verlor. Das Gerücht sagte, sie hätte Radek im Handstreich genommen – ihr eigentliches Ziel jedoch sei der unerreichbare Trotzki.

Eine Konzession machte Radek: Er »verließ« seine Frau nicht, er blieb in ihrem gemeinsamen Heim wohnen. Aber es half nichts. Man brauchte nur seine Frau zu sehen. Die schöne, stolze Frau, die ich nur drei kurze Jahre zuvor gekannt hatte, hatte kein Lächeln mehr auf ihren verkniffenen Lippen, in ihren leeren Augen – das Leben in ihr schien erstorben.

Die neue Liebe, die ja ein großes Stimulans sein soll, versagte allerdings im Falle Radek. Ich fand ihn sehr niedergeschlagen vor, ohne seine frühere Brillanz. Als ich kam, war gerade das Regiment Ruth Fischers zusammengebrochen. Irgendwie fühlte er sich verpflichtet, mit mir darüber zu sprechen, obwohl er gar nicht zu erfahren suchte, wie die Stimmung in Deutschland war oder was Ernst dazu meinte. Auch dies war ein Monolog – Zuhören hatte sowieso nie zu Radeks Stärke gehört. Mit großer Überraschung stellte ich fest, daß seine Ansichten voll mühelos erkennbarer Widersprüche und Ungenauigkeiten waren.

Der Kampf gegen Trotzki hatte damals, im September 1925, seinen Höhepunkt erreicht. Um ihn aus der Politik auszuschalten und ihn in Routinearbeit zu ertränken, gab man ihm eine Menge Ämter. Er war Vorsitzender des Konzessions-Komitees, Leiter des Amtes für Elektrotechnik und Präsident des wissenschaftlich-technischen Amtes der Industrie. Radek erzählte mir sehr angeregt,

Walter Ulbricht als Diskussionsredner auf einer nationalsozialistischen Versammlung in Berlin. Im Vordergrund Joseph Goebbels (zweiter von links).

wie Trotzkis Genius spürbar wurde, an welche Arbeit man ihn auch setzen mochte. Als er meine Schuhe bemerkte, sagte er: »Ich muß Sie zu Trotzki bringen. Der prüft jeden einzelnen Stich ganz genau, fragt Sie endlos aus und weiß dann, wie wir solche Prachtstücke selber produzieren können – oder sogar noch viel schönere.«
Wie gewöhnlich hatte er auch eine Anekdote auf Lager. Er hatte in einem seiner Artikel mit Hilfe eines schiefen Vergleichs den Gedanken der friedlichen Entwicklung zum Sozialismus als die unblutige Entfernung eines Hühnerauges bezeichnet. Ein deutsches Druckerzeugnis spielte ihm diesen einträglichen Streich: Der Artikel erschien unter der Überschrift »Kukirol«. Und er hatte offenbar für die Firma eine erheblich umsatzfördernde Wirkung. Gewissenhaft bot man ihm eine Gewinnbeteiligung und ein angemessenes Entgelt für seine weiteren Dienste an.

Radek wurde auch mit Angeboten überhäuft, für die amerikanische Presse zu schreiben, zu jedem Thema, zu jeder Zeit und zu einem Mindesthonorar von fünfhundert Dollar pro Artikel. Nicht umsonst galt er als der beste Journalist seiner Zeit, aber er ließ sich nicht in Versuchung bringen. Ein Revolutionär arbeitete nicht für die bürgerliche Presse.

Er ahnte nichts von der sich anbahnenden Schlacht, die sein Lebenswerk und ihn selber vernichten sollte.

Ich wohnte in Moskau bei den Jagloms und hatte so zum ersten Male guten Einblick in das Leben eines hohen sowjetischen Funktionärs. An der Oberfläche entsprach ihr Leben der Lehre Lenins, daß der Lebensstandard höchster Würdenträger auf den eines Facharbeiters zu beschränken sei. Und doch saßen sie turmhoch über dem normalen russischen Bürger. Jaglom hatte es nicht nötig, erschöpfende Stunden in überfüllten öffentlichen Verkehrsmitteln zuzubringen, um seine verschiedenen Bestimmungsorte zu erreichen. Der Familie standen exklusive Erholungsheime offen, sie konnte sich im Kreml-Krankenhaus behandeln lassen – das den besten Krankenhäusern in kapitalistischen Ländern durchaus entsprach –, sie hatte Zugang zum Theater und zu anderen Annehmlichkeiten. Eigentlich hatten die Jagloms Zugang zu allem. Diese bescheidene Familie wurde zum Mittelpunkt schmeichlerischer Aufmerksamkeit. Das heißt: Bescheiden waren diese Menschen nur in ihrem Charakter, da sie unübertreffliche Fähigkeiten und menschliche Qualitäten besaßen. Aber dann umschwärmte man sie in einem Maße, das ihre persönlichen Verdienste weit überstieg. Ich muß betonen, daß sich kaum jemand hätte finden lassen, der von den Auswirkungen seiner Machtstellung weniger beeinflußt gewesen wäre. Aber eine solche Stellung war gefährlich, und es war fast völlig dem Belieben des Einzelnen überlassen, wie er sie nutzte. Die Arbeiter, die klassenbewußten, fortgeschrittenen Arbeiter betrachteten das Problem mit resignierter Gelassenheit: »Wir müssen unsere führenden Kader so gut ausstatten, wie wir können. Wir brauchen sie. Sie büßen es durch ihre übermenschliche Arbeitsleistung.«

Später, im Jahre 1932, lernte ich auf einer langen Reise von Moskau nach Kiew ein krasses Beispiel der Selbstbescheidung kennen, die Arbeiter sich auferlegten. Ich führte ein Gespräch von Mensch zu Mensch, ein wahrhaft russisches Gespräch, mit einem Arbeiter, der nicht Parteimitglied war, jedoch ein standhafter Fürsprecher der Bolschewiken von Anfang an. Er lächelte entschuldigend: »Ich eigne mich nicht für die Partei – zu sehr Individualist.« Zuerst war er äußerst zugeknöpft und gab die obligatorischen Phrasen über »unsere Errungenschaften« von sich. Ich kam nicht weiter, und so zog ich meine Papiere hervor und ließ ihn meine »Beglaubigungen« sehen. Er studierte sie sorgfältig und das Eis war gebrochen. Plötzlich war gar nichts mehr schön, ein Bild der Not und des Elends entstand in all seinen Einzelheiten vor mir. Ihm selbst, so sagte er, machten Kälte, karge Lebensmittelrationen und andere Entbehrungen nicht viel aus; er leide am meisten darunter, daß er dazu verurteilt sei, mit vielen Menschen zusammen in einem Raume zu wohnen, Jahr und Tag ohne Ende. Er sehnte sich nach dem Alleinsein: »Einfach einmal für ein Weilchen die Tür hinter mir zumachen und im Zimmer allein sein – man sollte es nicht für möglich halten, wie das zur fixen Idee werden kann.«

Mitgefühl überkam mich und ich erwähnte die vier winzigen Zimmerchen, in denen meine Freundin Pankratowa, ihre Mutter und ihre kleine Tochter untergebracht waren. Sofort fragte er mich nach ihrer Tätigkeit. »Wissenschaftlerin?« sagte er. »Dann ist die Wohnung keinen Zentimeter zu groß. Sie muß in Frieden arbeiten, Leute empfangen, Manuskripte ordentlich aufbewahren. Wir brauchen unsere Wissenschaftler.«

Das Jahr 1925 war das hoffnungsvollste Stadium des Sowjetdaseins. Es schien, daß nichts den Aufschwung aufhalten könnte. Die Erwartungen stiegen himmelhoch. Ein ganzes Volk in Waffen stand auf, um geschickt und originell für eine »bessere Welt« zu kämpfen. Wo hätte man je von »lebenden Zeitungen« gehört, die Ereignisse in Aktion darstellten? Oder von »Wandzeitungen«, in jeder Fabrik, Behörde, Schule obligatorisch, die jedermann die Möglichkeit gaben, seine Meinung zu sagen, Vorschläge zu machen, *Kritik* zu äußern?

Sie trugen die Aufklärung in die Reihen der Roten Armee, wo vier Stunden täglich der politischen und allgemeinen Bildung gewidmet wurden. Und die Angehörigen der Roten Armee halfen ihrerseits nach der Demobilisierung oder Entlassung bei der Bildungsarbeit in Provinzen und entlegenen Dörfern. Ich hörte einen ausländischen Besucher sagen, ihre Sommerlager ähnelten Kulturzentren. Es war die Zeit, in der die Regierung so viel Selbstvertrauen hatte, daß sie den Arbeitern Feuerwaffen anvertraute, die sie tragen und benutzen durften. Die Armee selbst wurde dementsprechend abgebaut – von fünf Millionen auf nur noch sechshunderttausend Mann[26].

Und das Netz von Theatern, das sich über das ganze Land ausbreitete, die vielen Klubs und Erholungszentren! Die Theater! Meyerhold, von dem sich unser großer Max Reinhardt so manche neue Idee ausborgen konnte! Und das alles in den Klauen der Armut und der Wirrnisse, mit intellektuellen Schichten, die das zum großen Teil sabotierten. Es gab Schauspieler, die sich weigerten, vor einem Arbeiterpublikum zu spielen oder die, was schwer zu verstehen ist, ihr künstlerisches Niveau senkten und jene Nachlässigkeit und Vulgarität einführten, die von den Russen »Chaltura« genannt wird. Ich habe viele klägliche Schauspielaufführungen gesehen, in denen die Tugend unweigerlich belohnt und die Sünde bestraft wurde. Ich überlegte: Es könnte nach Propaganda aussehen, aber in diesem Lande ist es die reine, ungeschminkte Wahrheit. Wie könnten ohne den Sieg des Guten all diese Wunder geschehen?

Einmal sah ich ein Schauspiel, eine Art Agentenkrimi, in dem Revolutionäre in die große Gesellschaft eindrangen und dort Tollkühnheiten vollbrachten. Es gab kein happy end. Die schöne Heldin – so rührend in ihrer Aufrichtigkeit – und ihr ebenso attraktiver Gefährte wurden entdeckt und abgeführt zur Folterbank – und zum Tod? Jetzt gibt es ein Land, in dem Kreuzfahrer nie wieder verfolgt werden, sagte ich mir.

Wenn ich über das schreckliche, füßezermürbende Pflaster der Moskauer Straßen lief, war mir, als schwebte ich dahin. Die überbelegten, übelriechenden, unhygienischen Behausungen, für mich in jedem Falle die größte Pein, die Unbequemlichkeiten, der Mangel an so vielen Dingen, der zur Routine des Alltags wurde, zählten gar nicht.

12

Ernst Meyers Erklärung

Im Dezember 1926 wurde eine Tagung der Komintern-Exekutive einberufen; es sollte beraten werden, wie Sinowjews Offener Brief sich ausgewirkt hatte und welchen Kurs die deutsche Partei künftig steuern würde. Die diversen Fraktionen waren eingeladen, ihre Vertreter nach Moskau zu schicken, und Ernst wurde von seinen Freunden gedrängt, sich der Delegation anzuschließen. Auch das Zentralkomitee wünschte das. Aber es war kein Befehl, er konnte sich weigern, mitzufahren, wenn er wollte. Alles schien fürs Mitfahren zu sprechen. Es war sehr nützlich, bei den Diskussionen dabei zu sein, und die Vorweihnachtszeit war eigentlich immer so etwas wie eine politische Pause. Auch brauchte er unbedingt Geld, und in Moskau konnte er einige seiner publizistischen Arbeiten unterbringen.

Von meinem Bett im Schweizer Sanatorium aus schrieb ich: »Ich weiß wirklich nicht, was ich lieber möchte, daß Du nach Rußland fährst oder daß Du herkommst und Dein Buch beendest . . . Sie sind äußerst vorsichtig, sie werden sich hin und her winden und ganz bestimmt an der deutschen Politik nichts Entscheidendes ändern. Du wirst Dich nur quälen – wozu? Dein Buch ist nötiger denn je. Wirklich, glaube mir, es ist wichtiger.«

Ernst entschloß sich schließlich, zu fahren. Es sollte eine kurze Konferenz werden, und Mitte Dezember erhielt ich ein Telegramm: »Fahre morgen. Bin Weihnachten bei Dir.« Ihm folgte ein zweites, das das erste aufhob. Dann kam ein drittes und nannte ein neues Datum, dann ein viertes. Es war nichts zu machen. In Moskau spielte sich ein Drama ab, das Ernst kaputt machte und das in hohem Maße dafür verantwortlich war, daß er später krank wurde und starb. Meine Einschätzung hatte sich als die richtige erwiesen – die Russen waren nicht in der Stimmung, ihre Deutschlandpolitik zu ändern. Thälmann sollte als Kopf der Partei figurieren. Einige Delegierte wurden in die Unterwerfung gescheucht, andere wurden exkommuniziert. Alles war bereits festgelegt, auch die Rolle, die Ernst zu spielen hatte. Die starke Fraktion mußte gespalten werden, und das beste Mittel dafür war eine offizielle Erklärung von Ernst, daß ein Teil dieser Fraktion zu bekämpfen sei. Er war ganz allgemein ein viel zu unabhängiger Geist; zusammen mit einer starken Fraktion von alterfahrenen Funktionären, darunter auch vielen Brandleristen, konnte er für den absoluten Machtanspruch der Komintern zur Bedrohung werden. Ihn mußte man rechtzeitig stoppen, und das setzte sicherlich Stalin selbst ins Werk.

Schon beim Sechsten Plenum des EKKI im März 1926 hatte sich Ernst mit Händen und Füßen gegen die Methode gewehrt, Leuten Erklärungen abzufordern. In vielen Einzelgesprächen hatte man Übereinstimmung darin erzielt, solche Forderungen ein für allemal zu unterlassen. Dies wurde nun geändert, und Ernst verlangte zu wissen, »welche Ereignisse eigentlich die Aufhebung unserer früheren Beschlüsse rechtfertigen«. Stalin höchstpersönlich nahm die Sache in die Hand. Er setzte zu einer langen, breit angelegten Vorlesung an. »Das höre ich mir nicht an«, sagte Ernst. »Ich verlange eine klare politische Begründung.«

Inzwischen hatte die Komintern aufgehört, starkes Interesse an Erklärungen zu bekunden. Aber man war auch darauf bedacht, das nicht zu übertreiben. Ernst wurde nicht aufgefordert, »Fehler zuzugeben« oder sonstwie Buße zu tun, ja, er brauchte überhaupt nichts zu sagen, was seiner politischen Linie widersprochen hätte. Paradoxerweise wurde seine Position dadurch schwieriger. Er konnte nicht aus Gründen, die rein formaler Natur schienen, mit der Komintern brechen. Seine ablehnende Haltung würde zumindest langwierige Auseinandersetzungen und einen endlosen Aufenthalt in Moskau mit sich bringen, während er doch in Deutschland gebraucht wurde, wo es eine Politik durchzusetzen galt, die er verkörperte. Die Lage war so absurd, daß er eine Zeitlang überzeugt war, man habe es vor allem darauf abgesehen, ihn persönlich zu demütigen: »Sie, die selbst so tief kompromittiert waren, konnten mir meine feste Haltung gegen den ultralinken Kurs nicht verzeihen.« Hier hörte ich von ihm zum ersten Male eine auf Persönliches bezogene Interpretation politischer Parteiprobleme.

Ernst gab nach, aber er kämpfte verbissen um die Möglichkeit, das, was er zu sagen hatte, auch unzweideutig formulieren zu können. Vier Entwürfe zu einer Erklärung wurden vorgelegt. Der erste von Ernst war ein heftiger Angriff gegen das Erpressen von Erklärungen und ein Lehrstück über Parteiloyalität und Parteidisziplin. Er wurde sorgfältig zensiert; das Dokument, das schließlich entstand, enthielt immerhin noch einen Nebensatz, in dem festgestellt wurde, daß Ernsts Abgrenzung vom rechten Flügel und sein Kampf gegen alle Abweichungen nur die *Fortsetzung* einer Politik seien, die er *schon immer* und ohne besondere Aufforderung der Komintern verfolgt habe. Ernst Meyers Entwurf einer Erklärung hatte folgenden Wortlaut:

Erklärung

Die wiederholte Abgabe der von mir seit eineinviertel Jahren verlangten Erklärungen hat nicht dazu geführt, die im Interesse der Partei erstrebte Zusammenarbeit zu verwirklichen. Andererseits sagt meine politische Haltung während dieser Zeit mehr, als es jede formelle Erklärung tun könnte. Um jedoch jeden Zweifel an meiner Bereitwilligkeit zu einer vorbehaltlosen Mitarbeit auf der politischen Grundlage des heutigen Z.K. zu unterbinden, stelle ich folgendes fest:

1.) Genau so, wie ich die Beschlüsse des VI. Plenums des EKKI anerkannt und, soweit die Partei mich zur Mitarbeit heranzog, durchgeführt habe, genau so stehe ich auch zu den Beschlüssen des VII. Plenums, mit denen ich vollständig einverstanden bin.

2.) Dieses volle Einverständnis beziehe ich ausdrücklich auch auf den Beschluß betr. die Genossen Brandler und Thalheimer. Ich habe die politischen Fehler der damaligen Zentrale schon im Oktober 1923 und dann immer wieder ohne jede Aufforderung (Frankfurter Parteitag 1924, Berliner Parteitag 1925 usw.) öffentlich kritisiert. Ich werde auch in Zukunft, falls Genossen einzeln oder als Gruppe die gleichen oder ähnliche Fehler verteidigen oder wiederholen sollten, einen offenen Kampf gegen sie führen.

Ich weise entschieden die Auslegung zurück, als ob die seit dem März erhobene Forderung auf Aufhebung des Verbots der Einmischung in Komintern-Angelegenheiten und die Forderung zur Mitarbeit beider Genossen in der KPD eine Verschweigung oder Unterstützung der Fehler dieser beiden Genossen in sich schlösse. (Auch Genosse Thälmann war im März ds. Js. mit der Aufhebung des Verbots grundsätzlich einverstanden, wollte aber aus taktischen Gründen die Durchführung vorläufig aufgeschoben wissen.) Beide Forderungen geschahen aus der Erwägung heraus, daß dies der beste Weg war, um tatsächliche Abweichungen der Genossen ideologisch zu überwinden.

3.) Meine politische Haltung beweist, daß ich nicht nur in Worten, sondern in der Tat auf dem Boden der Komintern-Politik stehe. Die Feststellung dieser Tatsache ist notwendig im Interesse der ideologischen Klärung in der KPD und einer restlosen Überwindung ultralinker Auffassungen in der Mitgliedschaft.

4.) Meine Arbeit in der deutschen Partei beweist mehr als jede Erklärung, daß ich das Z.K. der KPD bedingungslos, wenn auch nicht kritiklos unterstützt habe. Ich stelle auch in Zukunft keinerlei Bedingungen für meine wie auch immer geartete Mitarbeit.

5.) Ich habe niemals den Anschluß des Z.K. an meine Gruppe verlangt, sondern erstrebe die völlige Verschmelzung auf der politischen Grundlinie des heutigen Z.K.

6.) Ich habe nach der Auflösung meiner Gruppe, soviel an mir liegt, stets auf die völlige Überwindung aller Fraktions-Reminiszenzen hingewirkt. Ich werde auch in der Zukunft alles was an mir liegt, dazu beitragen.

7.) Die Pflicht zur Körperschaftsdisziplin werde ich gegenüber jeder Körperschaft üben, der ich angehöre oder angehören werde.

8.) Die Partei muß alle auftretenden opportunistischen

August Thalheimer

Abweichungen sofort und entschieden bekämpfen und diese Fehler an konkreten Beispielen aufzeigen. Ich betrachte diesen Kampf als eine der wichtigsten Aufgaben der Partei und werde in diesem Kampf in erster Reihe stehen.

Moskau, 24. Dezember 1926   Ernst Meyer

Die vierte und endgültige Fassung lautete:

Genosse Meyer erklärt öffentlich:
1). Er nimmt die Beschlüsse der VII. Erweiterten Exekutive bedingungslos und vorbehaltlos an und ist verpflichtet, sie aktiv durchzuführen.
2.) Indem er auf dem Boden der Beschlüsse der VII. Erweiterten Exekutive auch in der Frage Brandler-Thalheimer steht, verurteilt er – wie er das wiederholt seit Ok-

tober 1923 getan hat – die politischen Fehler dieser Genossen und ist verpflichtet, zusammen mit dem Z.K. gegen diese und ähnliche Fehler zu kämpfen.

3.) Er unterordnet sich bedingungslos und vorbehaltlos der Führung des Zentralkomitees der Partei und seiner führenden Organe und ist verpflichtet, zusammen mit dem Z.K. sowohl gegen die rechten als auch gegen die ultralinken Strömungen zu kämpfen. Diese Anerkennung schließt die Möglichkeit der Kritik innerhalb der führenden Organe nicht aus.

4.) Genosse Meyer ist verpflichtet, zusammen mit dem Z.K. gegen jede Fraktionstätigkeit und gegen irgendwelche Gruppierungen innerhalb der Partei zu kämpfen.

5.) Genosse Meyer wird sein Auftreten sowohl vor dem Parteitag als auch auf dem Parteitag mit den obengenannten 4 Punkten in Einklang bringen.

Im Falle der Annahme dieser Punkte gibt das Z.K. dem Genossen Meyer volle Garantie seiner Mitarbeit mit der Parteizentrale vor, auf und nach dem Parteitag.

Moskau, den 24. Dezember 1926

gez. Ernst Thälmann

gez. Ernst Meyer

Diese Erklärung enthielt nun allerdings einen Punkt, über den man nicht einfach hinwegsehen konnte: »Er unterordnet sich bedingungslos und vorbehaltlos der Führung des Zentralkomitees der Partei und seiner führenden Organe [. . .]« Auch die russischen Spitzenfunktionäre hielten nicht viel von der deutschen Führungsmannschaft. Sinowjew räumte ein, daß Thälmann Unrecht habe (soweit man Thälmann überhaupt eine eigene politische Meinung zu den wichtigen Fragen der Zeit zubilligen konnte). Es war schreiender Hohn, von Ernst die Unterwerfung unter eine Führung zu verlangen, von der alle mit solcher Geringschätzung sprachen. Es war eine empörende Demütigung, das akzeptieren zu müssen; für Ernst bedeutete es, daß er seine moralische Integrität preisgab. Er kehrte als kranker Mann aus Moskau zurück. Mein Arzt schaute ihn besorgt an: »Ich könnte nicht sagen, wer hier im Zimmer der Patient ist, Sie oder Ihre Frau.«

Die »Erklärung« löste unter den Brandleristen in Ernsts Gruppe einen Sturm aus. Sie nahmen seine Zusage, die Rechten zu bekämpfen, als persönlichen Affront – was sie in gewisser Weise ja auch war. Er aber hatte seine Fraktion in der Überzeugung gebildet, die beste Methode, sich von Irrtümern zu befreien, sei das Weiterarbeiten. Genau das hatte Lenin mit vielen bolschewistischen Funktionären praktiziert, zum Beispiel mit Sinowjew und Kamenew, die er zur Parteiarbeit herangezogen und deren Fähigkeiten er genutzt hatte. Ernst forderte für Brandler und seine Anhänger die gleiche Behandlung. Probleme offen auszufechten war der einzige Weg, die Partei für künftige Aufgaben zu trainieren. Ernst hörte nie auf, für die Rückkehr Brandlers und Thalheimers zu Felde zu ziehen, und dabei ignorierte er die geflüsterten und hier und da auch sehr lauten Beschuldigungen, er entlarve damit nur seine eigenen heimlichen Rechtstendenzen.

Ernsts neue Gruppe war als Opposition unentbehrlich. Als sie aber, wenn auch mit Vorbehalten, die Kominternbeschlüsse akzeptierte, machte sie sich zur Gefangenen der Komintern und der Launen ihrer untauglichen

Abgesandten. Natürlich vermochte niemand, auch nicht die politischen Gegner der Kommunisten, den kommenden rapiden Verfall der Komintern vorauszusehen. Ernst hatte Stalins Absicht durchschaut, eine Spaltung seiner Fraktion zu provozieren, aber von seiner Gruppe hatte er mehr rationales Verhalten erwartet. Das erste Treffen mit seiner Gruppe verlief nicht gerade vielversprechend. In seinen Briefen aus jener Zeit spiegeln sich all seine Qualen und Zweifel, seine Verbitterung und Resignation, und nur sehr selten einmal blitzt Zuversicht und Erleichterung auf:

»[. . .] Trotz Deiner beiden Briefe bin ich wegen der politischen Dinge noch immer *sehr* schlechter Stimmung. Ich kann daher auch schlecht schreiben. Am Tage deprimiert, nachts wüste Träume. Gegen mich nahmen Stellung: Jakob [Walcher], Paul [Frölich], Rosi [Wolfstein], Enderle, mit Einschränkung viele der Kleineren; für mich: Gerhard [Eisler], Georg Schumann, [Karl] Becker, Frank etc. Die ersten hatten eine Zufalls-Mehrheit. Das ZK zeigt einen etwas ernsteren Kurs auf Konzentration.

Wie die ganze Sache ausgehen wird – ob mit Frieden, ob mit Krach – läßt sich heute noch nicht übersehen.

Ich rauche wenig, habe trotzdem keinen Appetit, und befinde mich in gesteigerter Nervosität, gehe aber früh schlafen. Wenn die Konferenzen der nächsten Wochen vorüber sein werden, wird die Spannung wohl nachlassen. [. . .]

Ch[arlottenburg], 7. 1. 27.
[. . .] Du machst Dir offenbar noch mehr Kopfschmerzen um meine politischen Sorgen als ich. Das ist ganz falsch. Ich bin je länger je mehr – und gerade auch wegen der

Begründung des Widerstandes meiner Leute – davon überzeugt, daß meine Haltung richtig war. Im übrigen habe ich schon fast oder sogar sicher die Mehrheit. [. . .]

Auch das bestärkt mich in meiner Überzeugung. Aber es ist jetzt ein schweres, gefährliches Lavieren. Halb stöhne ich darüber, halb reizt mich die verstärkte Gefahr. Über den endgültigen Sieg, habe ich nicht den mindesten Zweifel. [. . .]

Berlin, 9. 1. 27.

[. . .] der Sonntag geht mir verloren durch eine offizielle Groß-Berliner Sitzung, in der ich auch diese Zeilen schreibe. Die Woche war ganz ausgefüllt mit Berichterstattung, Verhandlungen mit der Zentrale und Bemühungen, die Mehrheit bei unseren Freunden zu erhalten. Wenn man die Mehrheit in der Partei zu erobern für möglich hält, muß man natürlich erst recht die Mehrheit im eigenen Kreise haben. Und das *ist* gelungen. Jetzt bin ich schon bei dem weiteren Ziel, *alle* auf meine Linie zu bringen. Die Aussichten dafür sind ebenfalls gut. Das kostet viel Arbeit. Aber ich habe bereits alle einflußreichen, in der Partei aktiv Tätigen gewonnen. Wahrscheinlich wird sich auch eine kleine Abspaltung, die nur den Neumann-Leuten zugute käme, verhindern lassen.

Mit der Arbeit und ihren Erfolgen ist meine Nervosität etwas gewichen. Deine Briefe tragen ebenfalls dazu bei.

Als unangenehmer Rest bleibt nur noch die zu erwartende Schwächung meiner politischen Autorität bei SPD-Arbeitern und Parteilosen. Wie ich das verhindern werde, weiß ich noch nicht im einzelnen.

Charlottenburg, 10. 1. 27, Montag abend.

[. . .] als ich heute morgen Deinen Brief bekam, wollte ich Dir gleich schreiben. Nun ist es infolge der langen ZK-Sitzung doch schon spät abends geworden. Aber ich war den ganzen Tag durch Deine verständigen und lieben Worte ziemlich beruhigt, wenn mich nicht zum Schluß der Sitzung die beleidigende Verteidigung durch Dengel gegenüber Angriffen der Linken wieder ganz aufgebracht hätte.

Alles was Du über die Personen schreibst, ist richtig und hatte ich mir auch gesagt. Überrascht hat mich nur die Haltung Böttchers, den ich gestern sah, und der im Auftrag der Jakob [Walcher]-Anhänger auf der Sekretärkonferenz ein Bedauern aussprechen will, daß ich glaubte, das Opfer bringen zu müssen, und der die Unterzeichnung nicht billigen will. Da die andern (Heinz N[eumann] etc.) das ausnutzen werden, uns gegeneinander auszuspielen, würde das die öffentliche Spaltung sein; denn ich muß darauf meine Gründe *für* Unterzeichnung öffentlich auseinandersetzen. Zwar bemühe ich mich noch, diese Erklärung Böttchers zu verhindern, aber Jakob *will* offenbar die Spaltung der Gruppe.

Aber Du hast Recht; die besten und einflußreichsten Genossen aus der Provinz und Berlin teilen meinen Standpunkt. [. . .]

Berlin, 12. 1. 27.

[. . .] Allmählich gelingt es mir, die Zügel fester in die Hand zu bekommen. Diplomatie und Drohungen, Erweichungen und Krach muß man richtig dosieren, um ZK, Gruppe und Sympathisierende dahin zu lenken, wo es richtig ist. Ein paar Zufälle – wie das immer ist – haben mir dabei geholfen. Aber trotzdem, morgen ist Sekretärkonferenz, und weiß der Teufel, wie das ausfällt, da auf niemand, trotz aller Verabredung, Verlaß ist. Lomi[nadse] ist jetzt hier. Er hat mich heute in allen Fragen unterstützt. Aber es gibt auch Gegendruck. [. . .]

Berlin, 13. 1. 27.
[. . .] Der Haupt-Coup ist vorüber. Paul Böttcher polemisierte leider mehr gegen mich als gegen die Z[entrale]. Das zwang mich, kameradschaftlich im Ton, aber scharf in der Sache gegen ihn zu polemisieren. Der Bruch ist also öffentlich vollzogen worden. Um Böttcher und Jakob tut es mir leid. Aber es ging nicht anders. Meine Rede machte sehr starken Eindruck »Aufmerksamkeit wie bei einem Minister«, sagte Frank. Die Z. ist gleich weicher geworden. Natürlich wird sie noch Schwierigkeiten machen, in Einzelheiten personeller Art. Aber es wird trotzdem vorwärts gehen. Nur trage ich jetzt eine starke Mitverantwortung für die Z. Jede Schweinerei von ihr werden meine Freunde mir in die Schuhe schieben. Außerdem müssen jetzt die Thesen der Z. für den Parteitag besonders gut werden, d. h. ich muß sie mit Gerhard, Ludwig und Becker machen. Meine Autorität hat jedenfalls nicht gelitten, trotz eines direkt auf sie gerichteten Angriffs Böttchers, sondern sie ist noch gestärkt worden. Ich habe übrigens offen gesagt, daß es bessere Methoden der Konzentration gibt, als das Abverlangen der Erklärung und daß ich mich drüben dagegen gesträubt habe. Trotzdem »stehe ich zu meiner Erklärung«. Ich will abwarten, wie die ganze Sache sich auswirken wird. Ich vermute, besser als ich in Moskau dachte. [. . .]

Berlin, 14. 1. 27.
[. . .] Meine Spannung ist ganz fort. Die Zweifel der Be-

sten meiner Freunde werden durch meine weitere Tätigkeit verschwinden. Der Rest wird Spreu sein. Gestern übernahm ich einen Satz aus einem Deiner Briefe. Auf Böttchers Befürchtung, daß die Erklärung mein Ansehen schwächen würde, antwortete ich: Mein politisches Ansehen hängt nicht ab von einer Einzelhandlung, sondern von meiner ganzen Tätigkeit, die ich ausgeübt habe und der Arbeit, die ich leisten werde. (Spontane Rufe »sehr richtig«.) Durch meine gestrige Rede ist im Gegenteil meine Autorität gestärkt worden. [. . .]

Magdeburg, 23. 1. 27.
[. . .] Die Schranken zwischen Mitgliedschaft und mir sind völlig beseitigt; die letzten Reste durch meine Erklärung. Die Mitglieder empfinden gar nicht, daß es eine starke Zumutung war. Wahrscheinlich werden sie es mir später noch extra anrechnen, daß ich der Partei dies Opfer gebracht habe. [. . .]

Charlottenburg, 6. 2. 27.
[. . .] Kaum war ich von Dir fort, so stürmte wieder alles von der Partei auf mich ein. Der ganze Druck lastet ungemindert auf mir und erst nach der Sekretär-Konferenz wurde ich ruhiger. Aber noch jetzt erinnert die leiseste Parallele an die Quälerei des Dezember. Ich mache mir auch heute keine Vorwürfe; aber es ist zu zermürbend, selbst mit Leuten, mit denen man im wesentlichen einig ist (wie Jakob [Walcher] und Braun [d. i. Ewert]) ständig zu kämpfen statt zusammenzuarbeiten. Es ist noch schlimmer, wenigstens quälender als die Ruth-Zeit. Ich fühle mich daher auch körperlich sehr schlecht, bin sehr häufig am Tage müde. [. . .]«

Und doch war nicht die Spaltung seiner Gruppe die eigentliche Wurzel seiner Verzweiflung. Gewiß, sie zwang ihn, nachdrücklicher auf den Irrtümern der Rechten herumzureiten, als für die Partei zuträglich war, die doch so stark an den ultralinken Gebrechen litt. Aber das hatte nicht unmittelbar schwerwiegende Folgen. Es war mehr die Verletzung seiner persönlichen Integrität, die ihn am 15. Januar schreiben ließ:

»[. . .] Inzwischen dachte ich viel über die letzten Wochen nach. Ich bin ein anderer geworden. Mein Haß ist so stark wie am Tage der Unterzeichnung. Ich fühle mich ganz verwundet. Gewiß, die Konferenz war ein Erfolg für mich. Die Unterzeichnung war auch notwendig, das Ergebnis wird am Ende für die Partei gut sein. Aber es bleibt ein Opfer . . . Du hattest Recht: es war die Wahl, das linke oder rechte Auge zu opfern. Aber vielleicht wäre es besser gewesen, das Leben zu verlieren, als selbst eine solche Wahl zu treffen. [. . .] Ich glaube, es war das schwerste Erlebnis meiner ganzen bisherigen Tätigkeit. Das *kann* nicht ohne Spuren für alle Zeiten bleiben. [. . .]«

Am Vorabend des Essener Parteitages schickte er mir einen leidenschaftlichen Liebesbrief:
»Bremen, 27. 2. 27.
Süßeste Geliebte!
Ich habe eine Flasche Alkohol und einige Schnäpse getrunken – ganz allein und träume von Dir. Ohne Dich habe ich ständig ein Bedürfnis, mich zu betäuben und anzuregen. Allerlei Gedanken blühen auf, ganz Unbekanntes und Schönes, dessen Mittelpunkt Du und immer wieder Du bist! Die 12 Jahre Parteiarbeit haben so vieles erstickt und verdrängt. Jetzt, wo ich sehe, daß alle Arbeit in

vielem vergeblich war, bereue ich fast meine Gewissenhaftigkeit, und ich denke, lieber hätte ich mit Dir mich freuen, reisen, schauen, genießen sollen. Die Erinnerung an *eine* Nacht mit Dir in Neukölln, Westend, Eisleben, ist doch viel lebendiger, befriedigender als alles andere. Ich denke an die kommende Zeit, wo wir alles noch nachholen werden, und der April in Leysin ist so nahe!

Ich warte im Café auf die politischen Freunde, aber viel lieber stiege ich in die Bahn, zu Dir zu kommen. In solchen Stunden fühle ich mich Dir und Deinen Gedanken viel näher. Alle Sehnsüchte der Jugend steigen auf, und zugleich die Gewißheit, daß sie in Dir volle Erfüllung gefunden haben und noch mehr finden werden. In solchen Stunden weiß ich auch ganz, weshalb Du mich liebst.

Süßeste, einzige Geliebte, ich fühle mich Dir so nahe, verstehe Dich so .gut, möchte mit Dir plaudern, Deine Träume hören, Dein Jauchzen – und Dich unendlich küssen und streicheln. Ich bin nicht einmal aufgeregt – nur ein ganz starkes Bedürfnis, bei Dir zu sein, Dich zu fühlen, und Dich zu hören, Dein glattes liebes, frisches Gesicht zu sehen und Deine Freude über mich stolz aufzusaugen.«

Ernst ging im Februar 1927 zum Essener Parteitag, als ginge er zur Schlachtbank. Für das Führungsgremium war er ein Fremder und zu Brandlers Genossen hatte er kein Vertrauen:

»[. . .] Ich lasse mich natürlich nicht unterkriegen, aber es ist der unangenehmste Kampf, den ich jemals durchgemacht habe. Außerdem kann man dabei leichter Fehler machen als je in einer vorangegangenen Situation. Die Frage steht jetzt so: Bruch mit einem Teil der Gruppe und *völlige* Verschmelzung mit der Z.[entrale], oder völliger Bruch mit der Z., wobei doch die Verstimmung ei-

nes Teils der Gruppe bleiben wird. Jakob [Walcher] wird bestimmt bei Heinz Br.[andler] und August Th.[alheimer] bleiben. [. . .]«
Ernst lief auf dem Parteitag herum und erstickte fast an der Atmosphäre von Intrigen, Klatsch und Heuchelei. Gelegentlich riß ihn aber auch die vertraute Routine solcher Massentreffen der Genossen mit sich:
»[. . .] Auch meine Stimmung ist gut, oder war es wenigstens bis heute abend. Böttcher und Jakob [Walcher] hetzen aber so gegen mich wie Brandler auf dem Leipziger Parteitag, daß ein dummes Sprachrohr von ihnen heute abend in einer Kommission einen frechen Angriff wagte, der darauf hinauslief, daß meine Erklärungen ja doch nur Heuchelei seien. Sage ich aber ein *politisches* Wort gegen ihre Angriffe, so toben sie gleich über politischen Verrat. Jakob und Böttcher haben sich ganz verrannt und in die Isolierung manövriert. Unter Zurücksetzung alles Persönlichen trete ich trotzdem für Böttchers Wahl ins ZK ein und wahrscheinlich mit Erfolg. Vielleicht bin ich doch zu anständig. Sonst ist der Parteitag wirklich gut. Jeden Tag kommen sozialdem., parteilose und selbst christliche Arbeiter und begrüßen uns. Sehr ergreifend war auch eine Delegation der Jungspartakus-Kinder in ihren weißen Blusen und mit einer eigenen Kapelle. Seit Jahren höre ich wieder täglich mehrmals mit wirklicher Begeisterung die Internationale singen. Morgen will Clara Z[etkin] kommen. Lomi[nadse] sagte mir, daß sie mit Böttchers Angriff gegen mich gar nicht einverstanden sei [. . .]«

Leipzig, 28.11.37.

An das Pol-Bureau

W.G.,

Ich machte wiederholt das Polbureau auf die falschen Artikel der Gen. Glaubke und Remmele in der „Kommunistischen Internationale" aufmerksam, ohne dass das Polbureau die von mir verlangten und z.T. zugesagten Berichtigungen vornehmen ließ.

Jetzt veröffentlicht Gen. Seupel in der K.J. Nr. 25/26 über das so wichtige Thema von „die Einflüsse der Revolution in Rußland auf die deutsche Arbeiterbewegung" einen Aufsatz, der kenntnis- und verantwortungslos die Wahrheit der deutschen Arbeiterschaft, die revolutionären Arbeiter, die linken USP-Arbeiter und die KPD (Spartakusbund) verunglimpft. Der ganze Artikel beweist, daß Gen. Seupel von der revolutionären Arbeit in Deutschland während des Krieges überhaupt nichts weiß und die Entwicklung der Arbeiterbewegung der Nachkriegszeit nur sehr oberflächlich kennt. So behauptet Gen. Seupel auf S. 2224, daß die große Mehrheit des deutschen Proletariats im Sommer 1917 den Frieden der unterdrückenden des wucherischen Sowjetrußland" wollte. Auf S. 2226 schreibt er, daß er — der nicht dem Spartakusbund angehörte! — sich, der sich zur Wiedervereinigung mit den sozialdemokratischen Parteien neigenden Elemente innerhalb des Spartakusbundes erinnere".

So grob Gen. Seupel angebliche Fehler der Vergangenheit Arbeiterschaft

Alles ging nach Plan: Ernst wurde wieder in das fünfköpfige Polbüro gewählt. Bald aber folgten bedrückende Briefe:

»Nun bin ich wieder in Berlin, müde von den Kongreß-Anstrengungen und der noch nicht ganz geschwundenen Erkältung und, trotzdem alles im Endresultat so verlaufen ist, wie ich es erwartete, doch enttäuscht. Die Haltung eines Teils meiner früheren Freunde schadet der Partei und schafft neue Gefahren; auch ist es natürlich kein Vergnügen, wegen ihrer eigenen Dummheit noch bekrittelt zu werden. Die Wahl ist erfolgt, auch ins Polbureau – doch behalte ich daneben vorläufig noch den Pressedienst [. . .]«

Das Bündnis mit Ernst wurde formell gebilligt, die Über-einkunft wurde formell unterzeichnet. Aber die »Hoch-zeit«, wie man es bei einer vorbereitenden Konferenz nannte, erwies sich als ein Zermürbungskrieg. Die Situa-tion blieb so unhaltbar, wie sie vor dem Parteitag gewe-sen war. Die Linke, von der Komintern als die »histori-sche Führung« umschmeichelt und bejubelt, hatte ihre düstere Vergangenheit vollkommen verdrängt. Die Mit-telgruppe wurde als suspekt behandelt. Man konnte sich wesentlich sicherer fühlen, wenn man zur »Elite« gehört hatte, obwohl deren Politik fallen gelassen und deren Hauptmatadore, Ruth Fischer und Maslow, verdammt und in die Wüste geschickt worden waren.

Die Vorschläge und Resolutionen, die Ernsts Gruppe einbrachte, wurden still und heimlich akzeptiert. Ernsts Leitartikel erschienen anonym. Es ist ja nicht unbedingt notwendig, daß solche Artikel gezeichnet werden, und Ernst dürfte kaum bemerkt haben, daß man seinen Na-men wegließ. Es konnte ihm jedoch nicht verborgen blei-ben, daß darin Methode lag, wenn Artikel von Thälmann und anderen Favoriten stets mit deren Unterschriften er-schienen. Aber das waren harmlose Nadelstiche im Ver-gleich zu der kunstreichen Kampagne der Komintern, die zur Lüge Zuflucht nahm, um Ernst in Verruf zu bringen. Ernst sah sich gezwungen, im März 1927 an die *Prawda* und an TASS zu schreiben:

Ernst Meyer an:
1.) Die Redaktion der *Prawda* in Moskau
2.) Die Redaktion der TASS in Berlin

Berlin, den 17. März 1927

Werte Genossen!
Ich ersuche um Aufnahme folgender Berichtigung:

In Ihren Berichten über den Essener Parteitag der KPD wird von mir als dem »früheren Anhänger der Gruppe Brandler-Thalheimer« gesprochen und gesagt, ich hätte im Interesse der Konzentration die Notwendigkeit unterstrichen, »offen die früheren Fehler einzugestehen«.

Ich muß dazu folgendes feststellen:

Ich habe sofort im Oktober 1923 gegen die Fehler der damaligen Brandler-Zentrale scharf Stellung genommen und gehörte der sogenannten Mittelgruppe an, die von der Exekutive keineswegs als opportunistisch bekämpft wurde; vielmehr verlangte die Exekutive, daß die damaligen Linken mit der Mittelgruppe ein Bündnis auch in der Parteiführung schlössen.

Nach dem Frankfurter Parteitag (Frühjahr 1924) ging ein Teil der Mittelgruppe zu Ruth Fischer über, und seither bezeichnete Ruth Fischer den Rest der Mittelgruppe als »brandleristisch«. Mein »Opportunismus« bestand unter anderem in Vorschlägen zur Bekämpfung des Dawesplanes und zu den Steuerfragen, deren Richtigkeit von der Exekutive und selbst von dem Genossen Sinowjew auf der VI. Erweiterten Exekutive ausdrücklich anerkannt worden ist.

Zu dem Berliner Parteitag der KPD (Juli 1925) veröffentlichte ich mit einigen Genossen eine detaillierte Plattform in Form eines Offenen Briefes, den als opportunistisch zu kritisieren bisher niemand auch nur den Versuch gemacht hat. Mit dieser Plattform solidarisierten sich auch Genossen der früheren Brandler-Gruppe.

Alle diese Tatsachen werden durch meine Erklärung vom 24. Dezember 1926 nicht aufgehoben, sondern bestätigt.

In der Erklärung anerkenne ich die Beschlüsse der VII.

Exekutivsitzung – diese Beschlüsse enthalten kein Wort der Kritik gegen mich.

In der Erklärung wiederhole ich meine Bereitwilligkeit, gegen Fehler der Genossen Brandler und Thalheimer zu kämpfen, so »wie ich das wiederholt getan habe«.

Diese Erklärung enthält keine Verpflichtung, nachträglich eine ultralinke Kritik an Brandler zu übernehmen.

In der Erklärung anerkenne ich die Führung des ZK. Die Erklärung nennt als Voraussetzung dieser Anerkennung mein Recht der Kritik in den führenden Organen der Partei. Wie weit dieses Recht von mir in Anspruch genommen wird, habe ich auf dem Essener Parteitag deutlich gesagt.

Meine Erklärung wird ergänzt durch eine Vereinbarung zwischen ZK und mir, worin mir die volle Garantie meiner Mitarbeit zugesichert wurde.

Angesichts dieser Tatsachen ist mir der Kommentar in dem TASS-Telegramm vollständig unverständlich.

gez. Ernst Meyer

Er schrieb auch an das Polbüro:

Copie
Leysin, 28. 11. 27.
An das Polbüro.
W.G.,
in seiner Antwort auf Sinowjews 21 neue Bedingungen ist Gen. Kuusinen in dem Punkt über die Parteiführung auf Sinowjews Demagogie prompt hereingefallen.

Ich erinnere daran, daß das September-Plenum des ZK der KPD die Methode, einzelne Mitglieder des ZK gegeneinander auszuspielen, ausdrücklich im Interesse der Partei verworfen hat. Die Antwort des Gen. Kuusinen, wo er mir die »linkeren« in der Vergangenheit »weniger belasteten« Führer gegenüberstellt, steht im völligen Widerspruch zu den auf dem September-Plenum gefaßten Beschlüssen.

Mein Versprechen loyaler Zusammenarbeit erlaubt ihm nicht, eine illoyale Gegenüberstellung der Polbureau-Mitglieder in bezug auf ihre Vergangenheit zu machen. Es bedeutet eine Irreführung der Parteimitglieder, wenn Gen. Kuusinen behauptet, ich selbst hätte in meiner Erklärung meine rechten Fehler anerkannt. Ich sehe nichts Verwerfliches darin, begangene Fehler anzuerkennen. Aber Gen. Kuusinen weiß genau, daß er auf der 6. Erweit. Exek. auf meine wiederholten dringenden Anfragen, worin denn meine »rechten Fehler« bestanden, mir antworten mußte, sie seien in meinem »Unterbewußtsein« vorhanden. Gegen solche Werturteile kann man nicht gut kämpfen. Wer sie öffentlich ausspricht, macht eine Konzession an die Ideologie der Opposition, jeden Genossen, der keine ultralinken Fehler begangen hat, als »Rechten« zu bezeichnen.

Ich ersuche das Polbureau, dem Gen. Kuusinen von meinem Brief Kenntnis zu geben und ihn darauf aufmerksam zu machen, daß weder falsche Behauptungen über einzelne Polbureau-Mitglieder noch der Versuch der Differenzierung zwischen führenden Genossen den Interessen der Partei und der Vereinheitlichung der Führung dienen. Ein solcher Beschluß wird sicher auch den Gen. Kuusinen veranlassen, seine Behauptungen richtigzustellen.

Mit Parteigrüßen
gez. Ernst Meyer

Ein paar Monate später hielt er es für nötig, auch an Bucharin zu schreiben:

Werter Genosse Bucharin,

in Ihrem Schlußwort auf dem 15. Parteitag behaupten Sie, daß ich mich in meiner Erklärung von meinen früheren Fehlern losgesagt habe. Unter Bezugnahme auf mein Schreiben vom 28. November 1927 an das ZK der KPD betreffend den Genossen Kuusinen, der in seiner Antwort auf Sinowjews 21 neue Bedingungen ähnliches behauptet hat, und auf die Antwort des ZK der KPD an den Genossen Kuusinen, erkläre ich folgendes:

In meiner Erklärung vom 24. 12. 1926 ist kein Wort von früheren Fehlern enthalten.

Bei meiner Erklärung handelt es sich vielmehr darum, ob ich zu jener Zeit auf öffentliche Kritik im Interesse der Konzentration verzichte.

Andere Behauptungen sind eine Unwahrheit. Ich erwarte, daß auf der Sitzung des EKKI die Angelegenheit berichtigt wird.

Mit kommunistischem Gruß!

Ernst Meyer

Als Ernst mich im April in meinem Leysiner Sanatorium besuchte, merkte ich, daß sein Gesundheitszustand sich besserte, und ich wagte zu hoffen, daß er die »Erklärung« vergessen habe und seine Arbeit wieder aufnehmen wolle. Aber kaum waren wir wieder in Deutschland, ging eine sichtbare Veränderung an ihm vor. Er arbeitete wie gewöhnlich, jedenfalls versäumte er keinen Tag und keine Stunde. Aber er war immer sehr müde und apathisch. Er kam so schnell wie möglich nach Hause, wie früher, aber er sprach kaum noch, und das Lachen war aus unserem Hause fast ganz verschwunden. Die Wochenenden verbrachte er gewöhnlich auf Konferenzen, meistens außerhalb der Stadt. Einmal, an einem Sams-

Abteilung: ...V/5... Gehr.......
Bei Beantwortung ist unbedingt die genaue
Angabe der obigen Zeichen erforderlich.

Berlin, 6.Dez.1927.

-C EZ.1927 (:" :"::.

An den

Genossen Ernst Meyer,

z.Z. Leysin/Schweiz.
Sanatorium Monrepos.

Werter Genosse Meyer!

Das Polbüro hat auf Deinen Brief betr.Artikel des Gen.Dengel
in der "Komm.Internationale" folgendes beschlossen:

Da nach Deiner Auffassung der Artikel des Gen.Dengel einen
Teil der Geschichte der deutschen Arbeiterbewegung und der Partei falsch
und mangelhaft dargestellt hat, hält es das Polbüro für zweckmässig, dass
Du einen Artikel über dasselbe Thema, wie der Gen.Dengel, für die "Komm.
Internationale" schreibst. Eine Polemik gegen den Artikel des Gen.Dengel
kann selbstverständlich in Deinem Artikel enthalten sein. Das Polbüro legt
aber Wert darauf, dass diese Polemik in kameradschaftlicher Weise geführt
wird.

Wir bitten Dich Deinen Artikel vor Absendung an die Redaktion der "Komm.Intern." dem Polbüro vorzulegen.

Mit komm.Gruss

Zentralkomitee der KPD
Sekretariat.

tagnachmittag, kam er bleich und zitternd heim. Eigentlich hätte er am Abend abreisen müssen, um zur Sonntagskonferenz pünktlich zu sein, aber er schaffte es nicht und entschloß sich, am anderen Morgen einen Frühzug zu nehmen.

Das war der Beginn einer Krankheit, die mit seinem frühen Tode endete. Sein Fieber wollte nicht sinken, und bald wurde klar, daß dies mehr war als eine gewöhnliche Erkältung und daß auf jeden Fall mehr als ein Ferienmonat nötig sein würde, bis er wiederhergestellt wäre. Für mich selbst war die Urlaubszeit um, der Herbst näherte sich, und ich mußte zurück nach Leysin, um mich weiter behandeln zu lassen. Ich weigerte mich zu fahren, bis Ernst versprach, für mindestens zwei Monate mitzukommen. Unser Freund Weil hatte inzwischen das Vermögen seines Vaters geerbt und bot an, unsere Rechnungen zu bezahlen.

Ernst litt an unerträglichen Schmerzen in der Brust. Niemand kannte die Ursache, und er selbst vermutete im stillen, daß es Krebs war. Er trug es mit stoischer Gelassenheit, ohne je zu klagen, ohne je Gereiztheit oder andere Anzeichen des Krankseins zu zeigen. Er erzählte mir erst dann von seiner »Diagnose«, als sich herausgestellt hatte, daß es »nur« Tuberkulose war.

Handelte es sich um ein selbstauferlegtes Übel, weil ein »überforderter Geist nicht mehr funktionieren wollte und dem Körper befahl, ihm die Last abzunehmen«? Es schien plausibel. Wollte er denn überhaupt noch leben? Sein Glauben an die Revolution, das heißt an die Partei, beides war für ihn nicht zu trennen, war zu stark. Zwar errangen die Kommunisten bei den Wahlen 1928 dreieinviertel Millionen Stimmen, und neuer Optimismus wuchs bei einigen Führern, aber die Partei selbst war krank. Die ungesunde Atmosphäre, geschaffen durch Stützung der Linken und Bekämpfung der Rechten, verdarb die ganze Organisation. Der moralische Abstieg ließ unausweichlich auch das theoretische Niveau auf einen Tiefstand absinken. Es gab viele Schulen für das Studium des Marxismus-Leninismus, aber die Gegenüberstellung des abstrakten theoretischen Wissens mit dessen Anwendung in der Praxis brachte bloß neue Verwirrung hervor.

Die Partei kann sich nicht über das Niveau ihrer Führung hinausheben, und die Führung der deutschen Partei lag nun einmal in den Händen von Thälmann und Dengel.

11

Berlin, 5. Juni 1928

An

das Polbureau.

W.G,

Genosse Münzenberg teilte bereits vor einigen
Tagen einem mir bekannten Genossen mit, daß
"wir" – also auch er – beschlossen hätten, Kurt
"und Robert abzusägen. Meine Frage, ob solche
Absichten bestehen, hat mir heute ein Polbureau-
Mitglied bejaht.

Ganz abgesehen davon, daß mir nicht bekannt ist,
daß Gen. Münzenberg ~~irgendwo~~ außerhalb ~~der~~ ~~f..~~
~~und Fraktion~~ derartiges "beschliessen" könnte,
halte ich die Entfernung der beiden Genossen
und die damit verbundene Entfernung des Gen. Stephan
aus H. für sachlich unbegründet und parteipoli-
tisch schädlich.

Ich protestiere gegen diese Pläne und bitte,
falls es zu einer Abstimmung im Polbureau
kommen sollte, im Protokoll zu vermerken, daß
ich dagegen stimme.

Dagegen halte ich es für dringlich, daß das Polbureau
sich sofort mit der Auswertung der Wahl be=
~~schäftigt~~ und einen entspechenden Aufruf ~~an~~
veröffentlicht.

Mit Parteigruß!
Ernst Meyer.

13
Rußland 1928

Ich sehnte mich nach Rußland. Im Herbst 1925 hatte ich
es verlassen – auf dem Höhepunkt seiner Genesung von
Krieg und Bürgerkrieg. So wie die Russen selbst sah ich
einen langen, geraden Weg voller Errungenschaften und
Verbesserungen vor uns liegen, der schließlich zu unserem endgültigen Siege führen müßte. Ich brannte darauf,
endlich wieder jenen Pioniergeist, jene Experimentier-
lust zu atmen und für ein Weilchen das schale und ereig-
nislose Leben auf der westlichen Seite der Welt zu vergessen. Der Gedanke schien vernünftig; es gab keinen
besseren Ort als Rußland für eine lange Heil- und Erho-
lungskur. Freunde in Eupathoria hatten mir angebote,
jederzeit meinen Sohn aufzunehmen, und es gab dort ein
hervorragendes Sanatorium für Knochentuberkulose.
Außerdem war ich der Meinung, daß Ernst in der
Schweiz den deutschen Ereignissen, den Zeitungen und
alledem viel zu nahe war. Gewiß, im Spätsommer sollte
der 6. Kominternkongreß stattfinden, aber Ernst würde
außer Reichweite sein, und große Umwälzungen waren
ohnehin nicht zu erwarten.
Anfang Juni 1928 fuhren wir von Lugano aus in Richtung
Sowjetunion; in Berlin verbrachten wir nur wenige
Tage.
Zu den vielen Leuten, die uns während dieser Tage be-
suchten, gehörte auch Thälmann, der Ernst zu einer Pri-

vatkonferenz aufsuchte. Zum ersten Male konnte ich den Mann, dem die Geschicke der deutschen revolutionären Bewegung anvertraut waren, näher in Augenschein nehmen. Ein tödlich verlegener Mann Ende dreißig, nett anzusehen, hastete zu Ernst ins Zimmer. Er gönnte mir im Vorbeilaufen nicht einmal ein einfaches Kopfnicken, geschweige denn den üblichen deutschen Händedruck. Es muß wohl die Atmosphäre unseres »Intelligenzler«- Heims gewesen sein, die ihn so durcheinanderbrachte. Trotz seiner hohen Stellung, trotz all der Schmeichlerei und dem Getue des »Persönlichkeitskults«, die ihn umgaben, blieb er seine gesamte Amtszeit hindurch ein »Prolet« – was möglicherweise seine persönliche Anziehungskraft ausmachte.

Als die Konferenz bei Ernst beendet war, ging er mit einem hilflosen Lächeln ebenso eilig, wie er gekommen war.

»Was für ein reizendes Kind«, rief ich. Ernst lachte und sagte, daß er von Teddys Manieren immer ganz hingerissen sei. »Teddy«, vielgeliebter Spielzeugbär, war der zärtliche Spitzname, den die gewitzten Berliner ihm gegeben hatten.

Thälmann war auch ein Opfer der Komintern. Als hingebungsvoller Revolutionär und guter Redner mit feiner Antenne für die Stimmung in der Arbeiterschaft war er ein hervorragendes Medium für die Vermittlung von Theorien und Meinungen anderer Leute. Als Denker war Thälmann dürftig, zu theoretischen Studien war er nicht geschaffen, ihm fehlte sogar die Selbstdisziplin, sich das kulturelle und theoretische Niveau des guten Durchschnittsgenossen zu erarbeiten.

Auch als Mensch war er nicht besonders standfest, wie sich an seiner raschen Abkehr von Ruth Fischer und auch an gewissen persönlichen Gepflogenheiten zeigte. Er trank, und ab und zu trank er auch etwas mehr, als er vertragen konnte.

Als proletarisches Schmuckstück in Ruth Fischers Zentrale hatte er eine sehr hübsche Figur gemacht. Ihn zum unangreifbaren Führer des deutschen Kommunismus zu machen hieß jedoch, die Bewegung zu enthaupten und zugleich einer höchst attraktiven, fähigen Persönlichkeit den Boden unter den Füßen wegzuziehen und sie zu einer bloßen Marionette zu degradieren.

Ich habe einmal gesagt, daß der viel erfahrenere und gebildetere Eberlein, dem der gleiche Vorzug der proletarischen Herkunft zu eigen war und der, anders als Thälmann, unter den ersten Spartakisten gewesen war, für die Rolle doch viel besser geeignet sei. Darauf entgegnete Eberlein, er kenne seine Grenzen und hätte das niemals angenommen. Warum hat Thälmann angenommen, der im Grunde anspruchslose, ehrliche Teddy?

Er begann seine große Karriere in Ruth Fischers Zentrale, die von theoretischem Genie nicht gerade funkelte. Er spielte seine Rolle sehr gut und gewöhnte sich im Laufe der Zeit an sie. Er hat ohne Zweifel auch viel gelernt. Kluge Leute behaupten ja, daß der Mensch mit fast jeder Aufgabe fertig wird, wenn man ihm genug Zeit dafür läßt. Ernst hat mir erzählt, daß er damals, als man ihn zum obersten Führer wählte, überhaupt keine Hemmungen gehabt habe.

Thälmann sah nichts Verkehrtes darin, daß ihm der begabte Heinz Neumann die Artikel und wichtigen Reden schrieb. Im übrigen meinte er naiv, die großen Entscheidungen fielen sowieso in der Komintern, die es am besten wüßte.

Die Macht der Gewohnheit wirkte so stark, daß auch die

höheren Ränge der Parteifunktionäre am Ende so weit waren, daß sie an den Thälmann-Mythos glaubten. Entsetzt angesichts der drohenden Machtergreifung Hitlers lief einer der russischen Emissäre doch wirklich zu Thälmann in der Hoffnung auf Erlösung. Starr vor Staunen erzählte er mir, er habe einen verzweifelten und verwirrten Menschen vorgefunden, der ihm gestanden habe, daß er nicht die leiseste Ahnung hätte, was er tun und was er sagen sollte.

Noch etwas anderes bewog mich, nach Rußland zu reisen: Der erste Wirtschaftsprozeß gegen eine Clique von Industrieexperten stand bevor; sie hatten mit dem feindlichen Ausland konspiriert, um den Fortschritt der Wirtschaftsentwicklung Rußlands zu blockieren. Sie hatten vorsätzlich Mißwirtschaft betrieben und Produktionsstockungen verursacht, die zur Vernichtung von Werten und sogar Menschenleben geführt hatten. Alle bekannten sich schuldig. Und das war etwas Neues: Geständnisse und Selbstanklagen in einem Umfang, daß jeder, Freund und Feind, in heller Aufregung war. Die Angeklagten, so wurde erklärt, hatten sich dem *moralischen* Druck der neuen sozialistischen Gesellschaft gebeugt. Ein weiterer Sieg der neuen Ordnung – warum nicht? Es geschahen so viele wundersame Dinge – ich war es zufrieden und sah der Sache mit freudiger Erwartung entgegen.

Es waren die ersten Verhandlungstage; obwohl ich Schmerzen hatte und mir nicht gut war, setzte ich alles daran, mir unverzüglich Zutritt zum Säulensaal zu verschaffen, wo der Prozeß stattfand. Ich richtete es so ein, daß ich so nah wie möglich an das Gericht herankam, denn ich wollte mir nicht ein Wort, nicht eine Geste dieser einzigartigen Angeklagten entgehen lassen. Ja, ich war so nahe dran, daß ich eine kleine Störung verursachte. Krylenko, der öffentliche Ankläger, erspähte das »fremde Element« im Saal und unterbrach die Verhandlung, um der Sache nachzugehen. Was befürchtete er? Es war schließlich eine öffentliche Verhandlung.

Ich hörte zu, beobachtete die Gesichter und die knappen Bewegungen der Angeklagten, und meine Bestürzung wuchs. So benimmt sich, so blickt kein normaler Mensch. Zu derart abscheulichen, widerwärtigen Verbrechen bekennt man sich nicht in dieser glatten und selbstgefälligen Art, als bete man eine auswendig gelernte Hausaufgabe her, vorbehaltlos und beflissen. Wenn es – selten genug – vorkam, daß der reibungslos dahinfließende Redestrom zu stocken drohte, dann waren sogleich zwei oder drei Zeugen zur Hand, die die Geschichte zu Ende führten. Und das unter dem zustimmenden Kopfnicken der Angeklagten selber.

In einer Verhandlungspause geriet ich an eine Gruppe von Ehefrauen und Angehörigen der Angeklagten. Sie wirkten sonderbar unberührt. Weder Angst noch übermäßige Aufregung sprachen aus ihrem Benehmen, es war, als wäre der Prozeß für sie irgendwie unwirklich, so etwas wie ein Spiel.

Verstört kehrte ich ins Hotel zurück. »Da stimmt etwas nicht, Ernst«, sagte ich, »es ist nicht normal. Das Ganze hat etwas von einem Alptraum.«

»Vielleicht war der Prozeß *politisch* nicht gut genug vorbereitet«, meinte Ernst.

An der Richtigkeit der Anklage hegten wir beide nicht den leisesten Zweifel. Aber ich war beunruhigt und suchte nach überzeugenden Erklärungen. Die Urteile

KP-Versammlung in Berlin, 1932

waren ein neuer Schock für mich. Sie erschienen mir willkürlich, bar jeder Logik. Dieselbe Anklage, im wesentlichen die gleichen Voraussetzungen und mildernden Umstände – und dennoch unterschiedliche Urteile, von verhältnismäßig geringfügigen Strafen bis hin zur Erschießung. Ich schlug Ernst ein Spiel vor: Ich wählte ein paar
Fälle aus, schilderte ihre wichtigsten Merkmale und ließ
dann Ernst die Urteile erraten. Nicht in einem einzigen
Fall traf er das Richtige . . . Hier kamen mir zum ersten
Male schmerzliche Zweifel an der Unfehlbarkeit der So-
wjetjustiz.
Nach meinen Beobachtungen im Verlauf des Prozesses
glaubte ich den Schlüssel zu den Geständnissen gefunden
zu haben. In einem Netz zahlloser Zeugen gefangen,
konfrontiert mit anderen Angeklagten, vor denen sie sich
ehrlich und auf Gegenseitigkeit schuldig fühlten (immerhin hatte es Produktionsstörungen und schwere Be-
triebsunfälle gegeben), mochten sie den fruchtlosen

Kampf leid gewesen sein und sich entschlossen haben, aufzugeben. Damit konnten sie zumindest die Richter etwas milder stimmen . . .

Und doch – war hier nicht die Obrigkeit selbst auf ein teuflisches Komplott hereingefallen? Dieser Prozeß beraubte die Wirtschaft hochqualifizierter, erfahrener Experten und säte Angst und Verwirrung ringsherum; es war offenkundig, daß er den Feinden des Sowjetstaates am meisten nützte.

Ernst wurde in Moskau sehr herzlich empfangen. Ungeachtet aller Kontroversen war Bucharin außerordentlich nett und hilfsbereit. Er übernahm es höchstpersönlich, alle Vorkehrungen für Ernsts Behandlung zu treffen, und er schickte uns einen Strom der besten Fachärzte ins Haus, die Moskau aufzubieten hatte, zum großen Mißvergnügen von Ernst, der nicht endende medizinische Untersuchungen über sich ergehen lassen mußte. Bucharin besuchte ihn häufig und war reizend in seiner schlichten und warmherzigen Art. Es war wie ein gutes Vorzeichen für die Politik des kommenden Parteitages – Bucharin war jetzt Leiter der Komintern –, und Ernst fühlte sich beruhigt.

Unser Sanatorium mit sechshundert Patienten und einem Riesenstab von rund vierhundert Ärzten, Krankenschwestern, Arbeitskräften und Küchenpersonal war eine kleine, abgeschlossene Welt für sich. Sie bot ein gutes Beobachtungsfeld der sozialen und zwischenmenschlichen Beziehungen. Ich kam bald zu dem Schluß, daß zwischen dem bewußten sozialen Scheitern und der blasierten, unerschütterlichen Gleichgültigkeit nur ein sehr schmaler Raum blieb.

Der Ort stellte alle unsere Erwartungen in den Schatten. Die ärztliche Versorgung und die Ernährung lagen weit über dem »bürgerlichen« Schweizer Standard. Aber die Sache hatte auch einen Haken, der beständigen Ärger verursachte: Die Küche war der wunde Punkt. Geflügel und Fleisch pflegten so zäh zu sein, daß man es wirklich nicht essen konnte, und so wurde es in großen Mengen weggeworfen; Suppen, Gemüse und geschmortes Obst rührte kaum jemand an. Wir alle waren Langzeitpatienten, viele verbrachten Jahre im Bett; wir hatten alle nicht gerade gewaltigen Appetit, vor allen Dingen nicht auf lieblos zusammengekochte Speisen, die nach nichts schmeckten.

Ich sprach darüber mit unserem behandelnden Arzt. Er klagte über Versorgungslücken und andere nicht in seiner Kompetenz liegende Schwierigkeiten.

»Aber wie ist es zum Beispiel mit unserer Hühnersuppe? Man schickt uns riesige Teller voll davon herauf, ein unverzeihliches Übermaß an Wasser, das nach nichts mehr schmeckt. Das ist zu viel verlangt von einem armen kleinen Suppenhuhn. Alle beklagen sich. Kann man uns denn nicht statt dessen kleine Portionen von etwas Nahrhafterem geben? Dasselbe gilt für euer Obstkompott, es ist in viel zu viel Wasser aufgelöst. Das liegt ganz bestimmt nicht an Versorgungslücken.«

»Das dürfen wir nicht«, erklärte er entschieden. »Wir haben Anweisung, bestimmte Quantitäten zu liefern. Wenn wir uns nicht an die Bestimmungen halten, könnte es Beschwerden geben, und dann geraten wir unter schweren Beschuß.«

»Aber was ist denn mit unseren begründeten Beschwerden? Sie sind doch für unsere Gesundheit verantwortlich. Sie sind Arzt.«

»Da sind wir machtlos. Wir können die Bestimmungen nicht ändern. Vielleicht später einmal, nach einer gewissen Zeit. Übrigens – *Sie* können doch alles haben, was Sie haben möchten. Ich werde Ihnen sofort den Küchenchef heraufschicken, Sie können mit ihm Ihren Speiseplan besprechen.«

Auf Bucharins persönliche Anordnung hin sollten wir Vorzugsbehandlung genießen, was das Essen betraf und überhaupt. Ernst lehnte das ganz entschieden ab.

»Das Essen ist reichlich, aber mein Mann hat dieselben Einwände: Er möchte sich nicht die Zähne daran ausbeißen.«

Es gab auch andere Unzulänglichkeiten. Sie wären leicht zu korrigieren gewesen, hatte man doch Handwerker, Techniker und Werkzeug bei der Hand. Ich denke an einen typischen Fall: Fürsorglich, um den Patienten den weiten Weg zum Hause zu ersparen, hatte man am Strand, wo wir uns täglich sonnten, ein Toilettenhäuschen gebaut. Der Sitz war allerdings zerbrochen, was die Benutzung für die vielen körperbehinderten Patienten recht schwierig gestaltete.

»So sieht der schon seit mindestens zwei Jahren aus«, teilten mir Alteingesessene mit. Es hatte bereits eine ganze Reihe von Unfällen gegeben.

Ich sprach mit dem Doktor. Er war sehr unangenehm berührt – über solche Sachen sprechen Russen nicht. Er machte seine Notizen, aber es geschah nichts. Ich blieb hartnäckig. Er bat mich um Geduld, für morgen oder übermorgen oder so erwarte man den leitenden Arzt und der habe größere Vollmachten für die Anordnung von Reparaturen. Der Neuankömmling war ein hochintelligenter, kultivierter Mann und dazu noch ein Bolschewik alter Prägung. Er schaute oft bei uns herein, und bald teilte ich ihm meinen Kummer mit. Nichts geschah. Ich sagte es ihm noch einmal. Und noch einmal. Da wurde es ihm zu bunt: »Ihr Westeuropäer seid so entsetzlich verwöhnt, was macht ihr für Lärm um nichts.«

»Und ich bin entschlossen, hinter den verborgenen Mechanismus zu kommen, der euch davon abhält, eine kleine Reparatur vorzunehmen, die jede Hausfrau innerhalb von Tagen erledigt hätte. Ich werde die Sache, wenn nötig, an höchster Stelle vorbringen.«

Das war an einem Samstag am späten Nachmittag. Sonntags entfiel das Sonnenbad, aber ein aufgeregtes Mädchen kam gelaufen und berichtete, daß die große Tat vollbracht war.

Im allgemeinen sah alles nicht mehr so rosig aus wie bei meinem letzten Besuch im Jahre 1925. Vieles deutete auf offene Unzufriedenheit hin. Die Ernährungssituation war beunruhigend. Daß die Regierung eine gute Ernte versprach, irritierte vor allem die Bauern, die ihre Erträge zusehends dahinschwinden sahen, was allgemeinen Zynismus hervorrief. Ein Stimmungsumschwung war auch aus dem Benehmen der normalen Bürger abzulesen. Das Wort »Genosse«, das zuvor als begehrte Auszeichnung benutzt wurde, war jetzt ein Ausdruck der Geringschätzung: »Natürlich, für *Genossen* ist das allemal gut genug« und anderes mehr.

Der Handkuß und die »guten Manieren« alten Stils tauchten wieder auf. Von der ehemaligen Anpassung an Sprache und Auftreten der »Proletarier« war nichts geblieben. Im Gegenteil, die besser gestellten Genossen suchten nach bürgerlichen Standards zu leben.

Unter den Patienten befand sich eine Frau aus den oberen Rängen der Parteihierarchie. Sie beklagte bitterlich, daß ihr Kind, ein elfjähriger Junge, natürlich Junger Pionier, darauf bestand, in die Volksbücherei zu gehen: »Ich kaufe ihm jedes Buch, das er haben will, um ihn davon abzuhalten. Denken Sie nur, wie gefährlich es ist, wenn er da mitten unter die gewöhnlichen Kinder aus unsauberen Verhältnissen geht. Aber der Junge will das einfach nicht einsehen und schreit und tobt.« Ich sagte ihr, daß ich meinen Zwölfjährigen ins Pionierlager schickte und darauf bestand, daß er allein hinfuhr. »Pionier« sollte schließlich nicht bloß ein Wort sein. Sie war schockiert, aber die anderen Frauen applaudierten mir.

Die Frauen: intelligent, erfrischend, ehrgeizig, hart arbeitend trotz ihrer Krankheit. Ingenieurinnen, Laborantinnen, Agronominnen, Mathematikerinnen. Und sie waren ergreifend feminin in ihrem nicht zu unterdrükkenden Streben, schön zu sein, sie waren zauberhaft eitel, wenn sie auch auf karge Hilfsmittel angewiesen waren und der Puder nicht mehr taugte als weißes Mehl. Sie waren Kinder der neuen Ordnung und hielten jedem Vergleich mit den Frauen meiner Generation stand.

14

Der Fall Wittorf

Der Sechste Weltkongreß der Komintern fand statt. Ernst pflegte zu sagen, es sei ihm bestimmt, immer an Kongressen mit geraden Zahlen teilzunehmen. Jetzt war er in Rußland, aber er war nicht in Moskau, um seine Rolle zu spielen. Ich war eifrig damit beschäftigt, die russischen Zeitungsberichte für ihn zu übersetzen. Zunächst ließ der Verlauf der Tagung keine großen Veränderungen erwarten. Die Fehler der Linken wurden, wenn auch nur milde, kritisiert. Es war die Rede von »einer gewissen Neigung, die Einheitsfronttaktiken zu ignorieren, die immense Bedeutung der Gewerkschaftsarbeit mißzuverstehen und sich in revolutionärer Phraseologie zu ergehen«. Das war das Eingeständnis, daß die Grundirrtümer, deretwegen man die ehemaligen Führer zu »Ultralinken« erklärt hatte, nicht ausgeräumt waren. Verbesserungsvorschläge richtete man also nach links, während die Rechte als das »größere Übel« Gegenstand konzentrierter Angriffe war.

Manches war allein anhand der Zeitungsberichte nicht so leicht zu durchschauen. Ließen die offiziellen Resolutionen Raum für die Bekämpfung ultralinker Positionen, so wurde die Mittelgruppe der Nachsicht gegenüber den Rechten beschuldigt, und so ging die Mittelgruppe mit dem neuen suggestiven Namen »die Versöhnler« aus dem Weltkongreß hervor.

Ihr Kampf um die Einigung aller loyalen kommunistischen Kräfte stand jedoch vollkommen im Einklang mit
den Beschlüssen der Exekutive und der Partei. Daß
Thalheimer und Brandler wieder zur Parteiarbeit zugelassen wurden, war darüber hinaus ausgemachte Sache
gewesen. Ernst schrieb im März 1928 an das Polbüro:

Werte Genossen.
Bei der Beschlußfassung über die Parlamentswahlen
wird sicher die Kandidatur von Brandler und Thalheimer
auftauchen. Ich möchte Euch nicht im Zweifel darüber
lassen, daß ich eine solche Kandidatur für zweckmäßig
halte. Seitdem das EKKI die aktive Mitarbeit der beiden
Genossen zugelassen hat, stehen dieser Mitarbeit keinerlei grundsätzliche Bedenken entgegen. Die Frage, ob ihre
Mitarbeit jetzt tatsächlich richtig ist, kann nur bejaht
werden. Die Entwicklung seit Essen hat bewiesen, daß
die Ausschließung von Genossen, die in der Vergangenheit größere, in der Gegenwart kleinere Differenzen mit
der Partei hatten, von der Parteiarbeit schädlich, ihre
Heranziehung nützlich ist. Es wäre kurzsichtig, sich die
Lage durch Zurückweichen vor ultralinkem Geschrei erleichtern zu wollen. Nachdem in einem Rundschreiben
des ZK sehr richtig zur Verteidigung der Genossen
Brandler und Thalheimer gegenüber den Angriffen der
Maslow-Leute und der SPD aufgefordert worden ist,
müssen jetzt daraus auch die praktischen Konsequenzen
gezogen werden.
Wie steht es überhaupt mit der Verwirklichung unseres
Beschlusses auf Mitarbeit Thalheimers in Deutschland?
[...]

> Mit Parteigruß!
> Ernst Meyer

Indem sie die Rechte zum größeren Übel erklärte und die Mittelgruppe zu einem verdächtigen Zwischending, gab die Komintern der ehemaligen ultralinken Fraktion des Polbüros freie Bahn. Ernsts Gruppe wurde dementsprechend behandelt, und sie verließ den Weltkongreß als sehr enttäuschte und verbitterte Schar. Ihr Vertrauen in die russische Führung, schon ziemlich erschüttert durch deren frühere Fehler, war geschwunden. Rückblickend dämmerte ihnen, wie sinnlos es war, sich auf despotische »Offene Briefe« und auf Kurskorrekturen von außen zu verlassen.

Kaum war der Weltkongreß vorbei, da kam ans Tageslicht, daß Wittorf, Hamburger Parteisekretär und Freund Teddy Thälmanns, dreitausend Mark aus der Parteikasse unterschlagen hatte[27]. Thälmann hatte davon gewußt, hatte es aber mit zwei Angehörigen seiner Hamburger Clique so gedreht, daß die Sache vertuscht werden konnte. Es blieb unklar, ob Thälmann aus Angst oder aus Loyalität so gehandelt hatte. Denn Wittorfs Ernennung war nur mit Thälmanns persönlicher Intervention und gegen starken Widerstand durchgesetzt worden.

Die Versöhnler ergriffen das Gottesgeschenk sofort. An der Möglichkeit der offenen politischen Auseinandersetzung verzweifelnd, nahmen sie Zuflucht zu einem Umweg und inszenierten so etwas wie eine Palastrevolution. Auf einer Krisensitzung des Zentralkomitees deckten sie die Unterschlagung und Thälmanns Rolle in dem Fall auf.

Sofort reichte Thälmann seinen Rücktritt ein, er gestand, er jammerte, er weinte. Das Zentralkomitee war fest davon überzeugt, dies sei Thälmanns Ende, und es ließ seinen Führer wie ein Mann allein. Nur der quicke Neumann begriff rasch, was Thälmanns Sturz für Stalins Prestige bedeuten würde, und er beschloß, auf seine Stunde zu warten, indem er sich der Stimme enthielt. Neumanns Ratschlag war es in erster Linie zu verdanken, daß Thälmann sich an die Komintern wandte. Von da an lag die Sache in der Hand des Allmächtigen.

Die Meute verlor keine Zeit. Am anderen Tag, dem 27. September, erfuhr die Welt die schmutzige Affäre aus der kommunistischen Morgenpresse. Wir hörten die Neuigkeit von einem deutschen Genossen namens Schumann, der uns die *Rote Fahne* mitbrachte. Auch er war ein Komintern-Opfer, in Moskau auf Eis gelegt wie die prominenteren Genossen Brandler und Thalheimer. Er lebte, überflüssig, eingeengt, in seinem Privatleben frustriert, ausschließlich für die Partei. Er fühlte sich in seinem Exil sehr unglücklich und glaubte fest daran, daß er jetzt bald zusammen mit seinen Leidensgenossen nach Hause zurückkehren dürfte. Er plante und träumte. Es lag eine gemessene Ruhe in seiner Art, wie die Ruhe eines Kindes, das dabei ist, eine schwere Krankheit zu überstehen.

Ernst empfand von Anfang an Unbehagen über das Verfahren im Falle Wittorf. Er schrieb an Karl Becker:

Suuksu, den 30. 10. 28.

Infolge Mangel an Informationen kann ich die folgenden Bemerkungen nur unter Vorbehalt machen.

Trotzdem ich das Verhalten T[hälmanns] absolut nicht milde beurteile, tritt doch sein Fehler hinter dem des ZK zurück. Mir ist unbegreiflich, wie man an die Publikation in dem damaligen Zeitpunkt und dazu noch ohne Befragung des EKKI denken konnte. Wollte man die Sonderstellung T[hälmanns] auf das m. E. nützliche Maß beschränken, dann hat man gerade durch die Publikation das Gegenteil erreicht. Außerdem ist die Konzentration, das heißt, der engste Block mit den alten Linken ein politisches Ziel und eine Notwendigkeit für die Partei, nicht nur für die »Versöhnler« – ein Ziel, das nicht von dem guten Willen T[hälmanns] abhängig gemacht, sondern politisch durch eigenes richtiges Verhalten erkämpft werden muß.

Ich habe seit 1923 den Block mit den früheren Linken für wichtiger gehalten, als die Heranziehung Br[andlers] und seiner Freunde. Diesen Sinn hatte auch meine Erklärung vom 24. 12. 26. Ich denke nicht daran, gerade heute, wo die Produktionskontrolleure so vieles falsch tun, davon abzugehen. Wenn die Wahl stünde, gemeinsame Operationen mit Br[andler] und T[hälmann], gäbe es für mich kein Besinnen. Ich halte die Produktionler für eine überaltete sektiererische Gruppe. Die Artikel der besten unter ihnen (Th[alheimer]) sind der klarste Beweis dafür. –

Das schließt nicht aus, sondern ein die Abwehr der neuen organisatorischen Maßnahmen und die Warnung vor politischem Zickzack und allgemeinpolitischer Passivität des neuen Kurses. Ich würde meine Stellung dahin präzisieren – immer unter dem Vorbehalt genauerer Informationen:

1) formelle Anerkennung der Fehler des ZK-Beschlusses vom September;

2) unbedingte Abgrenzung von der Hausen-Gruppe;

3) verstärkte allgemein-politische Arbeit (nicht nur Kritik, sondern Vorschläge und Mitarbeit);

4) Kampf für Konzentration, was den gegen Maßregelung einschließt.

Aber Ernst zweifelte ebensowenig wie viele andere Ge-

Grigori Sinowjew

nossen daran, daß Thälmann erledigt war. Deutsche Arbeiter nehmen es vielleicht mit Gelddingen genauer als andere, sie konnten keinen Funktionär dulden, der in irgendeiner Weise in Unterschlagung verwickelt war. Der Sturz eines ausgesprochenen Stalin-Mannes mußte im übrigen Stalins Position bei den deutschen Arbeitern schwächen und Kritikern ihre Aufgabe erleichtern. Und

Nikolai Bucharin

nach der Serie der Fehleinschätzungen in jüngster Vergangenheit bestand begründete Hoffnung, daß die Komintern ihre Lehren ziehen und es den deutschen Kommunisten überlassen würde, sich ihre »historische Führung« selber zu schaffen und heranzuziehen.

Ernst brannte vor Ungeduld, nach Deutschland zurückzukehren, wo er, so meinte er, nötiger denn je gebraucht
wurde – zum Teufel mit unverheilten Wunden.

Mag sein, daß es nur Besorgnis um die Gesundheit meines Mannes war, die mich über die Dringlichkeit der
Lage skeptischer urteilen ließ. Aber meine Zweifel fanden in sehr aufschlußreichen Unterhaltungen mit russischen Genossen Unterstützung. Die russische Presse
hatte bis dahin den Mund gehalten, aber den Parteimitgliedern war der Fall doch zu Ohren gekommen. Alle
verfluchten sie die »Kleinlichkeit« der Deutschen: »Was
für ein Spektakel um das bißchen Geld.« Diese Sicht der
Sache war ziemlich erschreckend, und plötzlich wurde
mir klar, daß Thälmann unter gar keinen Umständen fallengelassen würde. Stalin war viel zu eng mit ihm verbunden, es würde seine eigene Stellung erschüttern, und er
war viel zu mächtig, als so etwas zuzulassen. Ich trug
Ernst meine Überlegungen vor. Er wies sie kategorisch
von sich: »Stalin ist schließlich nicht allein. Das Politbüro
entscheidet über diese Frage. Wer wird es *wagen*, für
Thälmann die Hand zu heben? An der Spitze der deutschen revolutionären Bewegung können sie nicht einen
Mann halten, der sich gelinde gesagt als schwach und labil
erwiesen hat. Außerdem hat er die Parteidisziplin grob
verletzt, als er in einer Parteifrage eigenmächtig und pri-
vat handelte. Solches Verhalten ist nicht zu dulden.«

Es hörte sich logisch an, aber ich war nicht überzeugt:
»Ich weiß nicht, *wie* sie es machen werden. Aber Stalin
steckt zu tief drin. Er wird es schaffen, mit Tricks und
Kniffen.«

Ernst dachte eine ganze Weile nach und sagte dann, für
Befürchtungen sei gar kein Anlaß. Stalin hätte den Fall
nur aus dem politischen, nicht aus einem persönlichen

Blickwinkel zu sehen. Wie konnte eine solche Situation entstehen? Der Vorsitzende hätte zwei Schwachstellen: Die eine sei Thälmanns völlige Isolierung; nicht einen einzigen Menschen hätte er in diesem Zentralkomitee, dem er so weit trauen könnte, daß er mit ihm solche Probleme besprechen dürfte – nicht einmal in seinem engsten Kreis. Die zweite sei die Tatsache, daß Thälmann Hamburg als sein persönliches Territorium betrachte und behandele. Wittorf sei dort als eine Art Statthalter eingesetzt worden, und keinem anderen Mitglied des Zentralkomitees werde das Eindringen in diese Bastion gestattet. Ein solcher Zustand brächte sehr leicht Korruption und Machtmißbrauch mit sich. Wäre es anderen Führern möglich gewesen, in Hamburg zu arbeiten, so wäre die Unterschlagung kaum vorgekommen, zumindest aber hätte man auf weniger beschämende Weise damit fertig werden können. Ernst sei von jeher der Meinung gewesen, daß ein solcher Zustand unhaltbar wäre.

Auf der anderen Seite, so fuhr Ernst fort, hätte auch das Zentralkomitee bei der Behandlung des Falles genügend Fehler gemacht – seine eigene Gruppe nicht ausgenommen. Stalin würde, wenn er die Schwachstellen säuberlich herauspickte, der Partei einen Dienst erweisen, ohne sein eigenes Prestige zu schädigen oder über Gebühr das von Thälmann. Selbst wenn Stalin nicht bereit sei, die Beschlüsse des Sechsten Weltkongresses generell zu korrigieren, so seien doch diese Fehler unschwer aufzudecken und zu kritisieren. Väterliche Ratschläge, heimzugehen und hinfort in Frieden zu leben, könnten sogar Stalins Position noch verbessern.

Aber dann kam das Verdikt der Komintern. Es kam so prompt wie niederschmetternd und übertraf die düstersten Erwartungen bei weitem[28]. Den Fakten hatte man überhaupt keine Beachtung geschenkt. Die Affäre wurde als gemeine Intrige verantwortungsloser Intellektueller bezeichnet, die in blinder Machtgier nicht davor zurückgeschreckt seien, die Interessen der Partei zu verraten. Leider sei es ihnen eine zeitlang gelungen, das Zentralkomitee »irrezuführen«, das einen falschen Beschluß gefaßt habe. Aber es habe seinen Fehler schnell wieder gutgemacht, und das ebenfalls wie ein Mann: Fünfundzwanzig ZK-Mitglieder taten am 5. Oktober, sobald sie vom Spruch der Komintern erfahren hatten, Abbitte, und einige, zum Beispiel Ulbricht, überstürzten sich, um zu beweisen, daß sie noch viel früher Buße getan hatten. Thälmann war reingewaschen und in seine frühere Position wieder eingesetzt. Und es war ihm kein bißchen peinlich, sie zu behalten.

Das Verdikt war eine grobe Verletzung nicht nur des Anstands, sondern der Vernunft. Und Stalin wußte nun, daß er die deutschen Führer wie Vasallen in einem eroberten Lande behandeln konnte. Es war sein erster großer Schachzug – nicht im Interesse Sowjetrußlands, wie seine Apologeten geltend machen, sondern in seinem eigenen Interesse an einer schweigenden, servilen Komintern.

Und das »deutsche Proletariat«? Als ich nach Berlin zurückkehrte, fragte ich einen jungen kommunistischen Arbeiter, was man in seinem Betrieb von der Sache hielte. Sie waren sehr bedrückt gewesen: Und wenn nun das Zentralkomitee heute eine Revolution beschließt, morgen aber seine Meinung ändert und sie wieder absagt? Von den Sozialdemokraten wurden sie geneckt und verspottet, und sie fühlten sich verschaukelt. Trotzdem waren sie zufrieden, daß Thälmann doch ein ehrenwerter Bursche war, und sie bemitleideten ihn eher. Thälmann war ein Arbeiter wie sie, und nachdem sie ihn einmal als ihren Führer akzeptiert hatten, lag in ihrer Haltung zu ihm Klassensolidarität.

Ernst war außer sich, als er den Spruch der Komintern hörte. »Ich fahre. Ich kann nicht einen Tag länger hierbleiben. Von dieser Regierung kann ich keine Gastfreundschaft annehmen.«

Er war noch bettlägerig und konnte sich kaum bewegen. Ich versprach, alle notwendigen Vorbereitungen zu treffen; sobald er reisefähig sei, würden wir aufbrechen. Aber wohin sollten wir gehen? Ich verstand seinen impulsiven Gefühlsumschwung – wer waren aber seine Gastgeber? Nicht Stalin, sondern das russische Volk. Auch im Dienste dieses Volkes hatte Ernst seine Gesundheit hingegeben. Er hatte die Frage falsch gestellt, und im Innersten meines Herzens hoffte ich, ihn zum Bleiben überreden zu können.

15

Die Rückkehr nach Ultralinks
1928

Ein paar Wochen lang blieben wir noch auf der Krim, weil die Ärzte es Ernst kategorisch verboten, abzureisen. Aber sie sprachen sich dafür aus, ihn in ein komfortableres Haus für Genesende umzuquartieren. Es war von der Crême der Sowjetgesellschaft bevölkert, meist schlichte, treue Genossen mit blinder Ergebenheit für die Partei. Viele von ihnen hatten Favoriten unter den Spitzenfunktionären, die jetzt unter Beschuß standen[29]. Da war ein großer Blonder, der sich gewaltige Mühe gegeben hatte, wie Jaglom zu werden, zu dem er noch vom Bürgerkrieg her Beziehungen hatte: »Jetzt ist sich Jaglom zu fein, er gibt sich nicht mehr mit einfachen Genossen ab! Jaglom ist ein hochnäsiger Bürokrat geworden! ... Es stimmt schon, Jaglom hat oft in der Parteizelle gefehlt, und bisher habe ich mir nie etwas dabei gedacht, ich war sicher, daß er gute Gründe hatte, zu fehlen – aber jetzt ...«
Wir wurden gute Freunde, hauptsächlich weil ich mit seinem Idol befreundet war, und er kam oft zu mir, um seine bittere Enttäuschung mitzuteilen. Ich versuchte, ihn zu trösten – aber was vermochte ich schon gegen die Behauptungen der Partei?
Die Angst, die ich 1922 hatte schrumpfen sehen und die 1925 gänzlich verschwunden schien, kam jetzt unmißdeutbar wieder zum Vorschein, sie bedrohte menschliche Beziehungen und, wie ich im Sanatorium entdeckte, den

Fortschritt des Landes. Es war sehr beunruhigend, aber meine russischen Freunde lachten mich aus. Natürlich, Schwierigkeiten hatten sie, es wäre ja töricht zu erwarten, daß es immer schnurgerade voran ging, aber es ginge ihnen doch sehr gut.

Die Novemberfeierlichkeiten schienen den Optimismus zu nähren. Wir fuhren ins Pionierlager, um dort dem großen Ereignis besonderes Gewicht zu verleihen. Die Pioniere hatten eine kunstvolle Schau vorbereitet mit Gesängen und Rezitationen. Und Tänzen! In jeder Schar russischer Kinder befinden sich mit Sicherheit eines oder zwei, in denen ein künftiger Nijinski oder eine Pawlowa steckt. Wer hat je eine solche Revolutionsfeier gesehen? Sogar Ernst hat für eine Weile seine Sorgen vergessen. Ein russischer Genosse sagte: »Überrascht euch das? Der Geist eines freien und glücklichen Volkes spiegelt sich in den Festlichkeiten.« Er muß wohl recht haben, dachte ich. Ich bin es, wir sind es, die den Wald vor Bäumen nicht mehr sehen. Stalin ist nicht alles.

Unser Rußlandaufenthalt fiel zusammen mit den entscheidenden Veränderungen der nachrevolutionären Periode – mit dem Ende der NEP und der Inkraftsetzung des Fünfjahrplanes. Auch war es uns möglich, aus nächster Nähe mit anzusehen, mit welchen Mitteln Stalin Widerstand brach und ein Regime errichtete, in dem die besten Bolschewikenführer nicht mehr fragten, wohin die Politik führte, sondern nur noch, was Stalin befehle. »Gegen Stalin kommt man nicht an, er ist zu mächtig«, war immer häufiger zu hören.

Als wir nach Moskau zurückkehrten, wurde unsere Unterkunft zum Mittelpunkt der russischen Opposition gegen den Ersten Fünfjahrplan. Jemand hat die Szene einmal mit einer Effektenbörse verglichen: Spitzenleute der russischen Wirtschaft, Wissenschaft und Politik überboten einander im Zitieren höherer und immer noch höherer Ziele. Die Kampagne gegen Bucharin war ein ausreichendes Indiz dafür, daß Mäßigung oder Zweifel als »Opportunismus« und als Mangel an revolutionärem Geist gebrandmarkt würden. Die Oppositionellen waren ziemlich überzeugt davon, daß niemand den Fünfjahrplan in seiner derzeitigen Form ernst nähme und daß er nur ein Schachzug im Dienste der finsteren Pläne Stalins sei. Sie fühlten sich sehr stark und vertrauten darauf, daß sie letztlich siegen würden.

Wie üblich informierte Ernst Stalin von seiner Ankunft in Moskau und stellte sich ihm zur Verfügung. Man konnte davon ausgehen, daß Stalin ihn zu sehen wünschte, wenn nicht um seine Meinung zu hören, so doch zumindest um zu versuchen, einen loyalen Partner in Deutschland für sich zu gewinnen. Schließlich war Ernst Mitglied des Politbüros und auch der Exekutive selbst[30]. Und er war vollkommen unschuldig an der Wittorf-Affäre. Hier zeigte sich erneut, daß Stalin für Überzeugungsarbeit und Zusammenarbeit unter Genossen nur Verachtung hatte und daß er alle hergebrachten Gepflogenheiten mißachtete – er ergriff die Gelegenheit nicht.

Die deutsche Linke, auserwählt, ihre revolutionäre Überlegenheit zu zeigen, nahm wieder einmal zur Prahlerei Zuflucht – die für Ruth Fischers Zeit so charakteristisch war. Und die führenden Bolschewiken, die aus Theorie und Praxis sehr genau wußten, wie gefährlich es ist, sich Illusionen hinzugeben, stärkten ihnen noch den Rücken. Ein typischer Fall: Die deutsche Partei stellte einen Streik, der sich gegen eine Aussperrung – also einen eindeutigen Angriff der Unternehmer auf die Arbeiterschaft, aus welchen Gründen sie auch immer verhängt wird – erhoben hatte, als »revolutionäre Offensive gegen die Kapitalisten« dar. Das trug sich zu, während wir noch in Moskau waren, und Ernst legte Protest ein. Ein langes Gespräch mit Gussew, der wie Ernst Mitglied der Exekutive war, schloß sich an. Gussew war ein persönlicher Freund Lenins gewesen, ein verdienter Revolutionär, der die revolutionäre Theorie beherrschte und der demnächst zum Leiter der theoretischen Abteilung der Komintern gemacht werden sollte. Er hegte viel Sympathie für Ernst, aber jetzt war er sehr ärgerlich. Ihre hitzige Auseinandersetzung führte zu nichts. Mit dem Rücken an der Wand half sich Gussew, der auch im Bereich von Militärfragen eine prominente Rolle spielte, mit einem vagen militärischen Begriff: »Einigen wir uns darauf, es einen Begegnungskampf zu nennen.«

»Da ich mit der Militärsprache nicht vertraut bin, weiß ich nicht, was das heißt«, war Ernsts Antwort. »Aber wir wollen nicht mit Worten spielen, sondern die Dinge beim Namen nennen und nicht unsere Führung lächerlich machen.«

Erschöpft kehrte Ernst aus der Schlacht zurück. Gleichzeitig aber amüsierte er sich über die Treuherzigkeit, mit der verschwommene Definitionen hervorgesucht wurden, die ihn so sehr an Ruth Fischers Tricks erinnerten. Lachend kam er ins Zimmer – so wie jemand lacht in der Vorfreude auf den guten Witz, den er gleich erzählen wird. Ich kannte dieses bittere Lachen nur allzu gut.

Es lag Methode in solch vorsätzlicher Konfusion. Sie gehörte zu der Theorie von der Existenz einer akuten revolutionären Situation, die in Ermangelung von Fakten mittels spektakulärer Erklärungen aufrecht erhalten werden mußte. Gussew fand es anscheinend leichter, unsinnige Anträge von deutschen Funktionären anzunehmen, als sich in einen Kampf gegen Stalin hineinziehen zu lassen.

Der plötzliche Rückfall in eine durch und durch ultralinke Politik war nicht politisch gezielt, sondern war Mittel zum Zweck, alle »unerwünschten Elemente« loszuwerden. Es gab nicht einen Funken von Rechtfertigung dafür, daß man eine Politik wieder aufnahm, die vor drei Jahren erst, als man sie fallengelassen hatte, die KPD bis ins Mark erschüttert hatte. Die Partei machte trotz all ihrer Mängel und Schwenkungen beträchtliche Fortschritte und gewann an Einfluß und Macht. Raum war weder für Resignation noch für unmittelbare, aufsehenerregende Siege. Es ging nicht darum, »die Machtfrage zu stellen«, sondern Einfluß auf die sozialdemokratischen Arbeiter zu gewinnen als Vorstufe zur Macht – um die »Gewinnung der Mehrheit der organisierten Arbeiterschaft«. Die drei Hauptpunkte waren: Einheitsfrontpolitik, Gewerkschaftsarbeit und Freiheit der Kritik und Selbstkritik, wie ein Jahr zuvor vom Essener Parteitag niedergelegt.

Dies waren die Hauptgegenstände des Streites zwischen den beiden Gruppen. Aber es wäre unmöglich gewesen, die »Versöhnler« und andere »Rechte« abzuhalftern und aus der Partei zu vertreiben, ohne daß man behauptet hätte, es seien ganz neue historische Bedingungen eingetreten, die neue Taktiken erforderten. Es mußte also eine »Dritte Phase« erfunden werden; man bediente sich des Buhmannes einer drohenden Kriegsgefahr und machte die Sozialdemokraten zu »Sozialfaschisten«, die Gewerkschaften zu uneinnehmbaren Festungen und untermauerte so die neue Politik.

Willi Münzenberg, auf dem Weg zur Reichstagssitzung, 1932

Wie künstlich die neue Linie war, zeigt sich am deutlichsten an den Resolutionen des XII. Parteitages vom Juni 1929:

»Die Veränderung der internationalen Lage, die Verschärfung des Klassenkampfes in Deutschland, die Perspektive des imperialistischen Krieges, die konterrevolutionäre Entwicklung der Sozialdemokratie und vor allem der neue revolutionäre Aufschwung der Arbeiterbewegung machten es zur gebieterischen Pflicht unserer Partei, ihre Taktik den neu entstandenen Kampfbedingungen anzupassen. Das Wesen der taktischen Wendung, die aufgrund der Beschlüsse der Komintern seit dem VI. Weltkongreß in Deutschland durchgeführt wurde, bildet der rücksichtslose, kühne Angriff auf den Reformismus, der Übergang von der agitatorischen Entlarvung der reformistischen Verräter und von der bloßen Sammlung und Vorbereitung der Arbeitermassen für den revolutionären Kampf zur selbständigen Leitung der proletarischen Massenaktionen gegen den deutschen Imperialismus. Die taktische Wendung der KPD bedeutet die Anwendung neuer Formen der revolutionären Massenmobilisierung, neuer Formen der proletarischen Einheitsfront von unten, neuer Kampfformen gegen die Bourgeoisie und den Reformismus ...

Bei verstärkter Fortsetzung ihrer oppositionellen Arbeit in den freien Gewerkschaften richtet die Partei in steigendem Maße ihre Orientierung auf die neuen Schichten des Proletariats, auf die Millionenmassen der unorganisierten Arbeiterschaft. Weit entfernt, die Partei von den Massen zu isolieren (wie die liquidatorisch-versöhnlerischen Opportunisten verleumderisch behaupten), erfüllt diese Taktik vielmehr die Leninsche Voraussetzung des Kampfes um die Macht: die Eroberung der Mehrheit des

Proletariats in den entscheidenden Zentren, ohne die ein Sieg der Revolution unmöglich ist ...

Diese Politik bedeutet nicht eine Einschränkung der bolschewistischen Einheitsfronttaktik, sondern die Verlegung ihres Schwergewichts nach unten, in die Betriebe, die Ausdehnung der proletarischen Einheitsfront bis weit über den Rahmen der freigewerkschaftlich und sozialdemokratisch organisierten Arbeiter hinaus, auf die Mehrheit des gesamten Proletariats ...

Die Partei, die heute – trotz allen Verleumdungen der Liquidatoren und Versöhnler – einheitlicher, stärker, fester, schlagkräftiger als jemals zuvor den Entscheidungskampf um die Eroberung der Arbeiterklasse aufnimmt, muß die neue Generallinie ihrer Taktik mit allen Mitteln und gegen jeden Feind bis zu Ende fortsetzen. Angesichts der Gefahren des Krieges, des Faschismus und der Illegalität verbindet sich die Partei noch fester mit den Nöten und Leiden, mit den revolutionären Forderungen und Kämpfen der ausgebeuteten Massen. Die taktische Linie der Partei ist klar auf die revolutionäre Perspektive der bevorstehenden Kämpfe gerichtet.«

Es ist sicherlich richtig, daß die Zurückhaltung, die die SPD ihren Mitgliedern auferlegte – »den organisierten Arbeitern« –, das größte Hindernis für die Revolution darstellte. Zugleich aber kam hier das unbewußte Eingeständnis der Kommunistischen Partei zutage, daß es auf die sozialdemokratischen Arbeiter weit mehr ankam als auf die unorganisierten. Ich bin bei so mancher Gelegenheit belehrt worden, daß man hinsichtlich ihres Wertes für die Revolution zwischen organisierten und nicht organisierten Arbeitern trennen müsse. Einmal riß mich der Anblick eines großen Demonstrationszuges hin.

»Zu viele Hausfrauen, Mädchen, junge Leute«, meinte Ernst ungerührt.

»Was hast du gegen Frauen und Jugendliche?« fragte ich leicht pikiert.

»Gar nichts. Aber für die Revolution brauchen wir die Fabrikarbeiter, die in einer Partei oder zumindest in der Gewerkschaft sind.«

»Auch die in der Sozialdemokratischen Partei?« Auch ich neigte dazu, die »revolutionären Unorganisierten« zu bevorzugen.

»Auch die.« Ernst argumentierte, ihre Mitgliedschaft sei der Beweis dafür, daß ihnen bewußt wäre, daß Veränderungen nötig seien, und daß sie bereit wären, etwas dafür zu tun. Sie läsen Zeitungen, gingen zu Versammlungen, zahlten ihre Beiträge. Sie wären keine gestalt- und gesichtslose Masse mehr. Sie hätten den ersten Schritt getan, und es sei unsere Aufgabe, sie zum Weitergehen zu überreden. Der anständige Teil der Unorganisierten fühle sich ziemlich schuldig, daß er mit untergeschlagenen Armen dasitze und zusähe, wie andere die Arbeit täten. Jetzt schmeichele man ihnen und erzähle ihnen, sie seien so viel besser als die erbärmlichen Anhänger der Sozialdemokratie. Sie stolzierten in ihrer neuen Bedeutung gewichtig einher und fühlten sich wer weiß wie, wenn sie gelegentlich einmal an unseren Kundgebungen oder Demonstrationen teilnähmen. Aber wir könnten uns bei keiner Aktion auf sie verlassen. Entweder würden wir jene irrenden organisierten Arbeiter, die sich im Netz einer starken, florierenden Organisation verfangen hätten, auf unsere Seite ziehen, oder es würde keine Revolution geben. Diese Arbeiter seien die besten, die wir hätten, und wir könnten sie aus keiner anderen Quelle beziehen.

Selbst Thälmann, der die Versöhnler wild bekämpfte, weil sie diese Binsenweisheit vertraten, riet der Partei plötzlich, einen Schritt weiter zu gehen und sich entschlossener und energischer um die *Facharbeiter* zu bemühen, die das stärkste Element der Organisierten bildeten (eine Schicht, die stets als der revolutionären Propaganda am wenigsten zugänglich gegolten hatte). Er gelangte sogar zu der richtigen Erkenntnis, was ein Erfolg in diesem Bereich für die Partei bedeuten würde: »Je besser wir das schaffen, um so besser werden wir auch die Unorganisierten für uns gewinnen können.« Aber solche Einsichten waren kurzlebig und rasch vergessen.

Es ist richtig, daß in Deutschland eine Krise heranreifte; Ende 1928 stieg die Arbeitslosigkeit alarmierend an, und auf allen Ebenen wuchs nicht mißzuverstehende Unruhe.

Dem aber war allein mit der energischeren Anwendung erprobter alter Taktiken zu begegnen. Und der Sechste Weltkongreß der Komintern fand es nötig, die Partei wegen Unzulänglichkeiten in eben diesem Punkte zu rügen.

Der Linksruck kam so plötzlich, daß sogar der clevere Walter Ulbricht außerstande war, Schritt zu halten. Noch im November 1928 bekannte er, treuer Gefolgsmann der Mittelgruppe, daß ihm nicht ein einziger Fall bekannt sei, in dem die »Versöhnler« die Rechte unterstützt hätten. Bald darauf fand er allerdings sein Gleichgewicht wieder und schloß sich eilig der Jagd auf die Versöhnler an. Am 1. Dezember 1928 schrieb er in Moskau einen Brief an Ernst:

»Du teilst mir mit, daß Du infolge der schlechten Witterung und der Überanstrengung im Zusammenhang mit der letzten Sitzung des Politsekretariats am Montag, 3. Dezember, nach Berlin zurückkehren willst. Ich halte es für notwendig, daß Du bis zur nächsten Sitzung des Politsekretariats noch hier bleibst. Folgende Gründe veranlassen mich zu diesem Vorschlag:

1. Nachdem Du und der Genosse Humbert-Droz in der letzten Sitzung des Politsekretariats als Korreferenten aufgetreten seid, und versucht habt, eine Plattform gegen die Linie der Komintern und des ZK zu entwickeln, ist es unbedingt notwendig, daß Du in der nächsten Sitzung des Politsekretariats die Stellungnahme der Mitglieder des Sekretariats anhörst und auch meine Antwort zur Kenntnis nimmst.

2. Ich glaube, wenn Du gesundheitlich in der Lage warst, ein 1 $^1/_4$-stündiges Korreferat zu halten, so bist Du sicher auch gesundheitlich in der Lage, die Antwort anzuhören.

Solltest Du dennoch am Montag abreisen, so kann man diese frühzeitige Abreise nur als Versuch betrachten, einer Stellungnahme zu dem Beschluß des Politsekretariats in der Frage der Politik der KPD hier auszuweichen.

Mit kommunistischen Gruß

Deutsche Vertretung beim EKKI   Ulbricht«

Daraufhin schrieb Ernst Meyer am 3. Dezember an die Mitglieder des Politsekretariats des EKKI:

»Ohne die hohen politischen Qualitäten des Genossen Ulbricht anzuzweifeln, der gleich scharfsichtig entdeckt hat, daß meine Verteidigung der Thesen des VI. Weltkongresses gegenüber den Verfälschungen durch die Mehrheit des ZK ›eine Plattform gegen die Linie der Komintern‹ ist, habe ich doch nicht das genügende Vertrauen zu Ulbrichts medizinischem Urteil, um meine schon lange notwendig gewordene Abreise hinauszuschieben. Im übrigen konnte ich auch heute nicht erfahren, wann die Fortsetzung der Politsekretariatssitzung endgültig stattfinden wird.

Mit kommunistischem Gruß   Ernst Meyer«

An den

Genossen Ernst M e y e r

z. Zt. M o s k a u

W.G.

Du teilst mir mit, dass Du infolge der schlechten Witterung und der Ueberanstrengung im Zusammenhang mit der letzten Sitzung
des Politsekretariats am Montag den 3. Dezember nach Berlin zurückkehren willst. Jch halte es für twendig, dass Du bis zur nächsten Sitzung
des Politsekretariats noch hier bleibst. Folgende Gründe veranlassen mich
zu diesem Vorschlag:

1. Nachdem Du und der Genosse Humbert-Droz in der letzten Sitzung des
   Politsekretariats als Korreferenten aufgetreten seid und versucht
   habt, eine Plattform gegen die Linie der Komintern und des Z.K. zu
   entwickeln, ist es unbedingt notwendig, dass Du in der nächsten Sitzung des Politsekretariats die Stellungnahme der Mitglieder des
   Sekretariats anhörst und auch meine Antwort zur Kenntnis nimmst.

2. Jch glaube, wenn Du gesundheitlich in der Lage warst, ein 1 1/4
   ständiges Korreferat zu halten, so bist Du sicher auch gesundheitlich
   in der Lage, auch die Antwort anzuhören.

Solltest Du dennoch am Montag abreisen, so kann man diese
frühzeitige Abreise nur als den Versuch betrachten, einer Stellungnahme
zu dem Beschluss des Politsekretariats in der Frage der Politik der
KPD auszuweichen.

Mit kommunistischem Gruss

Deutsche Vertretung beim EKKI

Ernsts Entgegnung auf Ulbricht ist nicht allein ein Ausdruck seiner Verachtung. Die neue Linie wurde so um-
sichtig eingeführt, die Verwirrung war so groß, daß es
Ernsts Gruppe eine zeitlang möglich war, die Führung
einer Verletzung der Beschlüsse des letzten Parteitages
zu bezichtigen. Weniger eingeweihten Funktionären fiel
es schwer, zu begreifen, was man eigentlich von ihnen
wollte. Immer wieder kam Ernst aus einer Sitzung des
Zentralkomitees und erzählte in dem jetzt üblichen Ton
fröhlichen Spottes: »Stoecker hat sich in einen glühenden
Versöhnler verwandelt, er war in allen Punkten auf mei-

ner Seite«, oder: »Remmele muß Lenins ›Kinderkrankheiten‹ eingeholt haben, er hat mich heute allen Ernstes unterstützt.«

Allerdings – das blieb nicht so. Bald waren sie besser informiert und wurden zu der einheitlichen, gesichtslosen Menge, die mit der Präzision eines Automaten Stalins Befehle wiedergab und die theoretischen Grundlagen für seine verdrehte »Linie« zimmerte.

Zu Stoeckers Lapsus gab es noch ein komisches Nachspiel. Als er merkte, daß Ernst nun ein gestürztes Idol war, versuchte er, seinen Fehler wieder gut zu machen, indem er ihn zu einem »wirren Querulanten« erklärte, dem »jeder Sinn für die Realität abgeht«. Barmherzig schrieb er Ernsts traurige Verwandlung seiner Krankheit zu: »Wenn er doch nur den Mund hielte. So ein Jammer.« Frau Stoecker erzählte mir von der Meinung und dem guten Rat ihres Mannes – sicherlich in guter Absicht und aller Freundschaft . . .

Niemand wußte, wohin die neue Politik führen würde. Aber es war schon ziemlich wichtig, auf der richtigen Seite zu stehen. Und die Geister, die da gerufen wurden, nahmen nun ihren eigenen, nicht mehr kontrollierbaren Weg.

16

Die Schlacht
vom 1. Mai 1929

Im Dezember 1928 waren wir wieder in Berlin, Ernst immer noch mit einer offenen Wunde. Ich bemühte mich vergeblich, ihn vor allzu vielen Besuchern und Aufregungen abzuschirmen; ich konnte ihn nicht von Zentralkomiteesitzungen und nicht einmal von Konferenzen außerhalb Berlins zurückhalten. Mit Rücksicht auf seinen Gesundheitszustand hielt seine Gruppe ihre Zusammenkünfte bei uns in der Wohnung ab, und ich war als »stiller Teilhaber« immer dabei.

Das Haus wimmelte von verschreckten und bestürzten Leuten, die nach einer Erklärung für die neue Politik suchten. »Kein Grund, überhaupt kein Grund« war eine nicht gerade tröstliche Antwort. Die Situation war weit schlimmer als zu Ruth Fischers Zeiten. Nie zuvor war die von der Komintern kommende Unterstützung der Führung derartig unqualifiziert gewesen. Unter Sinowjew hatte die Komintern nicht die Absicht gehabt, Ernsts Gruppe unschädlich zu machen. Jetzt aber war die Komintern in der Hand Stalins, und wie er die Wittorf-Affäre gehandhabt hatte, ließ darauf schließen, daß jede Opposition mit dem Hinauswurf zu rechnen hatte.

Konnte die Mittelgruppe das überstehen? Aus einzelnen Bemerkungen, leisen Andeutungen und bedeutungsvollem Verstummen war die beunruhigende Antwort zu entnehmen. Karl Becker, hart bedrängt, rief ungestüm:

»Nie werde ich es zulassen, daß man mich vom revolutionären Rußland abschneidet!« Andere, darunter Eberlein, sahen ihn verlegen an. Als sich Anzeichen dieser Art häuften, zog ich meine Schlüsse, und ich sagte geradeheraus zu Ernst: »Ich bin mit allem, was du sagst, voll einverstanden. Ich folge dir bis ans Ende. Aber du mußt alles, was du tun willst, daran messen, wie stark du bist. Diese da werden dich allein lassen. Als Gruppe werdet ihr versagen. Es ist ein *politischer* Fehler, sich auf die Gruppe zu verlassen, und wenn es in meiner Parteizelle zu einer Abstimmung kommt, werde ich ohne Skrupel gegen dich stimmen. Ich bin nicht bereit, all die Opfer umsonst zu bringen.«

Ich wurde in meinem Argwohn bestärkt, als eines Tages Humbert-Droz aus Moskau kam, um zu erkunden, ob Bucharin auf die Unterstützung der Gruppe zählen konnte. Karl Volk sah ihn verlegen an. »Auf uns zählen? Wir sind machtlos, bedeutungslos, ein Nichts.« Diese Erklärung der Ohnmacht trug unmißverständlich den Stempel der Kapitulation, und das Schweigen der übrigen Gruppe war ein böses Omen: sie alle wußten im voraus, daß sie zu Kreuze kriechen würden. Mancher Gast wollte Ernst überreden, sich jeder Kritik zu enthalten. »Und wenn sie dich ausschließen?«

»Hat man nicht die Pflicht, zur Fahne zu stehen, um jeden Preis?«

»Du mußt dich für die Zukunft erhalten – du mußt deine Stunde abwarten.«

Es lag außerhalb jeder Diskussion, daß mit der riskanten neuen Parteilinie irgendeine gemeinsame Basis gefunden werden könnte. Aber Ernst war entschieden der Meinung, daß er versuchen müsse, innerhalb der Partei zu kämpfen, daß Opposition bis an die Grenzen zum Ausschluß aus »legalistischen«, disziplinarischen Gründen gehen müsse. Die Gruppe verkündete deshalb: »Trotz der Verfolgung unserer Anhänger, trotz des falschen politischen Kurses und der Irrtümer, trotz der Schwankungen in der Durchführung der Beschlüsse des Sechsten Weltkongresses werden wir alles in unserer Macht Stehende tun, um die Einheit der Partei wiederherzustellen.«

Unglücklicherweise beschloß Brandler in diesem kritischen Augenblick, in offener Mißachtung des Willens der Komintern nach Deutschland zurückzukehren. Daß er die Parteidisziplin so eklatant gebrochen hatte, war ein schwerer Schlag für das oppositionelle Lager. Brandler hatte jetzt, nach rund sechs Jahren der Unterwerfung, sogar die Einladung ignoriert, vor einer Sonderkommission zu erscheinen, um seinen Fall zu diskutieren. Er verschlimmerte damit seine eigene Lage und zwang darüber hinaus Ernsts Gruppe, sich mit übergroßem Nachdruck von ihm abzugrenzen; die unvermeidliche Folge war, daß sie der Komintern zu viele Zugeständnisse machen mußte. So hat die Gruppe sogar die Meinung der Komintern, Brandler sei »die Hauptgefahr«, abgesegnet.

Der »Kampf um Einheit« in Ernsts Stellungnahme war im wesentlichen ein Kampf gegen Brandlers Parteiausschluß. Die Gruppe übte weder Nachsicht mit Brandlers übereilter Handlung noch enthielt sie sich der Kritik an seinen politischen Vorstellungen. Aber sie bestand auf einer »vorbereitenden gründlichen politischen Diskussion« und auf angemessenen Warnungen vor Fraktionsarbeit. Erst dann wäre sie einverstanden mit disziplinarischen Maßnahmen:

Berlin, 19. 12. 28

An das Polbureau   W. G.,

Die Publikationen der R.F. vom 16., 18. u. 19. d. M. über die letzte ZK-Sitzung beweisen, daß das Polbureau seine Methode der Irreführung der Partei über innerparteiliche Vorgänge fortsetzte. Die Unterschlagung der Erklärungen von Ewert und mir durch die Berichterstatter hilft in diesem Falle (besonders) nur den Rechten, denen (wie der Gesamtpartei) die Tatsache vorenthalten wird, daß die »Versöhnler« die politischen Auffassungen der Rechten bekämpfen und die auch – nach entsprechender politischer Vorbereitung – bei der Weigerung der Rechten, ihre Fraktionsarbeit aufzugeben, diese ausschließen wollen. Ein ZK, das sich nicht der Begünstigung der Rechten schuldig machen will, mußte gerade diese Tatsache gegen die Rechten ausnutzen und dazu der Partei mitteilen, statt den falschen Anschein zu erwecken, als seien die Versöhnler gegen organisatorische Maßnahmen.

Der Beschluß der Zentr[alen] K[ontrollkommission], der am Sonntag in der R.F. veröffentlicht wurde, bestätigt übrigens die Auffassung, die Ewert u. ich als die zweckmäßigste Methode der Liquidierung der rechten Fraktion in der ZK-Sitzung vorgeschlagen haben. Genosse Ewert u. ich haben daher an das EKKI folgendes Telegramm gerichtet:

»Komintern Moskau.

Ersuchen dringend Beschluß ZK Sachen Walcher Bedingungen ändern Frist verlängern stop erachten bei Durchführung ZK Beschlusses Gefährdung evtl. Verlust wichtiger Gewerkschaftspositionen Stuttgart Offenbach Hanau Solingen Verlust Hunderter Funktionäre stop Ewert ankommt Donnerstag.« [. . .]

Mit kommunistischem Gruß!   Ernst Meyer

Die Angriffe gegen die Versöhnler wurden immer provozierender, und Ernst protestierte und kämpfte um seine Rechte. Er erwartete nicht, daß man ihn fair behandeln würde, aber er bediente sich der Statuten bis zum letzten Komma, um seinen Parteiausschluß so schwer wie möglich zu machen. Sein Glauben an die Komintern war längst dahin; er meinte jedoch, daß eine kleine Oppositionsgruppe erhalten bleiben müsse, der sich die Arbeiter zuwenden könnten, wenn die Partei selbst sich wieder einmal ausmanövriert habe.

Es begann ein Zermürbungskrieg von empörender Tükke. Als Ernst wieder in Berlin war, verweigerte man ihm eine Zusammenkunft mit dem Polbüro:

Charlottenburg, 12. 12. 1928
An das Polbureau
W. G.,
Trotz wiederholten Ersuchens meinerseits, mir Gelegenheit zu einer vertraulichen Aussprache mit dem Polbureau zu geben, ist das bisher abgelehnt worden. Das Polbureau will also weder mich, der ich über ein Jahr abwesend war, informieren noch sich über meine politischen Auffassungen informieren (trotzdem ich Polbureau-Mitglied bin). Das ist ebenso ein politisches Faktum wie die Tatsache, daß das Polbureau trotz wiederholter Anforderung meinerseits mir seit dem Juni d. J. d. h. seit einem halben Jahr keinerlei Informationen zugehen ließ. Ich fordere hiermit kategorisch noch für heute (d. h. vor dem Plenum des ZK) eine solche Besprechung mit dem Polbureau, und erwarte telefonisch (Steinplatz 1 44 94) entsprechende Antwort.

Mit kommunistischem Gruß
E. M.

Fast jeden Tag schrieb Ernst Proteste und Drohungen an das Polbüro:

Berlin, 19. Dezember 1928
An das Polbureau
W. G.
die »Rededisposition für innerparteiliche Veranstaltungen zum 10jährigen Bestande der KPD«, die von Gen. Gerber geschrieben und von Gen. Lenz gebilligt worden ist, stellt ein Musterbeispiel fraktioneller Geschichtsfälschung dar. Fast jede Seite enthält die gröbsten Irrtümer, Entstellungen und Verdrehungen im Sinne der ultralinken Auffassung und Fraktion. Die »linke« Ruth Fischer-Fraktion wird völlig unkritisiert gelassen, während alle andern Parteiströmungen und die Partei selbst diskreditiert werden.
Diese Rededisposition, die Maslows parteigeschichtliche Fälschungen weitaus übertrumpft, ist ein neuer Beweis dafür, daß das ZK den ultralinken Auffassungen nicht den geringsten Widerstand entgegensetzt.
Ich protestiere auf das schärfste gegen dieses Schanddokument, verlange seine sofortige Zurückziehung und falls das abgelehnt werden sollte, sofortige Übersendung meines Protestes an die Agitprop des EKKI.

mit kom. Gruß
gez. Ernst Meyer

Mit dem unmittelbaren Ausschluß wurde ihm nicht gedroht, und die Gruppe stand; sie unterbreitete eigene Resolutionen, trat gegen die »Zentralkomiteemehrheit« auf, übte Kritik. Zu dieser Zeit umfaßte die Gruppe zwei der fünf Mitglieder des Polbüros sowie mehrere Mitglieder des Zentralkomitees[31] – alles Leute, deren politische

Karl Radek

und geistige Potenz die des herrschenden Gremiums weit
überstieg. Nichtsdestoweniger rechnete Ernst ziemlich
fest damit, daß sein Parteiausschluß unausweichlich sei –
als plötzlich ein unerwartetes Ereignis das Bild zu verwandeln schien.

Der Erste Mai rückte heran, und der sozialdemokratische Polizeichef Zörgiebel erließ eine Verordnung, die
alle öffentlichen Umzüge in den Straßen untersagte. Für
die traditionellen Maifeiern waren nur geschlossene Veranstaltungen erlaubt. Die Arbeiter fühlten sich tief getroffen, aber das störte Zörgiebel wenig; er zählte auf die
tiefe Spaltung in der Arbeiterschaft, hervorgerufen von

der neuen Linie der Kommunistischen Partei, und auf deren selbstgeschaffene Isolierung.

Die Kommunisten riefen zur Demonstration auf, und selbst Ernst erwartete starken Zulauf als Reaktion auf Zörgiebels Gewaltakt. Mitte April schrieb er an das Polbüro und schlug vor, daß man jene Kommunisten, die noch Gewerkschaftsmitglieder waren, ermutigen sollte, an den Maifeiern der überwiegend sozialdemokratisch beeinflußten Gewerkschaften teilzunehmen. Dort wäre der geeignete Ort, die Arbeiter an ihre Klassensolidarität zu erinnern und sie aufzufordern, sich nach Beendigung ihrer Feier in den Demonstrationszug einzureihen. Damit man in unmittelbaren Kontakt zu den Arbeitern käme, schlug Ernst vor, müsse der Beginn der Demonstrationen zeitlich so gelegt werden, daß er mit der Beendigung der Maifeiern zusammenfiele.

Das war keineswegs eine einfache Sache. Thälmann sagte, es wäre ganz falsch, unsere Kräfte zu *zersplittern* und unsere Gewerkschaftsgenossen irgendwohin wegzuschicken. Was die Zeitplanung angehe – nun, die anderen könnten ja kommen, wenn sie wollten. Was könne man schon von »Sozialfaschisten« erhoffen?

Die Demonstration war ein katastrophaler Fehlschlag. Nicht einmal die Parteimitglieder ließen sich allzu zahlreich sehen. Die Polizei war mühelos in der Lage, mit den paar Demonstranten fertig zu werden, sie konnte sich sogar die besonders ärmlich gekleideten und weniger »respektabel« aussehenden Leute für eine Sonderbehandlung herauspicken. Unseren langen Zug, der aus den »besseren« Gegenden Berlins kam und aus solventer wirkenden Leuten bestand, verschonte die Polizei.

Eigentlich konnte man es, nach welchen Maßstäben auch immer, überhaupt keine Demonstration nennen; Menschen rannten einzeln in alle Richtungen, verfolgt von brüllenden Polizisten. Nicht ein Funktionär war da, der die Führung übernommen, der zur Menge gesprochen, der einen Augenblick lang standgehalten hätte. Es war ein grausames Erwachen für die Parteiführung, und ihr Versuch, Sündenböcke zu finden, wurde ein Schlag ins Wasser. Augenzeugen berichtetn von einem sehr aufgeregten Zentralkomitee, das in totaler Konfusion durcheinanderschrie.

Am späten Nachmittag hörte man Schüsse im Arbeiterviertel. Niemand wußte, was da vor sich ging. Noch lag die Spannung, die durch die Demonstration entstanden war, in der Luft, und es kursierten wilde Gerüchte – ein Aufstand? Unser Telefon klingelte pausenlos. Ernst bemühte sich um eine Verbindung mit dem Zentralkomitee, aber eine zusammenhängende Auskunft war nicht zu erhalten.

Am nächsten Morgen schrien die kommunistischen Zeitungen heraus: »Barrikaden in Berlin!« »Das Proletariat gegen Zörgiebels Polizei!« Tatsächlich, es hatte Barrikaden in Berlin gegeben: Die Menschen hatten in panischem Schrecken versucht, die in ihre Wohnbereiche eindringende Polizei aufzuhalten. Aber die hastig improvisierten Barrikaden waren weder bemannt noch mit Waffen bestückt; sie waren nicht das Ergebnis planvoller revolutionärer Aktion. Die Schlußbilanz ergab, daß 29 Menschen getötet worden waren, aber nicht ein einziger Polizist Verletzungen erlitten hatte[32].

Die Partei versuchte, das Blutbad als einen heroischen Widerstandsakt gegen die Polizeimacht darzustellen, als eine Neuauflage der Hamburger Barrikaden von 1923: »Die Kommunistische Partei weiß sich voller Stolz eins mit den Barrikadenkämpfern, die der brutalen Polizei-

gewalt des Sozialfaschisten Zörgiebel aktiven Widerstand entgegengesetzt haben.« Die Komintern kam ihr
zu Hilfe, indem sie die russische Presse mit Berichten
über den aufsteigenden revolutionären Geist des deutschen Proletariats überschwemmte. Es war selbstverständlich, daß die Kommunistische Partei nach Ahndung
verlangte, aber auch ihr Aufruf zu einem vierundzwan-
zigstündigen Proteststreik am Tage der Beisetzung der
Opfer fand keinen Widerhall. Schlimmer noch, viele der
Trauernden, in deren Namen die Partei zu handeln vor-
gab, lehnten jegliche Beziehung zu ihr ab.

17
Die Kapitulation der »Versöhnler«

Der bevorstehende Zwölfte Parteitag wurde verschoben, um der Führung Zeit zu lassen, sich von dem Schock zu erholen. Trotz des Beialls in der russischen Presse fürchtete sie, die Komintern würde ihr möglicherweise eine solche Pleite nicht verzeihen können.

Was die Opposition betrifft, so argumentierte Ernst, daß die Komintern unter diesen betrüblichen Umständen nicht geneigt sein dürfte, der Partei auch noch eine einflußreiche Gruppe abzuschneiden, und er war in endlosen Diskussionen bemüht, seine Mitstreiter davon zu überzeugen, daß keine unmittelbare Gefahr bestand, hinausgeworfen zu werden. Eigentlich sollte er bereits wieder im Krankenhaus sein, aber in dem Drang, der Gruppe den Rücken zu stärken, beschloß er, sie nicht vor Beendigung des Parteitages sich selbst zu überlassen.

Traditionell gingen jedem Parteitag vorklärende Meinungsäußerungen und Diskussionen voraus. Ernst schickte seinen Beitrag ein, mit gewundenen Formulierungen bemüht, den Tricks des Führungsgremiums zu entgehen, mit denen es die Freiheit der Meinungsäußerung zu beschneiden pflegte.

Notwendige Feststellungen von Ernst Meyer
Nachfolgender Artikel für die Rote Fahne wurde von mir bereits Ende Februar geschrieben und dem ZK über-

sandt. Da die Parteitagsdiskussion in der Presse vom ZK erst jetzt zugelassen wird, fehlt in diesem Artikel die Behandlung einiger Fragen, die seither in den Mittelpunkt der Erörterung getreten sind. Ich behalte mir vor, auch diese Punkte noch klarzustellen.

Genossen, die meine Sprache angesichts der massiven Angriffe der ZK-Mehrheit zahm finden werden, müssen berücksichtigen, daß die ZK-Mehrheit, die mir in ihrem Artikel dutzendmale »politische Feigheit« vorgeworfen hat, von vorherein den Abdruck *meines* Artikels von meinem »Ton« abhängig machte. Ich habe daher notgedrungen jede der Sache noch so sehr angemessene Schärfe vermieden.

Berlin, 11. April 1929.   E. M.

Die Linke regierte unumschränkt. Im Juni 1929 schritt Thälmann in den verstummenden Tagungssaal des 12. Parteitages nach der Manier Stalins. Türen wurden weit aufgerissen, er erschien, im Schlepptau sein Gefolge von treuen »Untergebenen« – ein König mit seinen Untertanen. Jeder blickte verlegen drein, auch Thälmann selber, der an das Protokoll noch nicht gewöhnt war.

Auch Ernst, bleich und zittrig, hatte seinen Auftritt. Die nichtkommunistische Presse pries seine Rede als die einzige, die des Zuhörens wert gewesen sei. Die Zuhörer im Saal allerdings konnte er nicht beeindrucken, es waren überwiegend Neulinge, die von ihm und seiner Rolle in der Partei nichts wußten. Einer davon schrie: »Wo warst du denn im Krieg und während der Revolution?«, und ein anderer: »Was hast du denn überhaupt mit der Partei gemein!«

Ernst antwortete: »Ich war überall dort, wo die Partei

Berlin, den 1.März 1929

An das Pol.-Büro des Z.K., Berlin.

(Eherot)

W.G. !

Nummer	
Eing.: 4. MRZ. 1929	
Beantw. durch	
am	

Auf Grund der gestrigen Debatten im Pol.-Büro über die Vorbereitung des Parteitages und unter ausdrücklicher Berufung auf die
Aeusserung mehrerer Genossen, dass die Parteidiskussion auch in
der Tagespresse geführt werden soll, übersende ich Euch beilie-
gend einen Beitrag zur Diskussion mit dem Ersuchen um sofortige
Veröffentlichung in der "Roten Fahne".

Ich hoffe, dass im Gegensatz zur Verschleppung der Publikation
der Minderheitsresolution dieser Diskussionsartikel umgehend abgedruckt wird, zumal ja die Mehrheitsresolution des Z.K. bisher
ohne jede Erwiderung geblieben ist.

Mit kommunistischem Gruss

Ernst Meyer

mich hinzustellen für richtig hielt, so wie auch ihr hoffentlich immer eure Pflicht vor der Revolution erfüllt.« Und:
»Die kurze Redezeit, die mir zur Verfügung steht, reicht
nicht ganz für eine Rede über meine Meinungsverschiedenheiten mit der Partei. Es würde aber unendlich viel
länger dauern, von meinen Bindungen an die Partei zu
sprechen[33].«
Es war sein letzter öffentlicher Auftritt.

Die »Versöhnler« sollten dem Parteitag eine eigene Diskussionsgrundlage unterbreiten. Aber Ernst wurde sich immer deutlicher über die Instabilität der Gruppe klar, und er warnte die Genossen, nichts anzufangen, was sie nicht auch bis zu Ende durchzufechten gewillt seien. Sie blieben dabei: sie wollten eine »Plattform« ausarbeiten, und Ärger stieg auf, als Ernst zögerte, sie betrachteten das als persönliche Beleidigung. Dann wurden Aufgaben verteilt an eine Reihe von Leuten, die sich mit einzelnen Themen wie kapitalistische Stabilisierung, Kriegsgefahr und so weiter zu befassen hatten. Das fertige Papier war eine perfekte abstrakte Abhandlung, aber konkrete Probleme oder die neue Parteilinie berührte es kaum und kritisierte es höchstens zwischen den Zeilen.

Nicht aus Verachtung der Theorie las ich das Dokument mit Mißtrauen und Skepsis. Ich sah dabei die Delegierten vor mir, fein gesiebte Leute, ausgewählt wegen ihrer Unwissenheit und gefüttert mit vulgären und gehaltlosen Parteischriften. Sie waren nicht fähig, komplizierte Sachverhalte zu beurteilen, von ihnen konnte man kaum erwarten, daß sie das Papier überhaupt lasen.

Die »Plattform« war von vornherein dem Untergang geweiht. Noch wäre Zeit gewesen, sie besser zu machen, aber das hätte einen Frontalangriff auf den Allmächtigen bedeutet, und da war der Gruppe doch die verschwommene, unverbindliche Form lieber. Als die »Plattform« zusammen mit der offiziellen Entgegnung publiziert wurde, mißinterpretiert, in der Luft zerrissen, war sie für das Zentralkomitee nur ein Vorwand mehr, Verleumdungen zu verbreiten und noch stärkere Animosität zu erzeugen.

In der kommunistischen Presse erschien ein Artikel, in dem ungeteilte Zustimmung zur bestehenden Parteilinie verlangt wurde, und die Gruppe versammelte sich zu einer weiteren Sitzung. Ich erkannte, daß Ernst eine Position durchsetzen wollte, die zum Parteiausschluß führen mußte. Als ich die steinernen Gesichter ringsum sah, beschloß ich, das Zimmer zu verlassen.

Gegen drei Uhr nachts weckte Ernst mich auf. »Sie sind alle weg. Sie haben mich alle verlassen.« Er sprach es aus wie ein Todesurteil, und eine zeitlang saßen wir beide regungslos da, schweigend, erstarrt.

»Was soll ich nun tun?« fragte er kläglich.

Plötzlich klingelte das Telefon. Es war Ewert. Es täte ihm entsetzlich leid, es sei eine heiße Debatte und ein übereilter Schritt gewesen. Er würde gern noch einmal auf einen Sprung herüberkommen. Ernst ließ ihn herein. Sie hatten eine recht kurze Unterhaltung. Ewert sagte, er stimme vollkommen mit Ernst überein. Er entschuldigte sich wieder, es müsse wohl an der Anspannung gelegen haben. Ernst machte seinerseits Konzessionen: Wenn es gar nicht anders ginge, könnten sie so weit gehen, für eine *begrenzte Zeit* von der Fraktionsarbeit abzusehen; aber man müsse unbedingt ganz klar machen, daß sie unter gar keinen Umständen ihre politischen Ansichten revidieren würden.

Ernst übernahm es, das schriftlich zu fixieren, und Ewert ging. Warum war er gekommen? Sie waren drauf und dran, zu kapitulieren – warum machte er noch Zugeständnisse, anstatt Ernst einfach fallen zu lassen? Ich konnte es nicht begreifen.

Ernst mühte sich um die beste Formulierung für seine Stellungnahme. Gegen fünf Uhr morgens sprang er plötzlich aus dem Bett, um zu Papier zu bringen, was ihm gerade als besonders glücklicher Ausdruck eingefallen war. Schrecklich erschöpft, wie er war, fürchtete er, er könnte ihn möglicherweise wieder vergessen.

Ewert erschien wie verabredet um neun Uhr morgens. Er billigte Ernsts Vermerk, ja, er sei hervorragend. Ernst mahnte: »Ich werde hier neben dem Telefon sitzen und warten. Sollte sich irgend etwas Unvorhergesehenes ergeben, irgendeine Komplikation, dann ruf an, und ich komme sofort.«

Am frühen Nachmittag wurden wir mit Telefonanrufen zugedeckt: »Die Kapitulation der Versöhnler.« Kein Wort von Ewert oder irgendeinem der Freunde. Und keiner von ihnen hat sich je wieder sehen lassen, solange Ernst am Leben war. Ewert war in dunkler Nacht noch einmal zurückgekommen, weil ohne das Scheinabkommen zwischen Ernst und ihm die Gruppe gezwungen gewesen wäre, Ernsts Namen aus ihrer öffentlichen Erklärung wegzulassen, und das hätte die Kapitulation weit weniger effektiv gemacht.

Ernsts Lage war verzweifelt. In diesem Stadium konnte er keine öffentlichen Erklärungen abgeben. Es wäre Don Quichotterie gewesen, einem rücksichtslosen Feind den Krieg zu erklären – als einsames Individuum vom Krankenbett aus, unfähig, irgendeine Aktion durchzustehen.

Ernst teilte dem Zentralkomitee lapidar mit, daß er ins Krankenhaus fahre – sonst nichts.

18

Die »Roten Gewerkschaften«

Das Krankenhaus lag ganz in der Nähe von Berlin, kurz hinter Potsdam. Trotzdem drang Parteigetümmel hier nicht ein. Das machte es leichter, Abstand zu gewinnen und die neue politische Lage in Ruhe gründlicher zu durchdenken. Brandler gewann wieder an Boden. In verhältnismäßig kurzer Zeit rekrutierte er rund zehntausend Anhänger und gab eine Wochenzeitschrift heraus[34]; Ernst hielt den Einfluß, den Brandler ausübte, für gefährlich. Opposition sei notwendig – aber nur dann, wenn sie auf die richtigen Grundlagen und Methoden baute, – »eine leninistische Opposition«. Der bloße Drang zur großen Zahl beispielsweise sei kurzsichtig und wertlos. Ernst würde sich Brandler deshalb nicht anschließen.

Für Brandlers Energie hegte Ernst Bewunderung, und er zweifelte auch nicht einen Augenblick an Brandlers ehrlichem Willen, zur Revolution zu stehen; aber er hielt auch Brandlers Rechtstendenz für sehr real. Seiner Oktober-Politik, die die unheilvolle Schwenkung nach ultralinks hervorgerufen hatte, mochte Brandler nie abschwören.

Ernst hatte jetzt eine deutliche politische Chance, jenen Klärungsfeldzug in Gang zu setzen, für den er sich all die Jahre hindurch eingesetzt hatte. Über die Drähte des Parteiapparates ließ sich das nicht mehr machen. Brandler ließ in seiner Zeitschrift ebenso wenig kontroverse

Meinungsäußerungen zu wie die Partei selbst – und am wenigsten solche von Ernst. Ihre alte Fehde war keineswegs vergessen, und auch Ernsts jüngste Attacken waren nicht geeignet, freundschaftliche Diskussionen auszulösen. Deshalb wollte Ernst sich ein eigenes Forum schaffen, ein recht bescheidenes wohl für den Anfang – sobald er aus dem Krankenhaus entlassen würde . . .

Die Partei war unaufhaltsam auf dem Marsch nach ultralinks. Irgendwann Ende Mai 1929 brachte die *Rote Fahne* den Schlachtruf: »Schlagt die Faschisten, wo ihr sie trefft!« Ernst schoß kerzengerade im Bett hoch, seiner Wunde nicht achtend. »Wieder einmal Boxkämpfe! Aber das heißt doch, daß wir uns außerhalb der Gesetze stellen. Was sie uns jetzt auch antun mögen, wir können uns nicht beschweren.«

Einem Besucher, der es mit Ernst ehrlicher meinte und ihn in guter Absicht zu überreden suchte, sich – kurz vor seinem Tode – doch der »Linie« anzupassen, erwiderte er: »Da habe ich mir gedacht: vergiß einmal alles, was du gelernt hast, mach dich zum unbeschriebenen Blatt und sieh dir an, was Molotow über den Begriff des ›Sozialfaschismus‹ zu sagen hat. Aber sein Artikel belehrt mich: statt uns lange mit der Definition des ›Sozialfaschismus‹ abzugeben, Genossen, wollen wir ihn lieber bekämpfen . . . und da habe ich das Blatt in die Ecke gefeuert und damit hatte es sich.«

Hervorstechendes Merkmal der ultralinken Politik war wieder einmal der Drang zur Bildung unabhängiger Gewerkschaften. Gefördert wurde dieser Drang durch die Haltung der Gewerkschaften selber, die so manches Mal die Arbeiter im Stich gelassen und sie gezwungen hatten, auf eigene Faust zu handeln und »wilde« Streiks zu führen. Zahllose Arbeiter wurden verfolgt, und sie organisierten sich gezwungenermaßen in unabhängigen Gruppen. 1924, als die Ultralinken das Heft in die Hand nahmen, gab es in vielen Industriezentren solche Gruppen. Die Abkehr von den Gewerkschaften wurde zweifellos auch durch ihre konterrevolutionäre Haltung bei der Reichsintervention in Sachsen und Thüringen verstärkt. Die Enttäuschung reichte weit über die Mitgliedschaft der Kommunistischen Partei hinaus; Ruth Fischer hatte damals unverzüglich erklärt, die deutschen Arbeiter hätten ihr Vertrauen zu den reformistischen Gewerkschaften nun endgültig verloren, und war auf die Gründung unabhängiger revolutionärer Gewerkschaften losgesteuert.

Dennoch war der Sturz der Linken damals hauptsächlich eine Folge ihrer Gewerkschaftspolitik. Deshalb ging die Wiederbelebung der »Roten Gewerkschaften« jetzt mit großer Bedachtsamkeit vor sich. Vorgeblich waren sie als ein Sammelbecken für Arbeiter gedacht, die von der reformistischen Gewerkschaftsbürokratie vertrieben worden waren – nicht viel mehr. Der V. Kongreß der Roten Gewerkschafts-Internationale (RGI) erklärte:[35]

»[. . .] Die RGI-Anhänger in diesen Ländern müssen in Anbetracht der immer weiter betriebenen frechen Spaltungspraxis der reformistischen Führer und in Anbetracht der wachsenden Gegensätze zwischen ihnen und den breiten Arbeitermassen jetzt schon konsequent bewußt und unermüdlich auf die Organisation und Entwicklung einer revolutionären Gewerkschaftsbewegung zwecks besserer und erfolgreicherer Vorbereitung und Führung der Klassenkämpfe des Proletariats hinarbeiten. Diesem Kurs auf die Schaffung von oben bis unten selbständiger Organe der revolutionären Gewerkschaftsbewegung ist die ganze Arbeit zur organisatorischen Zusammenfassung . . . unterzuordnen.«

Diese Willensbekundungen wurden scheinbar wettgemacht durch den ausdrücklichen Befehl, *innerhalb* der Gewerkschaften weiterzuarbeiten; es war schließlich unmöglich, sich vollkommen von den alten Lenin'schen Taktiken loszusagen. Allerdings dekretierte Losowski, der Führer der RGI, unmißverständlich die Schaffung unabhängiger Gewerkschaften, die Partei tat gehorsam, was verlangt wurde und erklärte im März 1930: ».. . Das Zentralkomitee begrüßt die Beschlüsse des Präsidiums des EKKI über die Festigung und Erweiterung der Revolutionären Gewerkschafts-Opposition, die Stärkung des organisatorischen Zentrums. Zu diesem Zwecke ist der kollektive Beitritt der roten Betriebsräte und der hinter ihnen stehenden Belegschaften sowie der Vertrauensmännerkörper und der Erwerbslosenausschüsse zur Revolutionären Gewerkschafts-Opposition notwendig.«

Dem folgten bald die üblichen Prahlereien. Mit dem Aufbau der Roten Gewerkschaften habe man innerhalb weniger Monate die erste Viertelmillion Mitglieder registriert und auf einen Schlag Betriebsgruppen in 3500 Werken organisiert.

Die Partei lieferte auch das »theoretische Fundament« für die neue Taktik: »Durch die Kette des fortgesetzten Verrates der Bürokratie, ist der Gewerkschaftsapparat noch stärker als bisher in den Dienst des Kapitals gestellt, und wird damit dem Faschismus der Weg bereitet. Dadurch haben die Herren vom ADGB die freien Gewerkschaften, die einst unter großen Opfern von den Arbeitern als eine Klassenkampforganisation aufgebaut wurden, zu einem Organ der Hungerregierung Brüning . . . verwandelt.« Deshalb mußte die RGO geschaffen werden.

Zwar erklärte man, in den alten Gewerkschaften arbeiten zu wollen, angeblich um »Funktionen zu übernehmen und die Arbeiterschaft zu revolutionieren«, doch scheiterte diese Absicht daran, daß man es für unmöglich erklärte, »auch nur einen einzigen Gewerkschaftsfunktionär auf demokratische Art zu beseitigen«.

Die einfachen Genossen empfanden echten Haß gegen die Gewerkschaften, besonders seit die KPD-Führung Gewerkschaftsmitglieder nicht mehr als irrende Brüder bezeichnete. Und die Parteiführung bestärkte sie in ihrem Haß:

»Es ist klar, daß unsere Auseinandersetzung mit dem Sozialfaschismus . . . nicht an irgendeinem Verhandlungstische, sondern auf den Schlachtfeldern der Entscheidungskämpfe und vor den Revolutionstribunalen der deutschen Räterepublik enden kann. Und das gilt natürlich vom kleinen sozialfaschistischen Betriebsrat . . . ganz genauso wie für seine großen Brüder Severing, Zörgiebel usw.«

»Unser Trommelfeuer auf die großen Zörgiebels hat darum nur dann Erfolg, wenn es gleichzeitig mit einem Sturmangriff auf die verbürgerlichten unteren Funktionäre verbunden wird. Wir müssen die proletarischen Reihen in Betrieb und Gewerkschaft und in den übrigen Massenorganisationen mit aller Rücksichtslosigkeit von allen verfaulten Elementen säubern. Wer noch zur SPD gehört, ist verfault und muß fliegen – und wenn er noch so radikal tut.«

Die »Aufklärungsarbeit« ging weiter.

»Verjagt die kleinen Zörgiebels aus Betrieb und Gewerkschaft . . . Verjagt die Sozialfaschisten aus den Betrieben, aus den Arbeitsnachweisen, aus den Berufsschulen!«

Daraus ergab sich wie selbstverständlich die Losung:

».. . Jeder klassenbewußte Arbeiter in der Gewerkschaft, im Betrieb und auf der Stempelstelle muß sich der RGO anschließen. Er gehört in die revolutionäre Klassenfront gegen Ausbeutung und Faschismus . . . Her zu uns! Hinein in die RGO! Helft mit, die revolutionäre Gewerkschaftsbewegung Deutschlands aufzubauen!«

Die Kommunisten verließen die Gewerkschaften, so schnell sie konnten. »Die erste Viertelmillion« bestand fast ausschließlich aus solchen treuen Genossen. Zwar redete die Partei vom »Angriff auf die Gewerkschaften von innen heraus«, aber sie förderte und provozierte die Desertion. Für die Wahlen zu den Betriebsräten forderte die Partei jetzt getrennte »rote Listen«. Eine Betriebszelle erwarb sich weithin Berühmtheit, indem sie diesem Befehl zuwiderhandelte und auf einer Einheitsliste kandidierte. Aber in solchen Fällen »opportunistischer Abweichung« war die Partei äußerst wachsam; in feierlichem Ernst saß sie über die Missetäter zu Gericht und ordnete ihren Parteiausschluß an. Proteste waren da ganz nutzlos.

Die laut propagierten unabhängigen Gewerkschaften erwiesen sich als Fehlschlag. Thälmann bekannte »selbstkritisch«, daß noch sehr vieles verbesserungsfähig sei: »Die Entwicklung der RGO und der roten Verbände ist noch unbefriedigend.«

Der Partei war jedes Mittel recht, um die RGO in Schwung zu halten, Schmeichelei, Schmähung, Drohung, schamlose Propaganda und niedrige Mitgliedsbeiträge. Aber die alten Gewerkschaften standen fest. Thälmann hatte von Stalin gelernt, wie man sich aus einer mißlichen Lage herauswand – indem man nämlich Untergebenen die Schuld zuschob. »Manche«, sagte er, »sind bei der Entlarvung von Sozialfaschisten zu weit gegangen . . .«

So habe man dummerweise hier und da die Mitglieder reformistischer Gewerkschaften für eine homogene reaktionäre Masse gehalten. Damit stempele man aber Millionen sozialdemokratischer Arbeiter zu Konterrevolutionären und Streikbrechern. Es sei geradezu skandalös, wenn man sie mit der reformistischen Bürokratie in einen Topf werfe. Mit solchen Ansichten sei man natürlich unfähig, bei der Schwäche der RGO siegreiche Streiks zu führen.

Im Sommer 1932 erklärte Thälmann:

»Was wir jetzt brauchen, das ist die wirkliche Schaffung einer breiten *Oppositionsbewegung* neben der RGO in den freien und christlichen Gewerkschaften unter Einbeziehung sozialdemokratischer und freigewerkschaftlicher Arbeiter und die verstärkte Organisierung der *aktiven Erwerbslosenbewegung.*«

Auf der Parteikonferenz der KPD im Herbst 1932 sagte Thälmann: »Die RGO und die roten Verbände müssen zu wirklichen Massenkampforganisationen werden. In allen RGO-Gruppen gilt es, eine wirkliche kollektive Zusammenarbeit zu schaffen . . .

Vor allem aber gilt es, die wirkliche Konzentration auf die innergewerkschaftliche Arbeit durchzuführen, wobei es nicht genügt, die reformistischen und christlichen Organisationen von außen zu berennen, sondern der Kampf um jede wählbare Position der Gewerkschaftsorganisationen geführt werden muß . . .«

Auch die Komintern erlitt Verzweiflungsanfälle und war genauso in den eigenen Fehlern gefangen. Sie wußte recht gut, welche Medizin da helfen konnte, und insgeheim suchte sie nach dem Absprung für die Schwenkung zurück zur alten Taktik. Losowski sagte im Dezember 1931: »Die Arbeit innerhalb der reaktionären Gewerk-

Ernst Thälmann, 1924

schaften, in denen sich noch Millionen Arbeiter befinden, ist die wichtigste Aufgabe der revolutionären Gewerkschaftsbewegung.«

Auch dies war nicht ohne gründliche Änderung der Kader und ohne ehrliche Abkehr von falschen Losungen zu erreichen.

Ernst Thälmann, 1929

Dieser Aspekt aber erinnerte gefährlich an die Losung
»*Zwingt die Bonzen*«[36]. Da die Komintern dies zu einer
opportunistischen Losung erklärt hatte, hätten die Arbeiter mit Recht zu dem Schluß kommen können, es
dürfe nun also keine Zeit mehr auf die reaktionären Gewerkschaften verschwendet werden. Die Komintern

nannte solche Leute nun »Linkssektierer« und erklärte: »Gnadenlos bekämpfen müssen die kommunistischen Organisationen jene Linkssektierer in Parteien und RGO, die den Kampf der Komintern gegen die opportunistische Losung ›Zwingt die Bonzen‹ als Rechtfertigung dafür benutzen, die Arbeit in den reformistischen Gewerkschaften zu verweigern . . .«

Still und leise wurden die Bedingungen für den Aufbau eigener Gewerkschaften eine nach der anderen abgeschafft. Aber niemand wagte es, die abgewirtschaftete Idee selber zu verurteilen, denn das wäre einem Sieg der »Versöhnler und anderer Rechter« gleichgekommen.

19

Der Tod Ernst Meyers 1930

Das Krankenhaus, in welchem die Reichsangestellten-versicherung ihre Mitglieder unterbrachte, erwies sich als eine bemerkenswert zufriedenstellende Einrichtung. Mehrere Monate lang hatte Ernst ein Einzelzimmer, das Essen und die Behandlung waren ausgezeichnet. Jede Woche erhielt Ernst vom Preußischen Landtag große Bücherpakete geschickt. Bald bekam er auch die Erlaubnis, draußen spazieren zu gehen und sogar gelegentlich einen Besuch zu Hause zu machen.

Unsere finanzielle Lage war für den Augenblick gesichert. Ernst erhielt als Abgeordneter des Preußischen Landtages seine Diäten; nur ein Teil davon wurde einbehalten, weil es bei Kommunisten üblich war, der Partei alles abzuliefern, was das gesetzte »Parteimaximum« überstieg. Für den Fall, daß die Partei ihn ausschließen sollte, war Ernst entschlossen, sein Mandat zurückzugeben, und das wurde zu einem heißumstrittenen Thema bei uns. Wäre es nicht angebrachter, das Mandat zu behalten – und das Geld –, um freie Hand zu haben für die Oppositionsarbeit? Vielleicht. Aber, so argumentierte Ernst, in den Augen der Arbeiter würde das so aussehen, als klammerte er sich an Posten und materielle Vorteile. Ich mußte mich auf ein karges Dasein gefaßt machen und lernte zum ersten Male die Kunst des Sparens. Ich wußte, daß jeder Versuch, eine Arbeit für mich selbst zu finden,

auch nur Übersetzungsarbeit, von Parteiorganen hinter-
trieben werden würde. Das wurde mir von Stoecker bestätigt, der einmal, als er von meinen Kenntnissen Rußlands erfuhr, ausrief: »Aber warum schreiben Sie denn
nicht darüber? Unsere Presse braucht doch solche Artikel.« Ich spielte die Unbedarfte: »Meinen Sie wirklich?
Wenn ich von einem Mitglied des Zentralkomitees so
warm empfohlen werde, nimmt die *Rote Fahne* bestimmt
meine Artikel anstelle der von Neumann.« Der Name
hatte die beabsichtigte Wirkung. Stoecker stammelte, die
Presse sei ja eigentlich gar nicht sein Gebiet, und natürlich werde Neumann nicht gerade der Frau von Ernst
Meyer Publizität verschaffen. Ich war gnadenlos und argumentierte weiter, daß es schließlich seine Pflicht sei,
eine Genossin vor ungerechten Drangsalierungen zu
schützen. Aber ich wußte, es war vergeblich; mich trieb
nur der Wunsch, seine Unterwürfigkeit zu entlarven und
ihm seine traurige Lage in der Partei vor Augen zu führen.

Erst nach Ernsts Tod wurde mir bezahlte Parteiarbeit gestattet.

Die Arbeitslosigkeit nahm zu, und im Unterschied zu der
Zeit Ruth Fischers in einem stabilen Deutschland schien
die neue Linke Wunder zu vollbringen. Thälmann wurde
in einem rapide aus den Fugen geratenden Lande zur
mächtigen Figur, und die Partei gewann immer mehr
Mitglieder. Sie blieb jedoch dieselbe Partei mit derselben
Ideologie und den stets gleichen Methoden. Ihr Dasein
bestand hauptsächlich aus Prahlerei, Streiterei und der
Jagd auf Treulose. Das zahlenmäßige Wachstum hatte
ebensowenig am geistigen Stillstand, am Zynismus und
an der Korruption etwas ändern können. Die Spitzenfunktionäre dachten sich nichts dabei, wenn sie sinnlose

Forderungen stellten, die Arbeiter und Angestellte den Arbeitsplatz kosteten und sogar mit sinnlosen Aufträgen Menschenleben in Gefahr brachten.

Ein weiteres beunruhigendes Symptom war die unbeschreibliche Rücksichtslosigkeit, mit der Genossen behandelt wurden. Einmal kam jemand Ernst besuchen, »einfach so, aus Sympathie«. Er erzählte, daß man ihm seine Stellung als Journalist genommen habe, ohne jede Begründung oder Erklärung. Als er seine Beschwerde direkt bei Thälmann vorbrachte, wurde er belehrt: »Du hast sehr großes Glück gehabt, daß du einen so guten Posten hattest. Du bist nicht der einzige Arbeitslose und solltest nicht so einen Wirbel darum machen.« Aber es war ja viel mehr als der bloße Verlust eines Arbeitsplatzes. Dieser Mann hatte alle Brücken zu seiner wohlhabenden Verwandtschaft hinter sich abgebrochen, um Kommunist zu werden. Jetzt fühlte er sich eiskalt weggestoßen und wußte nirgendwohin. Für seine kommunistischen Freunde war ein an die Luft gesetzter Kollege ein toter Mann.

Die Partei fuhr auch fort, die Versöhnler ungeachtet ihrer Kapitulation zu jagen und zu beschimpfen. Es versteht sich von selbst, daß keiner der Parteiführer je einen Besuch bei Ernst im Krankenhaus machte oder sich auch nur nach seinem Befinden erkundigte. Auch seine Freunde machten da keine Ausnahme – wie etwa Pieck, der mit ihm zusammen ein ganzes Leben in der Partei verbracht hatte.

Die Ärzte drängten auf eine neue Operation, und das Problem beschäftigte uns sehr. Wollte man dem Chirurgen glauben, so handelte es sich wieder um eine vollkommen harmlose Angelegenheit, »nicht schlimmer, als wenn wir einen Finger abschnitten«; und er reagierte höchst ungeduldig auf unsere Unentschlossenheit. Besonders Ernst widerstrebte es sehr, sich einer weiteren Operation zu unterziehen, und er zögerte die Entscheidung bis zum letzten Moment hinaus. Die Operation war für Montag früh festgesetzt, und wir diskutierten sie bei meinem Besuch am Samstagnachmittag immer noch. Es schien absurd, sich selbst Schmerzen und Unannehmlichkeiten aufzuerlegen, ohne daß Hoffnung auf Besserung bestand. Aber weitere Grübeleien hatten keinen Wert: »Ich weiß, Du hast deinen Entschluß gefaßt«, sagte ich beim Abschied. Am Sonntag drängte es mich den ganzen Tag über, ihn zu sehen. »Finger abschneiden« – das konnte man mit örtlicher Betäubung. Ich hatte das noch ansprechen wollen, hatte es aber irgendwie vergessen. Es wäre sowieso sinnlos gewesen, da der Chirurg einen entscheidenden Eingriff vorhatte. Später erfuhr ich, daß die russischen Chirurgen eine frühere Operation abgebrochen hatten, weil sie während des Eingriffs feststellten, daß sie Ernsts Leben gefährdeten, wenn sie weiter gingen. Dem deutschen Chirurgen war das bekannt, aber er schreckte nicht vor dem Risiko zurück. Hinterher sagte er mir, daß er es für seine Pflicht gehalten habe, dem Patienten das Elend eines schleichenden Siechtums zu ersparen.

Seine ganze Haltung war zweifelhaft und nach den geltenden Maßstäben der ärztlichen Ethik unvertretbar. Aber so war die Auffassung vieler nichtkommunistischer Ärzte; die Russen fanden stärkere Ausdrücke für Operationen dieser Art, die sie »Tod unter dem Messer« nannten.

Am Montag wurde mir mitgeteilt, die Operation sei sehr erfolgreich verlaufen. Ich sah Ernst, wie geplant, am Tage darauf wieder. Er sah angegriffener aus als nach früheren Operationen, aber ich war nicht übermäßig in Sorge. Ich erschrak nicht einmal, als die Stationsschwester mir empfahl, mit dem Chirurgen zu sprechen. »Das ist so üblich«, beharrte sie. Nach dem normalen Austausch von Höflichkeiten sagte der Chirurg: »Ich hoffe sehr, daß wir ihn durchbringen.« Gab es denn daran einen Zweifel? Ach, es war bestimmt so eine ärztliche Redensart – ich weigerte mich hartnäckig, zu begreifen. Am anderen Tage fand ich Ernst in hohem Fieber und nur halb bei Bewußtsein. Jede nur denkbare Komplikation war eingetreten, er verlöschte zusehends. Eine mysteriöse Wand wuchs zwischen uns empor, unaufhaltsam. Er war im Begriff, sich in eine andere Welt zurückzuziehen, in der für mich immer weniger Raum war. Einmal bat er mich zu gehen. »Komm morgen wieder.« Manchmal schimpfte er wütend auf das Pflegepersonal, das ihm schlechte Getränke gäbe. »Es schmeckt so merkwürdig. Ich traue denen nicht.« Einmal fand ich ihn vor, wie er die »Internationale« sang, so laut es seine schwindenden Kräfte zuließen. »Das tue ich oft. Es schadet ja nichts«, versicherte er mir, »ich kann tun, was mir Spaß macht.«

Ich ließ mich überreden, nicht ins Krankenhaus zu ziehen: »Er ist die meiste Zeit gar nicht bei Bewußtsein.« »Sie dürfen nicht so lange auf einmal hier im Zimmer bleiben.« »Er wird merken, daß Sie da sind, und es könnte ihn erschrecken.«

Als es zu Ende ging, hielten sie mich von seinem Bett fern. »Er erkennt Sie nicht mehr.« Ich war wie betäubt und hatte keinen eigenen Willen mehr. Meine Knie zitterten, und ich sank auf einen Stuhl. Ich wartete – worauf? Die Stille war unheimlich, unheimlicher noch durch das Geräusch seines röchelnden Atems. Ich hatte dieses

Geräusch schon einmal gehört, bei meinem sterbenden Vater. Eine Fliege summte umher – unerträglich lebendig. Auch die Blumen lebten – er wollte sich »morgen« an ihnen freuen.

Plötzlich schreckte tiefes Schweigen mich auf. Sie machten etwas mit seinem Gesicht. Es war vorüber. Ich durfte nähertreten. Er sah ruhig aus und sein Gesicht gewann in sonderbarer Weise seine vertrauten Umrisse zurück.

Noch einmal füllte sich unsere Wohnung mit Menschen. Ernsts Freunde von früher erschienen und mit ihnen viele andere, die ich nicht kannte. Die Familie traf ein, Ernsts alte Mutter, Bruder und Schwester, seine beiden Söhne. Telegramme, Botschaften, Blumen kamen von überall her. Clara Zetkin schickte mir ihren Kranz, sie wollte nicht mit den Parteiführern zusammentreffen, die sie verabscheute.

Die Beisetzung war auf Donnerstag festgelegt; die Partei ließ mir das Programm für den Ablauf zur Billigung zukommen. Solange sollte Ernst in der Parteizentrale aufgebahrt liegen. Dann sollte er neben Franz Mehring begraben werden, dessen Freund und Lieblingsschüler er gewesen war. Das war Piecks Idee – der einzige spontane Ausdruck seiner Gefühle für einen alten Genossen.

Eberlein war mißtrauisch, was die Beisetzungspläne betraf: »Auf dem Papier sieht das gut aus, aber sie . . . sie können ihm nicht geben, was ihm gebührt. Selbst der tote Ernst Meyer ist für sie noch eine Bedrohung, ich kenne sie. Wir müssen gut aufpassen.«

Es war schlimmer als befürchtet. Pieck wurde beauftragt, den Nachruf zu schreiben, und er schilderte Ernst im wesentlichen als treuen Schüler Hilferdings; sein ganzes

Denken sei von seinem Mentor beeinflußt gewesen. Hilferding, der Wirtschaftstheoretiker, hatte eine Generation von Parteimitgliedern beeinflußt, und Lenin hatte noch nach der Revolution gesagt, daß kein ernstzunehmender Kommunist es sich leisten könne, Hilferdings Schriften nicht zu kennen. Aber eine Welt von Gegensätzlichkeiten trennte die Kommunisten von Hilferding, dem Sozialdemokraten; Pieck radierte mit einer Handbewegung rund fünfzehn Jahre einfach aus, in denen Ernst erbittert gegen seinen ehemaligen Lehrer gekämpft hatte. Es war in der Tat eine Diffamierung Ernst Meyers, die ganz und gar auf der Linie von Neumann und Münzenberg lag, eine weitere Beschuldigung der Parteinahme für Feinde des Kommunismus.

»Aber Ernst hat doch als Mitbegründer des Spartakusbundes 1914 Hilferding den Krieg erklärt«, sagte ich zu Pieck. »Ernst ist dazu ausersehen worden, bei der Ausarbeitung der einundzwanzig Punkte zu helfen, mit denen die Hilferdings aus der Kommunistischen Partei herausgehalten wurden.« Pieck blieb schweigsam, er wußte, was die Partei von ihm erwartete. Ich drohte: »Genosse Pieck, dieser Artikel darf nicht erscheinen, sonst mache ich den größten Skandal, den Berlin je erlebt hat. Ich warne Sie, ich in meinem Zustand bin zu allem fähig.«

Er war ganz erschrocken und entschuldigte sich. Wenn dieser Passus mich dermaßen aufrege, so wolle er ihn streichen, das verspreche er.

Mit dem Nachruf sollte ein Foto von Ernst veröffentlicht werden, und ich wurde gebeten, eines auszuwählen, das ich für das beste hielt. Es war bereits in Druck gegangen, als es plötzlich zurückgezogen wurde. Anscheinend konnten sie es nicht bringen, weil es ein gutes Bild war. Ein ziemlich verzerrtes Bild von Ernst, aus einem Urlaubsschnappschuß herauskopiert, war wohl für ihre Zwecke geeigneter[37].

Es war üblich, daß man an die Arbeiter appellierte, ihre toten Genossen zu ehren. Diesmal zeigte die Partei aber bloß an, welchen Weg der Trauerzug nehmen würde, und das noch kleingedruckt auf einer Innenseite[38]. Verwirrung schuf noch eine Änderung des Zeitplanes. Die Entschuldigung der Partei für diese Sabotagetaktik war, daß Straßendemonstrationen ja verboten waren und daß es nicht gut wäre, die Arbeiter der Gefahr von Mißhandlungen auszusetzen. Niemanden überzeugte diese Entschuldigung. Die Arbeiter ignorierten die suggestive Zurückhaltung ihrer Führung und das Risiko einer verbotenen Demonstration. Es ist geschätzt worden, daß Fünf- bis Sechstausend im Trauerzug gingen. Unter ihnen war allerdings nicht ein einziger der offiziellen Parteiführer.

Der Leiter der Literatur-Redaktion der *Roten Fahne* schrieb mir: ». . . wenn Sie meinen, es sei zu schwer zu tragen, so denken Sie an das unvergeßliche Lächeln, das Ihr Mann selber für solches Verhalten hatte.«

20

Der Verfall der Partei

Jetzt hielt mich nichts mehr in Deutschland. Für mich war Rußland nicht mehr das Paradies aus der Mitte der zwanziger Jahre, aber es bot auch nach den Erfahrungen meines letzten Besuches und trotz meiner Befürchtungen angesichts der neuen Entwicklungen immer noch genug Anziehendes, vor allen Dingen im menschlichen Bereich. Ich erhielt viele Briefe von russischen Freunden, die trotz des zunehmenden Stalin-Terrors mehr Courage zeigten als meine deutschen Genossen.

Aber es vergingen noch Monate, bevor ich nach Rußland fahren konnte. Pieck rief an, um mitzuteilen, daß die Partei mir zusätzlich zu der Rente vom Preußischen Landtag noch eine monatliche Zahlung bewilligt habe. Ich war noch zu krank, um zu arbeiten. Eberlein riet mir, mit Thälmann über meine Zukunft zu sprechen: »Schreiben Sie ihm, er weiß von Ihrer Krankheit. Schließlich waren Sie auch Levinés Frau. Die Partei hat Ihnen gegenüber eine Verantwortung.« Aber Thälmann empfing mich nicht.

Meine große Wohnung war eine gute Einnahmequelle. Drei Zimmer waren von jungen russischen Technikern bewohnt, deren Gäste mir neue Einsicht in die Lebensverhältnisse und die Stimmungen in der Sowjetunion vermittelten. Ich erfuhr, wie Rußland mit dem Mangel an Agronomen fertig wurde: »Wir lassen sie los, sobald sie in der Lage sind, ihre Lehrbücher zu verstehen; sie lernen in der Praxis.« Als ich mein Erstaunen nicht verbergen konnte, wurde ich belehrt: »Ihr Westler werdet es nie begreifen. Wir können nicht warten, wir brauchen die Agronomen *jetzt,* also was sollen wir machen?«

Die Techniker selbst gaben mir Hoffnung. Aufgewachsen unter dem neuen Regime, waren sie ihrem Lande mit ganzer Seele ergeben. Jeder von ihnen, in seliger Unkenntnis jeglicher Manieren oder Traditionen, sah zehn Jahre älter aus, sobald er über seine Arbeit sprach.

Schnell aber wurden meine Hoffnungen zerstört. Die jungen Enthusiasten hatten einen Anführer, Ramsin, der sie inspirierte; er wurde verhaftet und der subversiven Tätigkeit angeklagt, noch während seine Assistenten bei mir wohnten. Ein Schauprozeß sollte folgen[39]. Ramsins Jünger waren menschlich tief getroffen: »Wenn sich herausstellt, daß Ramsin ein Verräter ist, dann können wir überhaupt niemandem mehr trauen, nicht der Frau, nicht Vater und Mutter.« Sie verfielen in Apathie. Wozu soll man arbeiten, wenn die Arbeit zum Vorteil unserer Feinde genutzt werden kann oder durch Sabotage nutzlos zu machen ist? Keinen Augenblick lang stellten sie aber die Anklage in Zweifel. Sie mußten an die Schuld Ramsins glauben, weil ihre eigene Sicherheit von diesem Glauben abhing. Meine Untermieter sehnten sich nun nach der Sicherheit ihrer Heimat und zählten buchstäblich die Tage bis zu ihrer Rückkehr.

Ramsin war durch seine Verbindungen zur kapitalistischen Welt »demaskiert« worden. Bei seinem Prozeß gestand er die von seinen Anklägern erfundenen Verbrechen, wie all die anderen Angeklagten auch. Aber es gab keine Todesurteile. Monate später, als ich in Moskau war, erfuhr ich, daß er bereits in seine frühere Stellung

Clara Zetkin, 1932

wieder eingesetzt war, was die Anklagen insgesamt ein-
deutig zu einer Farce machte.

Irgend jemand in der Partei fand eine Arbeit für mich –
ich hatte in der Propagandaabteilung Daten und Materialien für Artikel und Vorträge zusammenzustellen. Ich
war verwöhnt, hatte ich doch Ernst als Informationsquelle zur Seite gehabt. Jetzt, da ich für mich selbst zu

sorgen hatte, spürte ich die Diskrepanz zwischen meiner politischen Erfahrung, in langen Jahren des Umgangs mit Parteifunktionären erworben, und meinen theoretischen Kenntnissen. An der politischen Alltagsarbeit der Partei war ich in der Vergangenheit nicht beteiligt gewesen, ich hatte nicht ihre Losungen und Lehren verbreitet; jetzt, Auge in Auge mit den verschiedensten Funktionären, machte ich kein Hehl aus meinen Bedenken und vertrat gelegentlich sehr leidenschaftlich meine Ansichten. Aber ich begriff, daß der Ort für Kritik die Parteizelle war und nicht irgendwelche Privatgespräche.

Unsere gesamte Propaganda konzentrierte sich auf die Kriegsangst und auf die Schmähung der »Sozialfaschisten«, ein Schema, das der letzte Parteitag von 1929 gesezt hatte. Remmele donnerte: ». . . alle Anzeichen weisen mit zwingender Kraft darauf hin, daß auf der Tagesordnung der Geschichte vor allem ein Krieg steht: der Krieg der imperialistischen Großmächte gegen die Sowjetunion . . .

Und hier dokumentiert sich insbesondere die grundlegende Tatsache, jene Veränderung, die wir seit dem VI. Weltkongreß gehabt haben, daß nämlich die Sozialdemokratie, die II. Internationale es ist, die heute an der Spitze der Organisierung, an der Spitze der ideologischen Vorbereitung des Krieges gegen die Sowjetunion steht.«

Thälmann selbst erklärte auf der anderen Seite, die Sozialdemokraten seien immer noch im Besitz der entscheidenden Massenbasis in der Arbeiterschaft. Aber solche flagranten Widersprüche wurden ignoriert, und die Propagandamethoden wurden fast von Tag zu Tag grobschlächtiger. Unsere Parteizelle allerdings bewältigte das alles spielend: Nicht ein Wort, nicht eine Geste, nicht eine gerunzelte Augenbraue verrieten den leisesten Unmut. Jeder Appell an den gesunden Menschenverstand meinerseits wäre ein Schrei in der Wüste gewesen.

Die neue Linie war fest etabliert, aber es mußte doch hier und da Gelegenheit geben, zunächst einmal ein paar vorsichtige Bemerkungen zu machen. Ich war Neuling und brauchte nach vier Jahren fern von der Parteiarbeit Zeit, Selbstvertrauen zu gewinnen.

Ich hoffte, ein paar der gebildeteren Parteimitglieder zu mir herüberziehen zu können, und bei Romma, einer Polin, die bei mir wohnte, bot sich dafür eine Chance. Sie und ihr Mann waren im Laufe ihres politischen Lebens manchmal in Konflikt mit der Parteilinie geraten. Doch in jenen fernen Tagen hatte das ihrem Ansehen und ihrer Stellung in der Partei keinen Abbruch getan. Jetzt war das anders. Ihr Mann hatte den Begriff »Sozialfaschismus« standhaft abgelehnt und war in Moskau in Haft. Sie war irgendwie durch die Maschen geschlüpft und zur Arbeit nach Deutschland geschickt worden. Wir führten in dieser Zeit so manches Gespräch dort in meiner Küche, und ich konnte sehen, wie sie unter der Trennung von ihrem Manne litt.

Bald darauf fuhr Romma nach Moskau, um der Komintern mündlich Bericht zu erstatten und um ihren Mann zu besuchen. Sie war ziemlich fest entschlossen, ihn jetzt nachdrücklicher zu unterstützen, koste es, was es wolle für ihre eigene Position. Aber sie mußte feststellen, daß ihr Mann eine große Wandlung vollzogen hatte, er stellte sich nun darauf ein, die geltende Parteilinie zu akzeptieren. Er warf ihr vor, sie habe sich von meinem Opportunismus anstecken lassen und es fehle ihr an revolutionärem Geist. Sie stritten ohne Unterlaß; am Ende sprach er überhaupt kaum noch mit ihr.

Als Romma wiederkam, suchten wir gemeinsam nach einer Erklärung für die Haltung ihres Mannes. Was hatte ihn so verändert? Natürlich wollte sie nicht zugeben, daß es eine menschliche Schwäche sein könnte. Bucharin hatte ja auch vollständig kapituliert. Kein Wort der Uneinigkeit in der gesamten Presse. Die Komintern schwärmte von der nahenden Revolution. Es war eben nicht die Zeit für Diskussionen – sollte er vielleicht den Ereignissen von draußen zusehen, außerhalb der Partei, wo doch Einigkeit nötiger denn je war? »Rußland ist in Gefahr, wir können es jetzt nicht im Stich lassen.«

Und Romma selber, was konnte sie außerhalb der Partei tun? Alle Brücken zu ihrem früheren Leben waren abgebrochen, sie hatte keinen Beruf gelernt, sie lebte mit falschen Papieren, von der Komintern geliefert. Ihre Ehe selber stand auf dem Spiel. Es war leichter, die risikoreichen Parteilosungen Stück für Stück zu schlucken und so zu tun, als täte man es für die Revolution. Die Wohnung hallte wider von ihren leidenschaftlichen Ausbrüchen gegen meinen Opportunismus. Alle Vernunftgründe prallten an ihr ab. Ich zeigte ihr einen absurden Artikel, in dem behauptet wurde: »Zu allererst müssen wir den sozialdemokratischen Arbeitern klar machen, daß das, was wir jetzt haben, eine faschistische Diktatur ist, und daß wir deshalb nicht auf irgendwelche künftigen Entscheidungskämpfe warten dürfen.« Sie antwortete mir, indem sie auf Thälmanns Ermahnung an die Adresse derjenigen hinwies, »die sich der umständlichen Berechnung von Prozentsätzen und Steigerungsraten des deutschen Faschismus widmen«, was er verächtlich als »Treppentheorien« bezeichnete. Das war Anfang 1932. Kirow, Sinowjews Nachfolger als Vorsitzender des Leningrader Sowjet, erklärte resolut, der deutsche Faschismus habe die verhängnisvolle Zahl von 96 % erreicht. Wer sollte sich da noch um die verbleibenden 4 % Gedanken machen?

Ich fragte Romma, wer denn die faschistische Diktatur in Deutschland ausübe, und las ihr Thälmanns Rede vom Februar 1932 vor: »Bei der Durchführung dieses faschistischen Kurses finden wir bis zum heutigen Tage in der Politik der deutschen Bourgeoisie das eigenartige System der *wechselseitigen* Ausnutzung der Sozialdemokratie und der Hitlerpartei, wobei das Schwergewicht nach wie vor bei der SPD als der sozialen Hauptstütze der Bourgeoisie liegt. Das Zentrum ist momentan die Partei, die für diese wechselseitige Ausnutzung der SPD und der Nazis durch das Finanzkapital in den Vordergrund gerückt ist. Das Zentrum plus Sozialdemokratie führt momentan die Politik des Finanzkapitals in Deutschland durch.«

Daraus konnte man schließen, daß das Zentrum die faschistische Diktatur ausübte. »Nun«, sagte Romma, »wir wissen ja alle, daß Thälmann nicht gerade ein großer Theoretiker ist.«

»Und wie ist es mit den intelligenten Arbeitern, die wir für uns gewinnen sollen? Wir machen uns doch lächerlich.«

»Wer nimmt schon die Presse ernst.«

In zunehmendem Maße warfen die Russen vor- und nachrevolutionäre Aufgaben durcheinander. So hatten die Russen zum Beispiel vor, Verpflegungszentren für die Arbeiter einzurichten, und 1932 setzte Pjatnizki den deutschen Kommunisten das Ziel, für die deutschen Arbeitslosen dasselbe zu machen. Unsere beklagenswerten Mitglieder erhielten die Order, Spenden für diesen Zweck zu sammeln. Sie hielten das für eine unlösbare

Aufgabe und grollten im stillen. Aber Romma war ungerührt: »Die Arbeiter können nicht mit leerem Magen
kämpfen, zuerst müssen wir sie füttern.«

»Die Bolschewiken haben es sich erst *nach* der Revolution, als sie der Staat geworden waren, zur Aufgabe gemacht, die Arbeiter zu ernähren. Wir hier entlasten damit bloß die Bourgeoisie von ihren Verpflichtungen«,
sagte ich. »In Deutschland ist es eben etwas anderes«,
war ihre Antwort.

Keine Absurdität der Partei war so groß, daß Romma sie
nicht geschluckt hätte. Das Fiasko der Präsidentschaftswahlen von 1932 wurde so erläutert: »Die Partei hat es
versäumt, den Schwerpunkt des Wahlkampfes darauf zu
legen, daß der imperialistische Krieg bereits begonnen
hat und daß die akute Gefahr eines Angriffs gegen die
Sowjetunion immer realer wird . . . Wir sind nicht imstande, konkreten Massenwiderstand gegen Munitions-
lieferungen zu wecken und zu organisieren.«

»Wir können gar nicht genug von der Gefahr reden – je
mehr, desto besser«, meinte Romma.

Ihr Mann brauchte noch einige Zeit, um den letzten
Schritt zu tun: um einen Artikel zu schreiben, in dem er
die Losung vom »Sozialfaschismus« verteidigte. Der Artikel erschien im Sommer 1932; er gab eine genaue Schilderung der Verwandlung der Sozialdemokraten zu »Sozialfaschisten«.

»Es war notwendig«, sagte Romma. »Bald werden die
Arbeiter begreifen, welche konterrevolutionäre Rolle
die SPD spielt – da macht es gar nichts, wenn man ein
bißchen übertreibt.«

Der Mann kam nun für die Kominternarbeit in Betracht
und traf bald in Berlin ein. Aber er merkte rasch, was die
neue Politik aus der Partei gemacht hatte; er sah ihre vor-

Arthur Ewert

getäuschten Erfolge, ihre Ohnmacht trotz der beeindruckenden Mitgliederzahlen. Er war zutiefst erschüttert: »Ich habe mich geirrt. Wir müssen warnen, müssen es hinausschreien – ich muß meinen Artikel widerrufen, ein Beispiel geben. Es ist meine Pflicht vor der Revolution.«

Es war Romma, die ihn zurückhielt. »Und wer soll Dir trauen und Dir folgen? Wer wird Dich jetzt ernst nehmen?«

Im Sommer 1932 kam Anna Pankratowa, und die beiden temperamentvollen Damen verbündeten sich gegen meinen »Opportunismus«. Während der Präsidentschaftswahlen erreichten unsere Diskussionen ihren Höhepunkt. Die Partei hatte erneut Thälmann als ihren Kandidaten aufgestellt. Die daraus folgende Wahl des Monarchisten Hindenburg hätte durch die Bildung einer Einheitsfront mit der SPD verhindert werden können.

Eine ähnliche Situation hatte es bereits unter Ruth Fischers Führung gegeben, und diese war wegen ihres Verhaltens von der Komintern angegriffen worden.

»Eine Einheitsfront mit den Sozialfaschisten? Das nennst Du einen Linksblock?« kreischten die Damen.

»Die Partei ist wegen dieser Haltung schon einmal kritisiert worden; wir dürfen doch nicht zweimal denselben Fehler machen«, argumentierte ich.

»Das ist doch jetzt etwas ganz anderes, jetzt sind die Sozialdemokraten wirklich zu Sozialfaschisten geworden.«

»Den Namen habt Ihr ihnen gegeben, nicht die Millionen von Arbeitern und anderen Wählern. Wir müssen uns bereit erklären, unter bestimmten Bedingungen, die sorgfältig durchdacht und bei den Massen populär sind, ihren Kandidaten zu unterstützen. Das war der Kurs, den die Komintern befürwortet hat, ich gebe nur wieder, was man mir beigebracht hat und was ich mich weigere zu vergessen.«

»Wir können uns nicht mit Sozialfaschisten an einen Tisch setzen, das wäre grober Opportunismus.«

Ich erinnerte sie daran, daß Lenin gesagt habe, wir müßten uns auch in einen Schweinestall setzen, wenn es für die Revolution notwendig sei.

Dann spürte ich plötzlich eine leichte Veränderung in Rommas Verhalten zu mir. »Was wird das Zentralkomitee eigentlich für Dich tun, wenn Hitler siegen sollte? Haben sie für Dich eine sichere Unterkunft und ordentliche Papiere? Unter Deinem richtigen Namen könntest Du nicht leben.« Der Grund für ihre Wandlung war eine neue Schwenkung der Parteilinie. Eines Abends sagte Romma: »Du hattest recht mit der Präsidentschaft. Pieck hat angeboten, einen SPD-Kandidaten zu unterstützen, und das sogar ohne alle Bedingungen[40].«

»Nun, Romma – und was willst Du jetzt tun? Du hast meine Ansichten ›groben Opportunismus‹ genannt – willst Du jetzt in Opposition gehen?«

Sie brach zusammen und sagte verzweifelt: »Was verleiht diesem Manne eine solche Macht über uns? Was bringt uns so weit, daß wir uns einer Politik unterwerfen, von der wir wissen, daß sie in den Untergang führt?«

»Dieser Mann« war Stalin.

Mit mir allein, gestattete Romma sich nun Kritik. Als die Pankratowa im Angesicht eindeutiger amtlicher Daten abstritt, daß die Partei für die Spaltung der Gewerkschaften verantwortlich sei, sagte Romma erbittert: »Noch vor kurzem hätte sie solchen Informanten ins Gesicht gelacht.«

Aber Romma selbst gehörte dazu. Sie schrieb leidenschaftliche Artikel zur Rechtfertigung unserer Gewerkschaftspolitik, zeichnete sich als Delegierte bei diversen Parteikonferenzen aus und wurde für ihre hingebungsvolle Arbeit belobigt. Sie zog aus, und ich weiß nicht, ob sie und ihr Mann trotz ihrer treuen Dienste nicht doch liquidiert worden sind.

Was mich selbst betraf, so bemühte ich mich, der Verantwortung zu entschlüpfen, indem ich ausschließlich für die russische Propagandaabteilung arbeitete. Harte Arbeit half mir über Selbstmordgedanken hinweg; die kluge Pankratowa wischte so etwas einfach vom Tisch: »Du wirst dafür gar keine Zeit haben.« Ich war in der Partei verwurzelt, obwohl alles mich aufbrachte.

Ernst pflegte zu sagen, das sicherste Zeichen des Verfalls sei Korruption an der Spitze, und ich hatte das zweifelhafte Privileg, die Stimmung, die Redeweise, die persönlichen Verhältnisse, den Zynismus der Führer mit anzusehen – alles deutete auf einen kläglichen Niedergang hin. Eines Samstags kam ich, um mein Gehalt abzuholen, und es stellte sich heraus, daß jemand vergessen hatte, eine Anweisung auszuschreiben.

»Diese Kreaturen!« schrie der Leiter unserer Finanzabteilung. »Du machst für sie die Dreckarbeit, sie kritzeln bloß noch ein paar lumpige Sätze hin, schreiben ihren Namen drunter und stecken das Geld ein. Es ist pure Ausbeutung, und dann haben die nicht einmal soviel Anstand, eine Anweisung rechtzeitig auszuschreiben.«

»Die« hieß in diesem Falle Genosse Lenz, Leiter unserer Propagandaabteilung. Er selbst war Mitglied des Zentralkomitees. Ich hingegen war im Grunde eine Außenseiterin, nicht gerade beliebt bei der Clique.

Korruption war in jedem Winkel zu spüren. Eines Morgens rief mich Frau Stoecker an. Sie und ihr Mann waren als Gäste in ein Ferienhaus auf der Krim eingeladen, und sie wollte nun wissen, was für Waren man kaufen sollte, um sie an die russischen Genossen weiterzuverkaufen.

»Sie wollen Geschäfte machen mit den Leuten, die Ihre Gastgeber sind?« fragte ich.

»Wieso – aber das tun doch alle. Alle Kollegen meines Mannes. Die russischen Genossen sind entzückt, wenn sie unsere Erzeugnisse bekommen können, und sie haben einen Haufen Geld, das sie nirgends ausgeben können.«

Ein weiteres Symptom war das alarmierende Umsichgreifen der sexeullen Promiskuität in den letzten Jahren der Republik. Radek hatte mir einmal erzählt, daß im Gegensatz zu allem Klatsch und Gerede die ersten Jahre der Revolution von großer sexueller Selbstbeschränkung gekennzeichnet waren, besonders in der Partei. »Das«, so erklärte er, »ist auch ein Beweis dafür, wie gesund unsere Revolution ist. Sie ist immer noch im Aufstieg, und wir sind mit der Erfüllung unserer großen Aufgaben zu sehr in Anspruch genommen.« Die Schlußfolgerung lag auf der Hand: Eine gut funktionierende Partei wäre in einer so kritischen Zeit »viel zu sehr in Anspruch genommen«, um sich sexuellen Ausschweifungen hingeben zu können.

Die Partei brüstete sich mit ihrer »monolithischen Einheit«. Von Zeit zu Zeit aber wurde die glatte Oberfläche von kleinen Wellen beunruhigend gekräuselt. Der plötzliche Sturz Neumanns und Remmeles im Sommer 1932 deutete auf ernste innere Kämpfe hin.

Ruth Fischer blieb ihrem ehemaligen Verbündeten Neumann gegenüber loyal und schrieb in ihrem Buch: »Neumann . . . bekämpfte mutig die Nazibewegung und war häufig in Straßenkämpfe verwickelt . . . Neumanns einsame Opposition zu der kommunistischen Politik der Tolerierung der Nazis im Sommer 1931 führte zu seiner Entfernung von seinem Posten als Thälmanns Sekretär.« (*Stalin und der deutsche Kommunismus*, S. 544)

Neumann hat in Wahrheit keinen Widerstand gegen die Parteilinie geleistet, er war, soweit die Komintern das erlaubte, ihr Hauptinitiator. Es war ein offenes Geheimnis, daß er all die Artikel und Reden der »Führer« schrieb. Das Äußerste, was sich Führer dieser Kategorie erlauben konnten, war vielleicht einmal eine vorsichtige Bemerkung nach Art eines falschen Zungenschlages, leicht zurückzunehmen und abzuleugnen.

Aber eine Zeitlang war ein typischer Cliquenkampf im Gange. Neumann wurde es nämlich müde, in Thälmanns

Schatten zu arbeiten. Zusammen mit Remmele, dem plötzlich durch sein Buch zum Lobe der Sowjetunion größere Prominenz zuteil wurde (die Pankratowa beeilte sich, ihm die Eigenschaften eines »echten Führers« zu bescheinigen) und der unter diesen Umständen auch keinen Grund mehr sah, immer die zweite Geige zu spielen, begann Neumann Ärger zu machen. Das war nicht eigentlich ein Griff nach der Macht, sondern vielmehr ein verzweifelter Versuch, sich der ständigen Prüfung zu entziehen, Thälmanns Reden über sich ergehen lassen zu müssen. Ruth Fischer schildert das am Beispiel einer Sitzung der Exekutive:

»Er wandte sich an die russischen Führer, als spräche er im Lustgarten, mit voller Stimmstärke, in seiner ungehobelten Agitationsmanier. Steinern saßen die Russen da . . .« (S. 515). Ein Auftritt, der sie und Maslow, so schreibt sie, »erröten ließ«, und sie bewunderte die Russen wegen ihrer fabelhaften Geduld.

Die Deutschen waren solchen Auftritten mindestens einmal wöchentlich ausgesetzt, und in seiner heimischen Umgebung legte Thälmann sich noch weniger Zurückhaltung auf. Teilnehmer solcher Sitzungen berichteten, daß sie so nach einer Stunde vollkommen erschöpft waren von Langeweile und unterdrückter Wut. Am Ende beschloß Neumann, »zu handeln«, er weigerte sich schlicht, mit seinem Chef weiter zusammenzuarbeiten.

Nun stand die Komintern vor der Wahl zwischen ihm und Thälmann; hier aber hatte der gewitzte Neumann seine Bedeutung überschätzt. Thälmann, der erklärte *proletarische* Führer, machte eine weit bessere Figur als der schneidige junge Intellektuelle. Neumann und Remmele wurden fallengelassen.

Um das auch gründlich zu erledigen, wurden gleich reihenweise weitere Funktionäre geopfert. Und das aus keinem anderen Grunde als dem, daß sie enge persönliche Beziehungen zu den Gestürzten hatten – was bis dahin die Garantie für ihr Ansehen und ihre Sicherheit gewesen war. Die Mitgliedschaft erfuhr lange Zeit nichts über die Umgruppierung und schon gar nichts über deren Gründe.

Ich hatte eine Versammlung in Nürnberg, und als wir hinterher wie üblich mit einigen Parteiaktivisten zusammensaßen, intereressierte es mich, wie man ihnen den Fall dargestellt hatte. Ich wagte ein paar Fragen nur danach, *was* denn eigentlich geschehen sei.

Da sie sich außerstande sahen, irgendwelche handfesten Gründe für Neumanns Sturz zu nennen, hatten sie in gewisser Weise recht, meine Fragen als einen Schritt zu Neumanns Verteidigung zu betrachten. Am anderen Morgen wurde ich vor den örtlichen Vorstand zitiert und wegen der Verbreitung von Pro-Neumann-Propaganda gerügt. Ich empfahl den Genossen, mich dem Zentralkomitee zu melden – was Neumann-Sympathien anging, fühlte ich mich wirklich sicher . . .

Da Beschlüsse stets einstimmig gefaßt wurden und politische Unstimmigkeiten gar nicht in Frage kamen, waren die Opfer selbst von den einschneidenden Maßnahmen vollkommen überrascht. Remmele, den ich im persönlichen Gespräch befragte, konnte keine Erklärung finden. Bekümmert sagte er: »Eines Tages wird die Geschichte diesen Fall klären.«

Eins der beiden Opfer, Heinz Neumann, war ein echter Ultralinker und gehörte zusammen mit Thälmann zu Ruth Fischers engstem Kreis. Aber sie wurden beide nach ihrem Hinauswurf »aufgespart« und arbeiteten eine Zeitlang mehr oder weniger getreulich für die neue Parteilinie. Neumann allerdings fühlte sich bei der Durchführung der ultralinken Politik weit mehr in seinem Element.

Remmele hielt nie viel von den ultralinken Taktiken. Er mit seinen beträchtlichen Erfahrungen aus der Arbeiterbewegung war der Sache einstmals aufrichtig ergeben gewesen. Später akzeptierte er, wie die anderen auch, die verschiedenen Schwenkungen und war durchaus bereit, das auch in Zukunft zu tun. Er war in der Tat ein »unschuldiges« Opfer. Sein Sturz vollzog sich verhältnismäßig leise. Die Genossen und auch ich erfuhren eigentlich erst davon, als sein Sohn ganz plötzlich und völlig unvorhergesehen vom Vorsitz der Jugendorganisation abgelöst wurde.[40a]

Die Scheinwerfer waren auf Neumann gerichtet. Er figurierte von nun an als Prügelknabe für alle Torheiten, die die Partei beging, vor allem für die Losung »Schlagt die Faschisten, wo ihr sie trefft[41].« Es wurde statthaft, die Losung zu kritisieren, nachdem es möglich geworden war, sie Neumann in die Schuhe zu schieben, und ich machte einmal bei einer Parteiversammlung in Moskau davon Gebrauch:

»Wenn Kommunisten hier und da zur Diskussion bei einer Naziversammlung auftreten durften, wurden sie zu allererst gefragt: ›Wie stehen Sie zu der Losung, uns zu schlagen?‹ Und dann standen sie vor der Alternative, entweder die Losung abzulehnen, was bedeutete, daß sie einem Parteibefehl zuwiderhandelten, oder sie zu bestätigen . . . und in diesem Falle war es beispielhafte Höflichkeit, wenn die Nazis sie ungeschoren gehen ließen.«

»Aber eine solche Losung ist doch pure Provokation«, war das einstimmige Urteil der Versammlung. »Wie konnte die Partei denn so etwas dulden?«

Gerhart Eisler, mit (dritter) Frau Brunhilde Rotstein, 1953 in Ostberlin

Ich unterdrückte die Frage: »Warum habt Ihr, die ruhmreichen Bolschewiken, denn eine solche Politik so lange
geduldet?«
Ich wußte: noch wenige Monate zuvor, als sie die Kra-
keelereien noch als »revolutionären Mut« priesen, wären
sie mir ins Gesicht gesprungen.

Opposition gegen die Parteilinie in Deutschland war
nicht mehr nur politischer Richtungskampf. Opposition
bedeutete in den meisten Fällen den Verlust des Lebens-
unterhaltes – was besonders bedrohlich war angesichts

der wachsenden Arbeitslosigkeit. Schmähung und Verunglimpfung waren schmerzlich genug, alles überschattend aber war die Drohung der Verbannung aus dem Paradies. »Ich kann mich doch nicht selbst von der Sowjetunion abschneiden«, war das am häufigsten wiederholte Argument.

Dieser Zustand führte zu schändlichen Akten der Unterwerfung. Am 23. Februar 1930 schrieb Arthur Ewert, führendes Mitglied in Ernsts Fraktion, einen »Offenen Brief« an das Sekretariat des Zentralkomitees, der in der *Roten Fahne* abgedruckt wurde:

Werte Genossen!
Die sich immer mehr zuspitzende politische Lage in Deutschland, die sich immer fester schließende Einheitsfront aller Kräfte der Reaktion einschließlich der SPD, gegen die Kommunistische Partei und die wachsende Kriegsgefahr gegen die Sowjetunion erfordern eine klare Stellungnahme zur Politik der KI und der KPD von jedem Mitglied der Partei. Da ich bis zum Weddinger Parteitag in einer Reihe von Fragen eine von wichtigen Beschlüssen der KI und KPD abweichende Meinung vertreten habe, möchte ich heute folgendes erklären:
Ich erkenne die von mir bis zum Weddinger Parteitag mündlich und schriftlich vertretenen und von der Partei abgelehnten und bekämpften Auffassungen als falsch an. Die von mir vertretene Einschätzung der Lage hat sich als unrichtig erwiesen. Unter anderem hat die Krise in USA, wie auch die Zuspitzung der Lage vor allem in Deutschland, die Richtigkeit der Einschätzung der Situation durch die KI und die KPD erhärtet. Dasselbe gilt ebenfalls für die taktischen Fragen, in denen ich im Gegensatz zu den Beschlüssen der Partei stand (Gewerkschaftsfrage, Betriebsrätewahlen, Sozialfaschismus).

Ich verpflichte mich, in allen Fragen die Beschlüsse der Partei aktiv durchzuführen und erkenne die Unzulässigkeit jeder Fraktions- und Gruppenbildung an.

Ich bin vollständig mit der Generallinie und Taktik des ZK der KPSU einverstanden und lehne die Auffassungen ab, wie sie vom Genossen Bucharin vertreten wurden.

Ich verpflichte mich, unter Führung des ZK und seiner Leitung den Kampf gegen alle opportunistischen Auffassungen innerhalb der Partei, gegen die rechten Parteifeinde der Brandler-Organisation sowie gegen jede versöhnlerische Haltung ihnen gegenüber zu führen.

Meine Zustimmung zu den Beschlüssen der KI und der KPD und die Verpflichtung, sie aktiv durchzuführen, bezieht sich auch auf den Beschluß der KI in der Angelegenheit Wittorf.

Mit kommunistischem Gruß
gez. Artur Ewert.

Die Parteiführung konnte triumphierend kommentieren:

»Die obige Erklärung des Führers der Versöhnlergruppe zieht einen Schlußstrich unter den Kampf, den die Gruppe des Genossen Ewert mehr als anderthalb Jahre hindurch gegen die Kommunistische Partei Deutschlands und die Kommunistische Internationale geführt hat. Die Bilanz, die sich dabei für die Versöhnlergruppe ergibt, ist vernichtend. Genosse Ewert selbst stellt fest, daß sich seine Auffassungen in allen grundsätzlichen und taktischen Fragen als »falsch« und »unrichtig« erwiesen haben. Er stellt fest, daß die Einschätzung der geschichtlichen Entwicklung durch die Komintern und die KPD durch die Ereignisse erhärtet und ihre Politik durch die praktischen Ergebnisse als richtig erwiesen wurde. In der

Tat hat die Gruppe der Versöhnler mit ihren Auffassungen zu allen Fragen auf allen Gebieten einen vollständigen Schiffbruch erlitten.«

Heinz Neumanns Frau lieferte uns eine ausgezeichnete Darstellung, wie die unglückseligen kommunistischen Führer in dieser Zeit von der Komintern manipuliert worden sind. Die Beobachtung ihres eigenen Mannes aus nächster Nähe faßt sie so zusammen:

»Natürlich muß in jenen Jahren das politische Selbstbewußtsein Heinz Neumanns bereits angekränkelt gewesen sein, denn bei ihm, wie bei allen kommunistischen Parteiarbeitern, wird der Glaube an die eigene Kraft bald erschüttert und damit das Vermögen zur Kritik untergraben. Die Abhängigkeit des Parteiarbeiters bringt es mit sich, daß er aufhört, alles zu sagen, was er denkt. Im Anfang unterdrückt er seine Kritik aus Solidarität mit der Bewegung, aber nach und nach werden die Grenzen des duldsamen Hinnehmens immer weiter hinausgeschoben. Er schweigt, kommt aber dadurch in Konflikt mit sich selbst und ist schließlich, wenn ihm die Kraft zum Bruch mit der kommunistischen Bewegung mangelt, ein Gefangener der Partei oder des Kominternapparates. Wenn er dann noch in die Mühle der Kritik und Selbstkritik, der sogenannten Durcharbeitung durch die Komintern, gerät und gegen seine Überzeugung angebliche politische Fehler öffentlich bekennen muß, ist sein seelisches Rückgrat sehr bald gebrochen[42].«

Es ist leider wahr, daß auch Heinz Neumann nicht zu den passiv Leidenden in der Hand der Komintern gehört hat. Er hat selber eine recht prominente Rolle bei der Rückgratbrecherei gespielt, und zwar häufig und mit sehr häßlichen Methoden. Das ändert natürlich nichts an der Richtigkeit des Bildes, das seine Frau gezeichnet hat.

Ebensowenig ist zu bezweifeln, daß der unglückselige Neumann, der ja ein Opfer der Praktiken Ruth Fischers war, gelitten hat, als er von seiner eigenen Medizin zu kosten bekam.

Ich erinnere mich an Ernsts Worte, als er von Bucharins erster Kapitulation im November 1929 erfuhr: »Wenn die Kommunistische Partei nur noch für zerstörte Persönlichkeiten Platz hat, dann hat die Geschichte keinen Platz mehr für die Kommunistische Partei.«

21

Rußland 1931

Ich konzentrierte mich jetzt in meiner Arbeit für die Partei auf Sowjetrußland, und 1931 beschloß ich, es mir wieder einmal anzusehen. Auch wollte ich für die Veröffentlichung von Ernsts Buch über den Spartakusbund sorgen – die deutsche Partei hatte es abgelehnt, das Buch herauszugeben[43]. Ich hoffte, die Russen wären objektiver.

Gleich nach meiner Ankunft in Moskau suchte ich Radek auf, der – nachdem er kapituliert hatte – zum Chefredakteur der *Iswestija* ernannt worden war und von dem das Gerücht ging, er sei Stalins Chefberater. Aus zuverlässiger Parteiquelle hatte ich gehört, er sei von einem inneren Leiden, das sein Augenlicht unmittelbar in Mitleidenschaft zog, stark angegriffen. Ein längeres Exil unter ungünstigen Klimabedingungen brächte für ihn die Gefahr der völligen Erblindung. Aber man nahm seine Übergabeerklärung im Geiste der Vergebung entgegen und billigte ihm »mildernde Umstände« zu. In seine ehemalige Behausung im Kreml ließ man ihn nicht wieder einziehen; er lebte jetzt in der Wohnung seiner Frau. Sie war unangetastet geblieben – damals wurden noch nicht ganze Familien automatisch dafür bestraft, daß sie miteinander verwandt waren.

Ich fand Radek ein bißchen gedrückt, aber immer noch sprühend vor Witz und Energie. Er dankte mir, daß ich ihm die Herausgabe von Ernsts Buch anvertrauen wollte:

»Ich verspreche Ihnen, daß ich sorgfältig damit umgehen werde – so, wie ich mir die Behandlung meiner eigenen Werke wünsche, wenn ich einmal nicht mehr da bin. Ich hatte mit Ihrem Manne manche Auseinandersetzung, aber ich weiß auch einen Menschen von Ernsts Meyers Bedeutung zu respektieren. Natürlich wird das Buch veröffentlicht, und niemand wäre für diese Aufgabe besser geeignet.« Er bot mir an, für seine geplante Monatszeitschrift *Hinter der Grenze* zu arbeiten. Ich sollte Artikel schreiben und weitere Mitarbeiter heranziehen. Dann fragte er mich, wie es denn so in Deutschland stünde. Ich antwortete: »Meine feste Überzeugung ist diese: Falls es andere Wege zur Revolution geben sollte als die, die Lenin uns gezeigt hat, dann haben wir die Revolution in spätestens zwei oder drei Jahren. Falls nicht, dann sind wir rettungslos verloren.«

In diesem Augenblick trat Preobrashenski ins Zimmer. Radek machte uns bekannt. »Das ist die Genossin Leviné, soeben aus Deutschland eingetroffen.« Und er fügte in seiner gewohnten Juxmanier hinzu: »Sie ist ganz gerissen, weißt du, sie möchte, daß wir die Arbeit der deutschen Genossen machen und ihnen die Revolution auf den Bajonettspitzen unserer Roten Armee servieren.«

Ich explodierte. »Nicht ich, die Komintern, die Lenins Lehren zum Gespött macht, baut offenbar mehr auf die Rote Armee als auf die deutsche Partei. Ihr müßt etwas tun, um die drohende Katastrophe abzuwenden. Es ist eure Verantwortung, denkt daran, was die Geschichte von euch sagen wird.« Radek sagte mit einem Schulterzucken: »Wen kümmert schon die Geschichte, wir alle werden dann tot sein.« Preobrashenski gab gar keinen Kommentar.

Ich zeigte Radek ein paar Beispiele von Arbeiter-»Menüs«, die ich gesammelt hatte, um in Versammlungen die schlimme Lage der deutschen Arbeitslosen zu illustrieren. Er lachte nur. »Damit wollen Sie bei uns Eindruck machen? Nein, das ist nicht gut genug – oder nicht schlecht genug, wie Sie wollen. Sie sprechen besser überhaupt nicht davon.«

Nun fragte ich meinerseits, wie es in Rußland aussähe, wie lange die Not noch dauern würde? Er versicherte mir nachdrücklich, daß das Schlimmste überstanden sei; noch ein Jahr vielleicht, dann würden sich die Wohltaten des Fünfjahrplanes zeigen, es stünde außer Frage, daß er Erfolge bringen würde, sagte Radek. Sehr ungehalten aber war er darüber, daß man der deutschen Partei Geschichten über ein Sowjetleben in Saus und Braus erzähle. »Das ist ganz und gar falsch. Im Gegenteil, man muß bekannt machen, was für Schwierigkeiten Rußland hat, damit die Klassensolidarität mit dem Proletariat geweckt wird und letzten Endes der Wunsch, Rußland zu Hilfe zu kommen. In diesem Falle ist die Wahrheit eine Sache der revolutionären Zweckmäßigkeit. Eure Methoden züchten Untätigkeit: Da sitzen die Genossen auf dem Hintern und warten darauf, daß das mächtige Rußland *ihnen* zu Hilfe kommt!«

Ich war entsetzt, als ich sah, welche Veränderungen seit meinem letzten Besuch vor nur zweieinhalb Jahren vor sich gegangen waren. Ich hatte aber auch allen Grund, Radeks Versicherungen zu glauben, daß der Höhepunkt der Schwierigkeiten überschritten war. Mein Besuch fiel zusammen mit der Verkündung der berühmten »Sechs Punkte« Stalins: Differenzierte Bezahlung, persönliche Verantwortlichkeit auf leitenden Posten, stärkere Be-

Wilhelm Pieck

rücksichtigung der Bedürfnisse der alten Technikerkader und so weiter. diese Punkte, die jedermann einen Seufzer der Erleichterung entlockten, waren großzügige Versprechen besserer Lebens- und Arbeitsbedingungen.

So begann der Fünfjahrplan Früchte zu tragen, und Stalins Prestige schnellte in gewaltigen Sprüngen in die Höhe. Jedermann sprach von dem »großen, weisen Realisten«, dem »mit beiden Beinen auf der Erde stehenden Führer« – er wußte genau, was das Land brauchte.

Ich beobachtete Stalins Methoden in der Praxis. Vor allen Dingen war die Arbeiterschaft in verschiedene Schichten unterteilt, je nach ihrem Wert für die Industrie. Es war so etwas wie eine »Arbeiter-Aristokratie« geschaffen worden: Arbeiter, die für die wichtigsten Wirtschaftsbereiche unverzichtbar waren. Sie erhielten Vorzugsnahrung und Vorzugsbezahlung, man feierte und umschmeichelte sie. Als Verordnungen erlassen wurden, daß ein einziger versäumter Arbeitstag oder ein Wechsel des Arbeitsplatzes mit dem Entzug der Lebensmittelkarte oder mit der Vertreibung zu bestrafen wären, versicherte man den Privilegierten: »Die Verordnung betrifft natürlich nicht euch. Ihr gehört ja nicht zu der ekelhaften Sorte von Müßiggängern und Karrieristen, die nur an sich selber denken. Ihr seid dabei, eine historische Aufgabe zu erfüllen, die Welt schaut bewundernd zu euch auf – ihr braucht euch keine Sorgen zu machen.«

Und die Partei, die einmal so stolz auf ihre Exklusivität gewesen war und so eifrig darauf geachtet hatte, nicht in den rückständigen, unwissenden Massen unterzugehen, sie warb jetzt ohne Diskriminierungen um neue Mitglieder. Rosa, Jagloms Frau, gehörte einer Kommission an, die Parteianwärter zu befragen hatte, und ich durfte einer ihrer Sitzungen beiwohnen.

Ein junger Arbeiter erschien.

»Wer ist Stalin?«

»Der Führer.«

»Aber welche Position hat er? In welcher Eigenschaft führt er?«

»Als Führer.«

»Wissen Sie nicht, daß er der Generalsekretär der Partei ist?«

»Oh doch, doch, er ist der größte von allen, der General.«

Ihr barmherziger Wink mit dem Zaunpfahl ging daneben, sie kam so nicht weiter und wandte sich einem anderen Thema zu: »Was wissen Sie über die Opposition und Bucharin?«

Sein Blick war leer. Ein anderes Mitglied der Kommission mahnte: »Die Frage ist zu allgemein gestellt.« Rosa korrigierte sich: »Erzählen Sie uns etwas über Bucharins Kampf gegen die Partei.« Jetzt wurde der Arbeiter recht beredsam. Er hatte in seinen Betriebsversammlungen eine Menge Reden gehört. »Bucharin hilft den Kulaken und den NEP-Leuten. Er ist schädlich für die Partei. Wir müssen ihn mit aller Macht bekämpfen.«

Er wurde in die Partei aufgenommen mit der Begründung, daß er »ein aufrechter Proletarier« sei.

Bemerkenswert an dieser Periode war der Zynismus der herrschenden Kreise. Sie machten sich über die Versprechen des Fünfjahrplanes lustig und ließen böse Witze kursieren. Zwei Freunde treffen sich in der Luft – natürlich gehören gewöhnliche Verkehrsmittel bald der Vergangenheit an –; »Wohin fliegst du?« fragt der eine. Der andere nennt eine sehr weit entfernte Provinzstadt. »Und wozu?« »Dort soll es ein Viertelpfund Butter auf die Zuteilung vom letzten Jahr geben.«

Um dem katastrophalen Fleischmangel zu begegnen, ließen die Planer einen ausgedehnten Werbefeldzug für die Kaninchenhaltung vom Stapel. Seitenlang widmeten sich die Zeitungen der Verbreitung von Zuchtanleitungen, Wettbewerben und Belobigungen erfolgreicher Züchter. »Was ist ein Kaninchen?« fragt ein Genosse. »Das weißt du nicht? Das Rindvieh vom Genossen Stalin.«

Oder: Ein irritierter Molotow sagt zu Stalin: »Ich habe

stundenlang überall nach dem neuen Riesenvorratslager gesucht, über das die *Iswestija* berichtet, und ich habe es nicht gefunden.« »Hör auf zu suchen und halte dich lieber an die Zeitung, da findest du alles.«

Die Sowjetregierung appellierte an das Volk, ihr eine Anleihe zu geben. Die erste Reaktion kam natürlich aus den Betrieben mit den stärksten kommunistischen Zellen. Um ein Beispiel zu geben, zeichneten sie einen Monatslohn und mehr. Ein »sozialistischer Wettbewerb« ermunterte die Arbeiter, noch größere Beiträge zu leisten. Das Echo war überwältigend, die Gebote von Institutionen, Schulen und Einzelpersonen strömten nur so herein. Wer hätte den Mut gehabt, sich da auszuschließen? In einer örtlichen Verwaltungsstelle der Sowjetbürokratie hatte man alle Hände voll zu tun, um die vielen Beträge zu registrieren. Die Funktionäre schienen verblüfft über die Macht ihrer »Überredungskunst«; sie kicherten und ließen sarkastische Bemerkungen fallen: »Sieh dir bloß diese Enthusiasten an! Sie können es gar nicht abwarten, ihr Geld loszuwerden.«

Als ich in Moskau eintraf, ging gerade der sogenannte »Menschewikenprozeß«[44] zuende. Nicht für einen Augenblick hegten meine russischen Freunde Zweifel an den fantastischen Anklagen. Die Pankratowa erstattete mir einen detaillierten Bericht über den Verlauf der Verhandlungen, und dabei enthüllte sie auch vertrauliche Fakten, die der Öffentlichkeit unbekannt geblieben waren. Sie bestand darauf, daß ich einige der kompromittierenden Dokumente las. Dahinter stand offenbar nicht so sehr ihr Wunsch, mich zu überzeugen – ihr kam gar nicht der Gedanke, daß ich Zweifel haben könnte –, sondern vielmehr der Drang, ein niederschmetterndes Erlebnis mit mir zu teilen. Ich hörte ihr zu, las die viele Seiten umfassenden Beschuldigungen – es war alles da, alles wohldokumentiert, nicht eine Minute lang glaubte ich davon ein Wort. Ich war erschüttert und beschloß jetzt und hier, keinesfalls in Rußland zu leben, solange solche Prozesse möglich waren. Irgendwo aber war ich immer noch »gläubig«, immer noch der festen Überzeugung, daß dies die letzten Zuckungen einer großen Erhebung wären, die mit der Stabilisierung, die nun vor der Tür stand, verschwinden würden.

Ich dachte mir, daß ich mich ja auch einmal der Schaufensterseite des Sowjetlebens zuwenden könnte, und besuchte Schulen, Betriebe, Gefängnisse. Nach wie vor brillierte das Land mit Originalität und Unternehmungsgeist. Ich sah Gefängnisse, die Bauern drei Monate Urlaub für die Saisonarbeit gaben, und diese versäumten es nie, wiederzukommen; Gefängnisse, wo einmal im Monat ein Schauspiel auf die Bretter kam, zum Teil mit berühmten Künstlern wie der Ballerina Geltzer und dem Schauspieler Neschdanow; wo Kriminelle nicht bestraft, sondern erfolgreich umerzogen wurden, wo Prostituierte dazu gebracht wurden, wieder ein normales Leben zu führen. Die Gefängnisse wetteiferten mit den Fabriken in der Steigerung ihrer Produktivität, und ein Gefängnis hielt die Spitze der Arbeitsnorm und schlug eine Moskauer Fabrik im Wettstreit um den Siegerpreis – eine Lenin-Büste. Häuser für Mütter und Kinder wurden in allen Großstädten eingerichtet, ebenso Kinderfürsorgestellen. Betriebe übernahmen die Schirmherrschaft über Kindergärten und Schulen und junge Pioniere halfen bei der

Ausmerzung des Analphabetentums und der Einführung der Regeln der Hygiene. Betriebe und Pioniere hatten eigene Zeitungen, junge Arbeiter hatten eigene Bühnen und die ehemaligen Parias des Landes, die Bauern, hatten eine Zeitung mit zweieinhalb Millionen Auflage. Jeder große Betrieb hatte seinen Literaturkreis, und Arbeiterstoßbrigaden wurden dem Erziehungsministerium beigegeben. Ich habe viele gefühlvolle Geschichtchen gehört, die schilderten, wie Pioniere die Trümmer aus einer schlimmen Vergangenheit aufräumten.

Ich besuchte Bolschewo, die Strafkolonie für Schwerverbrecher – unter ihnen einige Mörder –, und erfuhr von ihrer Bittschrift an die Regierung: Sie wollten, daß man dem Leiter der Staatspolizei, Menschinski, seinem Stellvertreter Jagoda und einer Reihe von Mitarbeitern »für ihre Arbeit an unserer Umerziehung« den Lenin-Orden verliehe, die höchste Auszeichnung der Sowjetunion.

An Stalins »Sechs Punkten« entzündete sich eine Kampagne für die Verbesserung der sanitären Einrichtungen, für Sauberkeit, für Verschönerung, als wollte man der versprochenen strahlenden Zukunft einen würdigen Empfang bereiten. Die gesamte Bevölkerung, Arbeiter, Hausfrauen, Jugendliche, Pioniere, alle wurden mobilisiert, um Kasernen, Häuser, Speisesäle zu inspizieren. In Moskau wurden jetzt mehr Bäume gepflanzt als in den letzten fünfzig Jahren zusammengenommen. Die Aufwallung von Energie und Begeisterung schien Trotzkis Gerede über Apathie und Gleichgültigkeit, mit denen er Stalins Aufstieg zur Macht erklärte, Lügen zu strafen.

Ich wurde in die Ferien geschickt. Der Ort, den Stalins Büroleiter für mich ausgesucht hatte, war ein ehemaliger Landsitz des Grafen Barjatinsky, jetzt zu einem Ferienheim geworden. Es lag im Kursker Bezirk, der wegen der

Paul Levi

periodisch über ihn hereinbrechenden Hungersnöte bekannt war. Der Landsitz umfaßte mehrere Gebäude und
150 Zimmer, vervollständigt durch einen herrlichen
»englischen Park«, Fisch- und Badeteiche, Treibhäuser
und vieles mehr. Vor der Revolution wurden hier ständig
Hunderte von Dienstboten beschäftigt, die das alles in
Ordnung hielten – und nur alle zwei oder drei Jahre einmal war das Anwesen für ein paar Monate bewohnt. Jetzt
konnten sich dort rund zweihundert Menschen erholen
und etwas für ihre Gesundheit tun. Das Haus war vollgestopft mit Menschen, die sich in ihrem Alltag zu Tode arbeiteten, um bessere Lebensverhältnisse zu schaffen,
viele von ihnen hatten böse Narben aus dem Bürgerkrieg.
»Barjatinskoje« war wie eine lebendige Illustration der
sozialen Gerechtigkeit.

Wenn, wie man nach Radeks Erklärung und Stalins Versprechungen hoffen durfte, das Ende der Not in Sicht war, dann würde der Gewinn vielleicht die großen Opfer wettmachen. Der Fünfjahrplan wurde der Welt als die bewußte Willensbekundung des Proletariats präsentiert, den Gürtel – für kurze Zeit – enger zu schnallen (soweit er überhaupt noch enger zu schnallen war), um etwas von bleibendem Wert zu schaffen. Ich wußte es besser. Ich wußte, daß man die Arbeiter ins Abenteuer gelockt hatte. Aber ich war es gewöhnt, die Partei als den fortschrittlichen Teil des Proletariats zu sehen, der in seinem Namen nicht so sehr die aktuellen Interessen, sondern vielmehr den »historischen Willen« der Arbeiterschaft verwirklichte.

22

Deutschland 1932

Mit dieser Überzeugung kehrte ich als Rußland-Bericht-
erstatterin nach Deutschland zurück. Meine Hauptaus-
beute aus dieser Zeit ist in einem 24seitigen Artikel über
»Die Bedeutung des Fünfjahrplanes« niedergelegt. Unsere Propagandaabteilung hatte ihn bestellt, er sollte
kommunistischen Wahlkämpfern bei einer der bevorstehenden Wahlen als Leitfaden dienen. In diesem Artikel
berichtete ich über die großen Errungenschaften des Pla-
nes, wobei ich mich auf die offiziellen Statistiken als Be-
weismaterial stützte – vierundzwanzig Seiten lang Lügen.
Rückblickend lesen sie sich wie das Gefasel eines Irren.
Ich schrieb es in gutem Glauben, besonders dort, wo ich
die Wohltaten schilderte, die das Land im kommenden
Jahr 1932 zu erwarten hätte. Ich fügte auch – allerdings
auf Drängen des Parteiapparates – Passagen ein, die sich
mit dem schweren Schaden befaßten, den die Kulaken
und die alten Technikerstäbe mit ihrer Sabotage ange-
richtet hätten. Es war verblüffend, was mit einem winzigen Knick des Denkens zu erreichen war: Ich sagte mir,
die Kulaken hätten schließlich bei den Ernährungs-
schwierigkeiten *wirklich* eine negative Rolle gespielt und
bei einem Teil der abgesetzten führenden Technologen
sei doch wohl unbestreitbar die *Tendenz* vorhanden gewesen, das neue Regime zu boykottieren.
Ich zähle diese Passagen zu meinen finstersten Fehlern

und glaube, daß Halbwahrheiten die schlimmsten Lügen überhaupt sind. Bei Versammlungen weigerte ich mich entschieden, die Märchen der Partei von Rußlands Wohlleben nachzubeten, und dafür handelte ich mir ärgerliche Zurechtweisungen der jeweiligen Vorsitzenden ein. Aber die Zuhörer hatten sich von der Partei nicht wirklich irreführen lassen, ich merkte das an dem Dank, den mir sogar meine Halbwahrheiten eintrugen – sie wußten es zu schätzen, daß ich nicht ganz und gar darauf aus war, sie hinters Licht zu führen.

Ich glaube, meine Haltung war typisch für viele »ehrliche Kommunisten«, die von Rußlands Leistungen und Erwartungen fasziniert waren, die aufrichtig glaubten, daß die vorhandenen Mängel nur Wolken am sonst strahlend blauen Himmel seien. Auch die fehlende Kenntnis dessen, was wirklich in der Sowjetunion vor sich ging, war hierfür ein Grund. Man kann nicht erwarten, über Dinge, die man nicht aus eigener Anschauung nachprüfen kann, urteilen zu können. Dies mag als Entschuldigung gelten für die vielen anständigen, intelligenten, gebildeten Menschen, die Stalins Verbrechen so verhältnismäßig mühelos hinnahmen. Informationsmangel trübte ihr Urteilsvermögen und ermöglichte es ihnen auch, ihr Gewissen zum Schweigen zu bringen.

Viele Parteimitglieder haben sich fortgesetzt selbst betrogen, indem sie ihre Kapitulation rechtfertigten; sie machten damit jeder Hoffnung auf Widerstand den Garaus und führten den endgültigen Zusammenbruch der deutschen Partei herbei. Zum ersten Male in der jüngeren Geschichte sah sich eine Opposition der Verfolgung durch einen revolutionären Staat ausgesetzt; sie kämpfte nicht nur gegen den nationalen Staatsapparat, sondern auch gegen die Komintern, verstärkt durch die Macht des sowjetischen Staatsapparates.

Es hatte unter bestimmten Voraussetzungen durchaus seinen Sinn, wenn sich die Opposition öffentlicher Kritik enthielt und sich dem Willen der Mehrheit fügte, der sie es damit ermöglichte, ihre Politik in der Praxis zu erproben. Sie konnte die Macht der Umstände anerkennen und sich doch bereithalten, um im richtigen Augenblick in die Bresche zu springen. Eine Opposition ist nicht tot, wenn sie einmal eine Zeitlang schweigt. Stalin, der sich dieser Tatsache sehr wohl bewußt war, führte neue Spielregeln ein; er forderte Widerrufung und die ausdrückliche Erklärung, daß die Partei recht und man selber unrecht habe. Diese Art der »Entwaffnung« (ein Schlüsselwort in Stalins politischem Wortschatz) vernichtete die Blüte der revolutionären Elite Rußlands, noch bevor sie physisch liquidiert wurde. Sie zerstörte auch eine ganze Generation begabter, treuer deutscher Kommunisten und trug damit zum Aufstieg Hitlers bei.

Im Sommer 1932 wurde die Partei von einem Brief Stalins aufgeschreckt, der in der *Proletarskaja Rewoluzija* erschien[45]. Darin befaßte sich Stalin zwar nur mit »Grundsatz«-Fragen, nämlich mit der Gefahr des »Luxemburgismus« – aber jedermann argwöhnte, daß es damit doch sehr viel mehr auf sich haben müßte, als mit dem bloßen Auge erkennbar war. In der Tat – wieso wohl mochte Stalin sich zu diesem Zeitpunkt so viel Mühe geben, Rosa Luxemburg zu beschimpfen? Das konnte nur ein Vorspiel zu größeren Dingen sein . . . Ausgelöst worden war der Brief durch den Artikel eines gewissen Sluzki. Ich entsinne mich seines Inhaltes nicht mehr genau; es lief wohl etwa darauf hinaus, daß entweder den frühen deutschen Kommunisten ein paar Leistungen zugebilligt wurden oder daß die Bolschewiken einer ganz bescheidenen kleinen Kritik unterzogen wurden, vielleicht auch auf beides – auf jeden Fall war weder die eine noch die andere dieser Sünden zu dulden. Eine ganze Weile lang füllten Warnungen vor der Gefahr des Luxemburgismus die kommunistische Presse. Dieses Feldgeschrei übertönte bei weitem den »ideologischen« Kampf gegen den Faschismus. Sluzki selbst wurde mit der wilden Wut angegriffen, die später den »faschistischen Bestien« vorbehalten war. Wie es hieß, ist er in den Selbstmord getrieben worden, und Genossen wie Romma, die für ihre Menschlichkeit bekannt waren, wurden damit ohne Schwierigkeiten fertig.

Und doch war der Stalin-Brief, der so viel Wirbel verursachte und der in der gesamten internationalen Bewegung zu endlosen Spekulationen Anlaß gab, eigentlich nur ein Zufallsergebnis. Von Radek erfuhr ich darüber folgendes:

Stalin befand sich gerade zur Erholung im Kaukasus. Weil er mehr Zeit hatte als sonst, geriet ihm der fatale Artikel in die Hände. Er erkundigte sich: »Wer ist Sluzki?«

»Und sie standen alle da und wußten sich keinen Rat, was sie antworten sollten«, erzählte Radek, »sollten sie Sluzki nun preisen oder sollten sie ihn verdammen?« Er sagte es ohne weiteren Kommentar.

Für ihn war es schon vollkommen selbstverständlich, daß niemand es wagte, eine Meinung zu haben, die der Meinung Stalins nicht entsprach . . .

Und von diesen degenerierten Leuten erhofften wir uns immer noch die Erlösung.

Hugo Eberlein

Es ereignete sich in diesem Sommer noch mehr Denkwürdiges. Eines schönen Tages brach Berlin in helle Aufregung aus. Thüringen war das erste Land, das zur faschistischen Hochburg zu werden schien, und die örtlichen Funktionäre hielten es für angezeigt, sich über ihr künftiges politisches Vorgehen gründlich Gedanken zu machen. »Köpfe werden rollen . . .« war das Leitmotiv und der immer wiederholte Refrain ihres Programms.

Nicht nur das »rote Berlin«, die gesamte Berliner Bevölkerung prallte in Angst und Entsetzen zurück. Auch ein großer Teil der Nazis war schockiert. Es ist nicht jedermanns Sache, sich über Nacht in einen Helfershelfer von

Verbrechern und Mördern zu verwandeln, die ihre Absichten in so marktschreierischer Form kundgetan haben.

Alle Zeitungen widmeten Seiten um Seiten dem »Programm« und den Kommentaren dazu. Tagelang blieb es die Hauptnachricht, die gierig gelesen und diskutiert wurde.

Alle Zeitungen – ausgenommen die *Rote Fahne*. Sie räumte dem Thema ein paar Zeilen ein – keine Schlagzeilen –, eine Viertel- oder Fünftelseite insgesamt, und dabei beließ sie es. So ungeheuerlich das schien, es war die logische Konsequenz aus der neuen Politik. Jahrelang hatte die Partei behauptet, daß wir bereits in einer faschistischen Diktatur lebten: »Niemand wird heute mehr daran zweifeln«, sagte Thälmann im Februar 1932, »daß wir recht hatten, als wir im Dezember 1930 von einer ausreifenden, noch nicht ausgereiften faschistischen Diktatur sprachen.« Inzwischen erklärte man das »Heranreifen« für »beinahe abgeschlossen« und wies jedes Infragestellen dieser Feststellung wütend zurück:

»[. . .] Nichts wäre verhängnisvoller als eine *opportunistische Überschätzung* des Hitlerfaschismus. Wollten wir uns darauf einlassen, gegenüber dem riesigen Anschwellen der Hitlerbewegung unseren richtigen klassenmäßigen Maßstab zu verlieren und uns in eine ähnliche Panikstimmung drängen zu lassen, wie sie die Sozialdemokratie *künstlich* in den Massen zu erzeugen versucht, so müßte das zwangsläufig zu einer falschen Fragestellung in unserer praktischen Politik sowohl gegenüber den Nazis, wie vor allem gegenüber der SPD führen.«

Konnte die Partei sich derselben »künstlichen Panikstimmung« schuldig machen oder wegen einer *drohenden Gefahr* Alarm schlagen, nachdem sie diese zur lebendigen Realität erklärt hatte?

Ich beschloß, mit dem Sonderkorrespondenten der *Iswestija* zu reden. Wird er den Mut haben, diese Haltung zu verteidigen? Was wird er sagen?

Es wurde, was mich betraf, mehr eine grimmige Strafpredigt als eine Unterhaltung. Ich sagte ihm, daß er als Journalist wissen müßte, daß es die oberste Pflicht einer Zeitung sei, Nachrichten zu verbreiten. Von den Abonnenten der *Roten Fahne* könne man nicht erwarten, daß sie von derselben philosophischen Unbeschwertheit seien wie die schlauen Führer, und sie könnten es sich auch nicht leisten, weniger gut informiert zu sein als ihre Kollegen im Betrieb. Sie könnten sich, wenn über das Ereignis diskutiert und wenn ihnen Fragen gestellt würden, nicht einfach verkrümeln.« »Damit zwingt ihr sie nur, die Zeitungen des Klassenfeindes zu kaufen.«

»Sehen Sie«, sagte er, »die Partei kann da nichts machen. Wäre sie allzu sehr auf den Schrecken des Faschismus herumgeritten, dann hätte sie sich mit ihrer gesamten Politik der letzten drei oder vier Jahre ins Unrecht gesetzt.«

Hatte ich es nicht gewußt? Ich wollte nur, daß er es mir in klaren Worten bestätigte. »Ihr glaubt also, Ihr könntet den ›unaufgeklärten Massen‹ einreden, daß zwischen ›rollenden Köpfen‹ und den gegenwärtigen Zuständen kein Unterschied besteht. Das Land ist in Aufruhr. Statt diesen Aufruhr für eine antifaschistische Aktion zu nutzen, seid Ihr entschlossen, Eure ›Klassenkriterien‹ zu bewahren. Ihr steckt den Kopf in den Sand und tut so, als wäre nichts geschehen.«

Er zuckte die Schultern. »Es ist zu spät, um unsere Politik noch zu ändern . . .«

Gegen Ende des Sommers erschütterte ein neues Ereignis Berlin. Die Partei lud führende Sozialdemokraten zur

Diskussion in einer öffentlichen Versammlung ein – ein erster Versuch in Richtung Einheitsfront. Berlin reagierte so lebhaft, wie man es nur aus der ersten Phase der Revolution kannte. Die ganze Stadt war auf den Beinen. Polizei stellte sich massenhaft ein, um die Aufgänge der U-Bahnstationen und die Straßen, die direkt zum Versammlungssaal führten, abzusperren. Aber die Menschen quollen über die Absperrungen und füllten nicht weniger als sechs Versammlungssäle. Die Massen zeigten nicht eine Spur von Gewalttätigkeit. Sie waren begierig, die Argumente ihrer Führer zu hören, zu bedenken, zu fragen und zu entscheiden, wem sie in der Zeit der Prüfung folgen sollten. Sie trotzten der Polizei und stimmten sie hier und da auch nachsichtig mit ihrem trockenen, typisch berlinerischen Humor. Ich hörte, wie so ein kraftstrotzender Bursche zu einem Polizisten, der »Weitergehen! Weitergehen!« brüllte, sagte:

»Schon gut, ich geh ja schon, aber Du mußt doch zugeben, keiner hat so schnelle Beine, daß er mit allem Schritt halten kann, was Zörgiebels Republik so verlangt.«

Ein alter sozialdemokratischer Arbeiter sagte grimmig: »Zu was wäre ein sozialdemokratischer Polizeichef schon nütze, wenn er nicht irgend etwas gegen die Arbeiter aushecken könnte.«

Jeder versprach sich ein mehr als lebendiges Zusammenprallen der beiden Parteien. Jedoch – die sozialdemokratischen Führer erschienen nicht. Sie waren nicht gerade stolz auf ihre eigenen antifaschistischen Verdienste und wagten es nicht, sich in aller Öffentlichkeit den Kommunisten zu stellen. Ebensowenig aber konnten sie es sich leisten, das Angebot der Kommunisten einfach zu ignorieren; sie nahmen deshalb zu einem diplomatischen Kniff Zuflucht[46].

Sie luden die Kommunisten ein, zum selben Zweck auf ihrer Versammlung zu erscheinen. Da sie dann formal die Gastgeber waren, hatten sie den Vorteil, die Teilnehmer auswählen und »Unerwünschte« abweisen zu können. Um ihre Bereitschaft zu dokumentieren, sich den Massen zu stellen, hatten sie als Versammlungsort demonstrativ den Sportpalast gewählt.

Sie machten von ihrem formalen Hausrecht ausgiebig Gebrauch und wiesen »Verdächtige« zu Tausenden ab. Die Eingänge zum Sportpalast wurden rasch zu wahren Schlachtfeldern, und der Kampf tobte nicht etwa zwischen den streitenden Parteien, sondern vor allem unter den Sozialdemokraten selber. Ihre eigenen Mitglieder durften nicht hinein, wenn sie nicht respektabel genug aussahen. Ich selbst, als »Dame« mißdeutet, wurde beflissen in die vordersten Reihen komplimentiert, und als man entdeckte, daß ich schließlich doch nicht »dazugehörte«, wurde ich mit ebenso großer Beflissenheit beschimpft. Von meinem freundlichen Platznachbarn wurde ich belehrt, daß ich auf den Alexanderplatz gehörte . . .

In meiner Nähe saß auch ein alter Sozialdemokrat. Die Unterhaltung, die ich mit ihm hatte, war schuld daran, daß ich in Ungnade fiel. Er schüttete mir sein Herz aus über »so viel Verrat«. Armer Kerl, er glaubte, er dürfe seine Meinung sagen.

Ein anderer Mann schimpfte so heftig auf die Sozialdemokraten, daß er gefragt wurde: »Warum tragen Sie dann noch das SPD-Abzeichen am Revers?« »Um es Dir ins Gesicht zu schmeißen und mit Dir abzurechnen wegen Deines Verrats.«

Nach der allgemeinen Stimmung zu urteilen hätte dies ebensogut auch eine kommunistische Versammlung sein können. »Oh ja, sie haben versucht, uns rauszuhalten. Sie wollten nicht, daß wir die Schande der sozialdemokratischen Redner mitansehen.«

»Gebt uns die Macht! Schließt euch der SPD an!«

»Wozu wollt ihr denn die Macht? Um sie wieder an die Kapitalisten zu übergeben? Geht in die Arbeitsämter, da ist eure Macht, ihr braucht sie bloß aufzuheben.«

Immerhin hatte die SPD für genügend »Getreue« gesorgt, um die »Internationale« mit Pfeifen und Trommeln zu übertönen und die Ansprache Neumanns unverständlich zu machen. Er bemühte sich sehr, zuvorkommend hörte er sich ausgedehnte, von niemandem gestörte Zwischenrufe an, standhaft ließ er das Füßestampfen über sich ergehen; am Ende aber mußte er doch aufgeben. Die Schwäche der SPD hätte kaum überzeugender enthüllt werden können.

In ihrer Suche nach einer Lösung waren die Arbeiter wie nie zuvor bereit, auf die Kommunisten zu hören. Solche Begegnungen der beiden Parteien konnten ihnen die ersehnte Gelegenheit bieten, sich zu entschließen. Die SPD konnte solche Diskussionen nur zum eigenen Schaden sabotieren. Die Kommunisten konnten nur gewinnen, wenn sie Angebote dieser Art wieder und wieder machten. Der mutige Schritt zur Einheitsfront »von oben«, das war es nämlich, konnte allein zum Erfolg führen. Aber die Partei beharrte auf ihrer starren Politik. Der Versuch zur Einheit blieb eine Einzeltat.

Ich nehme an, daß keiner der Oppositionellen, die kapitulierten, auch nur vor sich selbst eingestand, daß er zu schwach war, den Schwierigkeiten ins Gesicht zu sehen, und zu selbstsüchtig, die Interessen der Revolution über

Von links nach rechts: Berija, Malenkow, Stalin, Bulganin.
Moskau 1952

seine eigenen zu stellen. Ich habe sie alle gehört, die Ent-
schuldigungen, ich konnte sie fast auswendig. Sie begannen damit, daß sie irgend etwas Verdienstvolles, was sich
an jeder neuen Parteilinie finden ließ, herauspickten, und
argumentierten dann, wie notwendig es doch sei, dieser
guten Sache eine faire Chance zu geben; und schon war er
da, der so löbliche Wunsch, »der Revolution unter allen
Umständen zu dienen«, »um jeden Preis zur Revolution
zu stehen«. Eine andere häufig benutzte Entschuldigung
lautete, die Unterwerfung sei nur vorübergehend, sie be-
deute keineswegs, daß man nicht zu einem günstigeren
Zeitpunkt wieder anderer Meinung sein könne.
Und da war noch etwas anderes, viel Entscheidenderes:
Ein Revolutionär, der von zaristischer Polizei verhaftet

und eingekerkert wurde, konnte auf die Hilfe und die Sympathie seiner Freunde und Verbündeten rechnen. Ein Oppositioneller jedoch, der sich in Stalins Netz verfangen hatte, erlitt die totale Isolierung und eine vernichtende Verleumdungs- und Verunglimpfungskampagne. Genau dies zwang mich, Anfang 1933 mit einem Verzweiflungssprung aus der Sowjetunion in die Unausweichlichkeit eines Nazideutschlands zu entfliehen. Sie schossen noch nicht auf uns in Sowjetrußland, aber ich spürte, daß ich nicht imstande sein würde, mich so vollständig unauffällig zu machen, daß ich der Verhaftung oder Verbannung entgehen könnte. Es war leichter und ehrenhafter, die Verfolgung durch Hitler inmitten verständnisvoller Freunde auf sich zu nehmen, als die Stalinsche Verfolgung zu ertragen. Vier Tage, bevor Hitler Reichskanzler wurde, kehrte ich nach Deutschland zurück – trotz des Risikos, schon an der Grenze festgenommen zu werden.

Obwohl der deutsche Kommunismus vernichtet war und die Ausbreitung des Nazismus drohte, setzte sich die grauenhafte Unterwerfung unter Stalin fort – wie ich feststellte, als ich nach Frankreich ins Exil ging. Eine wahrhaft erschütternde Angst, die Brücken zur Partei – und zur Revolution – abzubrechen, war unter den deutschen Emigranten in Paris zu beobachten. Verlassen zu sein, aus eigener Schuld verhungern zu müssen, weil man der paar lumpigen Francs Unterstützungsgeld von der Partei verlustig gegangen wäre, das waren harte Aussichten. Ich fühlte mich schuldig, weil ich nicht öffentlich meine Stimme erhob, und sondierte die Meinungen, um zu sehen, mit welcher Unterstützung ich rechnen konnte, hier, unter scheinbar doch so viel günstigeren Bedingungen. Viele gaben im persönlichen Gespräch zu, daß die Parteilinie falsch, ja absurd sei.

»Warum sagst Du das nicht offen? Laß uns Widerstand leisten. Eine starke Opposition könnte die Waagschalen in Bewegung setzen und zumindest Frankreich vor dem deutschen Schicksal bewahren. Wovor hast Du Angst? Die Partei kann Dir jederzeit befehlen, nach Deutschland zu gehen und dort illegale Arbeit zu machen, die Du selber für sinnlos hältst. Ist es leichter, dem Konzentrationslager ins Auge zu blicken?«

»Daran läßt sich nichts ändern – das ist die Pflicht des Kommunisten.«

Auf diese Art trug die Partei in den Jahren, die zum Zweiten Weltkrieg führten, dazu bei, sich selbst zu vernichten. Die Revolution, die das zaristische Rußland zur Sowjetunion verwandelt hatte, war nun bankrott, und der Idee der Weltrevolution haftete etwas Beängstigendes an, weil die Sowjetunion versagte. Dennoch – der Bolschewismus hat, ungeachtet seiner späteren Entartung, in den ersten Jahren seiner Macht funktioniert, und zwar gegen eine unglaubliche Übermacht. In Deutschland sind wir gescheitert, als wir uns nicht mehr von seinem ursprünglichen Vorbild führen ließen.

Ich glaube nach wie vor an die kommunistische Revolution. Im Westen, wo das Problem darin besteht, den Wohlstand besser zu verteilen, wäre sie zu erreichen, ohne daß ein einziger Tropfen Blut vergossen werden müßte. Das aber kann nur eine *echte* kommunistische Partei vollbringen – nicht die derzeit bestehende, die nur dem Namen nach »kommunistisch« ist.

Anhang:
Briefwechsel Pankratowa –
Rosa Meyer*

Anna Pankratowa an Rosa Meyer-Leviné

6. 1. 1933

Meine liebe Freundin!
Ich habe Deinen kurzen Brief und den Artikel erhalten
und ihn zum Setzen gegeben. Es bedrückt mich sehr, daß
Du krank bist und gar keine Besserung eintritt. Weißt
Du, Rosa, ich habe in den letzten Tagen auch darüber
nachgedacht: Wie sonderbar, habe ich mich mit R[osa]
auch manchmal politisch gestritten, so habe ich sie doch
gern und sie steht mir nahe wie selten jemand!
Ich liebe Dich nicht nur deshalb, weil Du ein guter, kluger
und empfindsamer Mensch und Genosse bist, sondern
auch wegen Deiner *politischen Ehrlichkeit* (einer seltenen Eigenschaft). Wir können uns streiten und über
manches verschiedener Ansicht sein, doch achte ich Dich
auch von dieser Seite.
Es tut mir leid, daß Deine Reise in die UdSSR nicht so erfolgreich war, wie sie hätte sein können, wenn Du nicht

---

* Die Übersetzung der beiden Briefe aus dem Russischen be-
sorgten dankenswerterweise Frau Nina Schöttle und Dr. Wolf-
gang Eismann.

gekränkelt hättest. Du könntest bei uns viel leisten. Warum hast Du mit keinem Wort erwähnt, wie es an dem Großbau des Wasserkraftwerks am Dnepr war. Hast Du ihn gesehen, und wie hat man Dich dort aufgenommen? Ich befürchte, daß es ohne Bekannte recht schwierig war. Ich fahre am 17. und nicht am 10. zu einer zehntägigen Vortragsreise, also eine Woche später als vorgesehen. Vorträge werde ich in folgender Reihenfolge halten:

am 20. in Perm
am 22. in Tscheljabinsk
am 24. in Swerdlowsk
am 26. in N. Tagil
am 28. in Magnitogorsk

Somit fahre ich erst am 29. nach Moskau und werde am 1. Februar in Moskau sein. . . .

Rosa Meyer-Leviné an Anna Pankratowa
Paris, den 27.(?) August 1933

Meine allerliebste Njur!
Deine Briefe habe ich mit einiger Verspätung erhalten und Dein Telegramm erst gestern abend. Plötzlich fühlte ich mich Dir so nahe, daß ich alles vergaß, bereit war, alles zu vergessen und zu Dir zu eilen. Aber das geht doch nicht. Ach, liebe Njur, kannst Du das wirklich nicht einsehen? Du schreibst: »Aber das ist schon eine andere, ernstere Frage«; kann es denn andere Fragen geben als diese große, ernsthafte? Du hast noch etwas Schreckliches geschrieben: »Es ist an der Zeit, sein Leben und seine *Gefühle und Gedanken* völlig zu wandeln . . .« Njura, kann man denn das selbst einem zwölfjährigen Kind ernsthaft schreiben? Und Du schreibst das mir, einem

Menschen, der – wie Du ja weißt – mit großem Schmerz und voll Ernst um seine Gedanken ringt.

Es war nicht nur meine ganze Liebe zu Dir, sondern noch meine große Verzweiflung und Resignation über viele Dinge erforderlich, damit ich mich nicht über Dich ärgerte.

Ich bleibe für ein Jahr hier, vielleicht auch für zwei. Njura, ich bin nicht krank und brauche nicht zu mir zu kommen. Ich bin mir über meine Lage genauso im klaren wie im vorigen Jahr, als ich so darunter litt, daß mir die allgemeine Lage so klar war (daß die Partei nicht kämpfen wird). Ich habe mich ja auch nicht geirrt . . .

Ich kann nicht mehr viel schreiben, möchte mich aber wenigsten ein bißchen mit Dir aussprechen, denn ich habe Dich sehr gern, daß es mich zu Tränen rührt. Ich brauche Dich sehr, und es wäre ein schwerer Schlag für mich, Dich zu verlieren. Kannst Du mir schreiben? Aber nicht so fürchterliche Dinge, sondern schreiben, damit ich weiß, was Du von mir denkst, damit ich weiß, was Du machst und wie es Dir geht. Ich könnte Dir ein bißchen von mir, von Genja und Rudi erzählen, der doch in großem Maße mein Geschöpf, mein Sohn ist. Vielleicht könnten wir uns brieflich über eine Arbeit verständigen, die ich für Deine Zeitschrift erledigen könnte.

Zwar bin ich augenblicklich noch sehr mit dem Erlernen der Sprache beschäftigt, im Winter wird es leichter sein, wenn allerhand Kurse anfangen.

Ab 1. Oktober möchte ich mir ein Zimmer mieten, dann werde ich besser arbeiten können. Den September verbringe ich noch bei Frl. Kruse, sie fahren auf Urlaub. Im August habe ich bei anderen Bekannten gewohnt.

Schreibst Du mir bald einmal. Küsse

Deine Rosa

Notizen zur Persönlichkeit
führender Revolutionäre

MÜNZENBERG

Willi Münzenberg lernte ich im Sommer 1919 kennen; ich erholte mich in einem Kurort im Schwarzwald von einer schweren Erkrankung nach den Münchner Ereignissen. Er kam als Referent zu einer Versammlung in der nahegelegenen Industriestadt Schwenningen, die rund zehntausend organisierte Arbeiter in ihren Mauern barg. Zwar waren sie zum größten Teil in der SPD und der USPD, aber »das Gespenst des Kommunismus war beständig auf der Pirsch«.

Die Ereignisse in München und insbesondere das Schicksal Levinés hatten die Arbeiter tief berunruhigt. Irgend jemand entdeckte meinen Namen in der Gästeliste, und die leibhaftige Gegenwart der Witwe Levinés dürfte sie in ihren Sympathien für den Kommunismus noch bestärkt haben. Ich empfing viele Besucher, denen ich im privaten Gespräch die Geschichte von München schildern konnte, aber ich hatte nicht den Mut, öffentlich zu sprechen. Die Arbeiter in ihrem Wissensdurst richteten ihre Bitte um Hilfe nach Berlin.

Münzenberg war ein kleiner, schlanker, jugendlich wirkender Mann, aber er sprühte vor Energie und strahlte das Selbstbewußtsein eines Menschen aus, der seine Macht kennt. Der Eindruck, den ich auf ihn machte,

schien in allererster Linie von meinem Wert als Werbemittel bestimmt zu sein. Wir hatten kaum ein paar Worte
gewechselt, als er aufgeregt rief: »Auf den Plakaten
werde ich ankündigen, daß sich die Witwe Levinés unter
den Versammlungsteilnehmern befindet!«

»Das werden Sie nicht«, warnte ich ihn, »sonst werde ich
überhaupt nicht kommen.« Überrascht schüttelte er den
Kopf: »Nicht? Nun, dann werde ich wenigstens vom Podium aus bekanntgeben, daß Sie da sind.«

»Dann werde ich schlicht meine Identität verleugnen.«

Er sah sehr enttäuscht aus, mußte sich aber damit abfin-
den.

Seine brillante Rede wischte das unerfreuliche Vorspiel
weg. Für mich wurde er der Mann, der die Kraft hatte,
das große Werk fortzuführen. Ich war für ihn zumindest
ein nützliches Propagandamittel – eine ausreichende Basis für eine gute Freundschaft.

Das große Werbegenie war nicht entmutigt, als ich mich
weigerte, dort in der kleinen Stadt meine Rolle zu spielen. Er hatte mehr und Verführerischeres zu bieten. Er
plante eine Tournee durchs ganze Land, die, wie er
glaubte, auch über Deutschland hinaus ausgedehnt werden konnte – mit mir als dem Star. Er malte sich aus:
»Welche Sensation! Vielleicht werden wir sogar nach
Amerika eingeladen – wir werden weltberühmt!« Natürlich brauchte der große Redner meine Hilfe gar nicht. Ich
diente dabei lediglich als lebendiges Denkmal eines tragischen Ereignisses. Es hieß, aus meinem Gram Kapital zu
schlagen. Aber er kannte keine Grenzen und brauchte
ziemlich lange, um sich mit meiner Weigerung abzufinden. Er meinte es doch so gut, und vielleicht erwartete er
sich davon auch einiges für sich selbst . . .

Es gab so spät kein Verkehrsmittel mehr, mit dem ich

hätte zurückfahren können, und so mußte ich in seinem Hotel übernachten. In den langen Stunden erzählte er mir sehr viel über sein persönliches Leben und seine Probleme. Er war zwischen zwei Mädchen hin- und hergerissen, der blonden Adele und der dunklen Fanny. Er zeigte mir Fotos von beiden, die er gleichermaßen in Ehren hielt, und wollte, daß ich ihm bei der Suche nach einer Lösung half. Wenig erzählte er von seiner Kindheit, seiner sozialen Herkunft und wie er aufgewachsen war, und die folgenden Einzelheiten erfuhr ich erst aus der Biographie, die seine Frau, Babette Gross, geschrieben hat[47].

Münzenbergs Vater, unehelicher Sohn eines Adelsherrn, betrieb eine Dorfkneipe. Als Willi fünf Jahre alt war, verlor er seine Mutter. Er war ein zartes, schmächtiges Kind, und sein Leben mit dem Trunkenbold von Vater war recht hart. Früh schon machte sich sein zäher Wille bemerkbar. Als Elfjähriger machte er sich auf den Weg nach Afrika, um dort an der Seite der Buren zu kämpfen, deren Sache in Deutschland große Sympathien fand. Er marschierte tagelang, bis man ihn aufgriff und zurückbrachte.

An etwas Eßbares zu kommen war schwer – Willi wechselte aus der Barbierlehre in eine Schuhfabrik über aus dem alleinigen Grunde, daß er dort mehr zu essen bekam. Daß er sich in sehr jungen Jahren für soziale Probleme zu interessieren begann und mit siebzehn Jahren der örtlichen Sozialistischen Jugend beitrat, wußte ich allerdings.

Bald verließ er seine deutsche Heimat und ging in die Schweiz. Das war der Beginn seiner aufsehenerregenden Entwicklung. Der ungelernte, beinahe analphabetische Arbeiter erlangte innerhalb kurzer Zeit Zugang zu intellektuellen Anarchistenkreisen. Sie befriedigten den intelligenten Jungen nicht lange. Seine leidenschaftliche Suche nach Wissen und Vorbildern trieb ihn zu den Bolschewiken. Lenin selbst wurde auf Münzenberg aufmerksam und gab sich große Mühe, seine verschwommenen radikalen Ideen in geordnete Bahnen zu lenken. Münzenberg seinerseits geriet in den Bann des großen Meisters und wurde sein begeisterter Schüler und ein verwegener Propagandist seiner Lehren. Er wurde dann wegen seiner radikalen Propaganda verhaftet und am Ende als unerwünschter Ausländer aus der Schweiz ausgewiesen.

Inmitten all des Getümmels und eines Übermaßes an Arbeit schaffte Münzenberg es auch noch, sich in zwei Mädchen gleichzeitig zu verlieben und sich mit ihnen zu verloben. Er erzählte mir, daß seine beiden »Verlobten« ihn im Gefängnis besuchten, und – auch das wirft ein Licht auf seine Persönlichkeit – er brachte es sogar fertig, den Gefängnisdirektor in die Wirrungen seines komplizierten Dreiecksverhältnisses mit hineinzuziehen. Münzenberg erhielt die Erlaubnis, seine Mädchen in den Räumen des Direktors zu empfangen – zu unterschiedlichen Zeiten natürlich. Es war schon ein ziemliches Kunststück, hier Kollisionen zu vermeiden, denn der Direktor zeigte sich bei der Bewilligung der Besuche sehr großzügig. Er selbst bevorzugte die blonde Adele . . .

Die beiden Mädchen, Adele und Fanny, unterschieden sich nicht allein in der Haarfarbe. Adele war ein anschmiegsames, anspruchsloses, domestiziertes deutsches Gretchen; Fanny war eine intelligente Frau mit politischen und künstlerischen Interessen und einem eigenen Kopf.

Ich war ziemlich lange Münzenbergs Vertraute. Oft kam

er an, bloß um wieder einmal sein Herz auszuschütten. Von Adele pflegte er selten zu reden, aber von Fanny schwärmte er mir vor, von den Bergwanderungen, die sie zusammen unternahmen, und von der großen Harmonie ihrer Seelen. Als er ein paar Wochen in Rußland verlebt hatte, wo hausfrauliche Tugenden zu der Zeit nicht hoch im Kurs standen, neigte sich die Waage entschieden der Seite Fannys zu. Aber um 1922 herum erzählte er mir dann, daß Adele das Rennen gemacht habe. Fanny hatte die Nase voll von seinen nicht gehaltenen Versprechen und hatte ihm den Laufpaß gegeben. Adele, so erklärte er, könne er nicht verlassen – sie würde es nicht überleben. Das Risiko könnte er nicht eingehen . . .

Allerdings – seine Entscheidung war, wie ich später feststellte, durchaus kein edelmütiges Opfer. Das Leben besteht nicht aus schönen Wanderungen und dem Gleichklang der Seelen. Er zog die Gemütlichkeit vor, die Fürsorge, all die kleinen Dinge, die normalerweise zu einer guten Ehe gehören, vor allem die hervorragende Küche. Ich habe nie wieder einen Menschen getroffen, der vom guten Essen so besessen war. Manchmal lud er mich zu einem Ausflug aufs Land ein, im Leihwagen, und es gab kaum ein Café, eine Kneipe oder ein Restaurant, an denen er gelassen vorbeifahren konnte.

Ich war nicht nur Vertraute. Liebe oder nicht Liebe (ich neige eher zu »nicht«), vielleicht hätte er mich sogar beiden Mädchen vorgezogen oder mich zumindest in eine Dreierbeziehung aufgenommen – welch ein Fang! Als ich nach Berlin zurückkam, fand ich einen riesigen Rosenstrauß vor und man sagte mir, daß davon schon viele gekommen wären. Er hatte auch sein Äußerstes getan, um herauszufinden, wann ich kommen würde.

Die beiden »Verlobten« hinderten ihn nicht, sich auch

für andere Frauen zu interessieren. Eine sehr hübsche Sekretärin hatte es ihm angetan – ein Objekt, nach dem es viele Genossen heftig gelüstete, die als Delegierte zum Zweiten Kominternkongreß nach Moskau kamen. Sie wies die Avancen Münzenbergs zugunsten von Ernst Meyer ab. Münzenberg raste vor Eifersucht, und es mag durchaus sein, daß hier seine Feindschaft zu Ernst Meyer ihre Wurzeln hatte.

Als er aus Moskau zurückkam, stürzte er unmittelbar aus dem Zug zu mir, um mir die widerwärtigen bourgeoisen Gebräuche Ernst Meyers zu schildern. Er war im selben Abteil mit Ernst gereist (Babette Gross schreibt: »In Münzenbergs Begleitung war Ernst Meyer.« Allerdings: Ernst war Mitglied des Polbüros, Münzenberg Delegierter des Jugendverbandes.) und fühlte sich abgestoßen von der Sorgfalt, die Ernst seiner Körperpflege widmete, sogar seinen Fingernägeln: »Du liebe Zeit! All diese Bürsten und Fläschchen!«

Es war im Sommer 1920, ich begann gerade, mich selbst für Ernst zu interessieren, und ich hätte beinahe gesagt: »Vielen Dank für die Information, Willi Münzenberg, ich finde das ausgezeichnet!«

Münzenbergs außergewöhnlicher Spürsinn für Publizität zeigte sich, als man ihn damit betraute, eine Werbekampagne für die Rußlandhilfe durchzuführen. – Rußland war von der schweren Hungersnot von 1921 hart getroffen. Lenin persönlich wählte Münzenberg für diese Aufgabe aus, was für Münzenberg natürlich von nicht geringem Wert war.

Er gründete die Internationale Arbeiterhilfe, die bald zu einer machtvollen Organisation aufblühte. Aus der ganzen Welt strömten die Spenden ein. Millionen gingen durch Münzenbergs Hände. Waren aller Art, Textilien,

Arzneien bis hin zu Maschinen wurden waggonweise nach Rußland verfrachtet. Natürlich konnte sich Münzenberg im Unterschied zu einem privaten Unternehmer finanzielle Mißerfolge und Verschwendung leisten, aber das sagt nichts gegen seine Verdienste. Er erreichte, was er sich wünschte – er wurde eine Berühmtheit, und das ganz ohne meine Hilfe. Er war durchaus imstande, das allein zu schaffen.

Seine prominente Stellung hatte an unserer freundschaftlichen Beziehung nichts geändert. Irgendwie und irgendwo waren wir einander ähnlich, wir waren beide »verlorene Kinder«, ohne politischen Hintergrund, ohne Rückhalt. Und Münzenberg war nicht der Mann, der ohne weiteres aufgab. Nicht einmal meine Heirat machte ihm da etwas aus. »Erzählen Sie mir bloß nicht, daß Sie Ihrem Manne treu wären«, sagte er einmal. Seine Frechheit war entwaffnend, aber er bekam seine Antwort: »Ich habe nichts dergleichen erzählt. Aber müssen es denn Sie sein, Willi Münzenberg?« Meine Retourkutsche tat unserer Freundschaft keinen Abbruch – sie machte ihm eher Spaß. Und schließlich war ich für ihn immer noch von einem gewissen Nutzen.

Münzenberg hat nie gesellschaftlichen Erfolg gehabt und fühlte sich im Kreise seines gutbürgerlichen Umgangs immer unbehaglich. Natürlich schätzten die Leute, mit denen er zusammenarbeitete, seine Fähigkeiten und seine Position, aber sie behandelten ihn stets mit einem Anflug von Belustigung und sogar Herablassung. Ich war einigermaßen präsentabel, und so manches Mal lud er mich ein, damit ich ihm helfen sollte, »distinguierte Persönlichkeiten« zu unterhalten – er fühlte sich in meiner Gegenwart sicherer.

Ich glaube nicht, daß ich Münzenberg unrecht tue, wenn

ich erwähne, daß seine Beziehungen zu Menschen den Einflüssen verborgener Motive unterworfen waren. Auch Babette Gross erzählt, daß bei der Freundschaft Münzenbergs mit Heinz Neumann »wohl zunächst politisches Interesse an Neumann und ein gut Teil Opportunismus mitgespielt« hätten.

Um 1924 herum ging unsere Freundschaft zu Ende. Münzenberg brach plötzlich alle seine früheren politischen Bindungen ab und ging zur sogenannten »Linken« über (zu Ruth Fischer und Maslow). Gewiß, er war keineswegs der einzige Funktionär, der nach links kippte. Einige gab es, die ehrlich an die versprochenen sofortigen Siege glaubten: Die Revolution stand ja angeblich unmittelbar vor der Tür. Bei Münzenberg jedoch war es blanker Opportunismus. Seine Frau bezeugt: 1924 habe Münzenberg erklärt, er halte »die revolutionäre Periode in Deutschland zunächst für abgeschlossen. An kurzfristige revolutionäre Entwicklungen in den nächsten Jahren sei nicht zu denken. Man müsse daraus die Konsequenzen ziehen und (entgegen der Auffassung der Linken) sich auf geduldige Kleinarbeit einstellen, um Einfluß auf die nichtkommunistischen Arbeitermassen zu gewinnen«, – kurz, auf die Einheitsfrontpolitik[48].

Dies war der Beginn seiner politischen Korrumpierung, und wir gingen immer weiter auf Distanz. Mich stieß seine Unaufrichtigkeit ab, und für ihn verlor ich meine Anziehungskraft als Werbemittel.

Inzwischen war ich die Ehefrau Ernst Meyers, des glühendsten und beredtesten Gegners der Linken. Kein Mensch zeigte Neigung, mich herauszustreichen. Münzenberg war, wenn wir uns gelegentlich trafen, sehr herausfordernd und grob. Im Sommer 1925 stießen wir beim Parteitag im Preußischen Landtag aufeinander. Die

Linke regierte unangefochten und es war ein lohnendes Spielchen, die Opposition zu treten. Ernst Meyer betrat den Saal, und Münzenberg sagte mit maliziösem Lächeln zu mir: »Sieh mal einer an, da kommt ja die Ernst-Meyer-Fraktion.« Ich hieb zurück: »Sie können sicher sein, das erste Anzeichen dafür, daß er wiederkommt, werden Sie sein – Willi Münzenberg an seinem Rockzipfel.« Er muß sich wohl erinnert haben, welche Rolle Ernst in der Partei und in seinem eigenen Leben gespielt hatte, und er murmelte: »Aber ich habe doch schon an seiner Seite gearbeitet.« Er wurde rot, als ich antwortete: »Das war ein anderer Münzenberg. Den gibt es nicht mehr.«

Es erwies sich, daß ich buchstäblich richtig prophezeit hatte, und das viel schneller, als man hätte erwarten können. Nur zwei Monate später, Anfang September, vollzog die Parteilinie eine neue Schwenkung, und zwar zu Ernsts Gunsten. Nun sah plötzlich jeder in ihm den kommenden Mann, einschließlich Münzenberg. Und der begann unverzüglich, Ernst mit den verlockendsten Angeboten zu bestürmen . . .

Genau so abrupt hörten Münzenbergs Annäherungsversuche allerdings auf, als einmal mehr eine »neue Linie« Ernst aus seiner Führungsposition fegte. Diesmal brachte Münzenberg seine ganze aufgestaute Wut über seine Demütigung in den Kampf ein. Einen würdigen Partner fand er in dem begabten Heinz Neumann, der ähnlichen Groll gegen Ernst hegte. Die gröbsten Lügen und Verdrehungen wurden fabriziert, um den geschlagenen Feind zu diffamieren. Ernsts Krankheit, die ihn zwang, sich aus der aktiven politischen Arbeit zurückzuziehen, focht die tapferen Streiter nicht an. Ende 1929, kurz vor Ernsts Tod, setzten sie eine Kampagne in Gang, um auch Ernsts revolutionäre Vergangenheit auszuradieren.

Münzenberg und Neumann erklärten, daß Ernst, eines der ersten Mitglieder des Spartakusbundes und Mitbegründer der KPD, gemeinsame Sache mit den Antibolschewiken Kautsky und Haase gemacht habe.

Das letzte politische Schreiben von Ernst war eine schonungslose Enthüllung dieser Machenschaften. Der gewöhnlich so zurückhaltende Ernst Meyer benutzte scharfe Worte wie »die Schurkereien des Paares«. Der Brief erreichte Münzenberg nicht. Er hätte ihn ohnehin nicht aus der Ruhe gebracht. Münzenberg stand auf dem Höhepunkt der Macht. Immerhin – meine Vorhersage muß ihn doch hart getroffen haben. Im Februar 1930 liefen wir uns zufällig über den Weg, und er begrüßte mich mit den Worten: »Sehen Sie, ich habe gewonnen.« Diesmal konnte ihm nichts mehr passieren. Ernst würde nicht wiederkommen, er war schon tot; und diesmal gab es auch keine Antwort. Mir fehlten die Worte.

Ich sah ihn nie wieder, aber er war eine prominente Figur des öffentlichen Lebens und ich konnte seine Tätigkeit, seine Entwicklung und seinen zunehmenden moralischen Verfall verfolgen.

Ende der zwanziger Jahre war Münzenbergs Unternehmen zu einem riesigen Konzern herangewachsen, der sich in viele Bereiche erstreckte. Zu ihm gehörten Garküchen, Kindergärten, Zeitungen und Zeitschriften, Buchläden. Münzenberg hatte seine Hände im Filmverleih, in Theatern und Verlagen. Seine Friedenskampagnen mit den Losungen »Gegen den drohenden Weltkrieg« und »Krieg dem imperialistischen Krieg« wie auch andere demonstrative Unternehmungen auf internationaler Ebene fanden Widerhall in England, Frankreich und vielen anderen Ländern und wurden von illustren Namen wie Barbusse, Romain Rolland, Gorki, Einstein und Freud unterstützt.

Mit der steigenden Arbeitslosigkeit gingen viele Intellektuelle, darunter prominente Gestalten, zur Linken über und scharten sich um Münzenberg. Babette Gross beschreibt die vorherrschende Stimmung sehr zutreffend: »Die Beweggründe der Männer und Frauen aus geistigen Berufen, der Künstler, Schriftsteller, Gelehrten und Wissenschaftler, der Ärzte und Rechtsanwälte, die Münzenberg so bereitwillig zur Verfügung standen, waren verschiedenartig und sehr komplex ... Neben idealistischen Motiven waren auch beträchtliche intellektuelle Eitelkeit, ja selbst Bestechlichkeit im Spiel. Man ließ sich durch Ehrungen und reichliche Honorare verlocken, fuhr nur zu gern nach Rußland, um sich stürmisch feiern zu lassen, während ähnlicher Ruhm in der Heimat nicht zu erreichen war.[49].« Es wurde bestochen, offen und versteckt, mit kleinen Summen bis hin zu den heißbegehrten Rußlandreisen. »Jedem, was ihm zusteht«, das wurde zum unverzichtbaren Bestandteil der Manipulationen Münzenbergs. Und das beschränkte sich nicht nur auf die Intellektuellen ...

Je größer sein Konzern wurde, um so korrupter wurde Münzenberg. Überall in der Arbeiterschaft wurde gemunkelt, man nannte ihn den »Roten Millionär«, den »Raubritter«, den »Rattenfänger« und seinen Konzern einen »Saustall, der ausgemistet gehört«. Aber ach – Münzenberg war längst unangreifbar geworden.

In seinem Drang nach Expansion und dem großen Geschäft vergaß Münzenberg sein eigentliches Ziel – schließlich ist eine Kommunistische Partei weder eine Wohlfahrtseinrichtung noch ein Wirtschaftsunternehmen. Auch die eindrucksvollen und sehr wichtigen Kampagnen für Freiheit und Frieden konnten den Aufstieg des Nationalsozialismus nicht aufhalten.

Im Sommer 1932 war Münzenberg davon überzeugt, daß Hitler siegen würde. Er konnte sich nicht um die Erkenntnis drücken, daß die Politik der Kommunistischen Partei dafür ein gut Teil Verantwortung trug. Er wurde sehr nervös. Dennoch blieb er weiterhin der sklavische Diener der Partei. Er hatte sich nicht gescheut, 1931 in seiner Presse – und mit dem gewohnten Elan – zum sogenannten »Roten Volksentscheid« aufzurufen – Schulter an Schulter mit den Nazis, so wurde den Kommunisten befohlen, galt es den Preußischen Landtag, das letzte Bollwerk der SPD, aus den Sitzen zu heben. Der bekannte parteilose Schriftsteller und revolutionäre Pazifist Kurt Hiller schrieb in einem offenen Brief an Münzenberg: »Ihr habt gehandelt, als hättet Ihr Nazi-Agenten in Eurem Zentralkomitee.« Und Babette Gross merkt an: »Münzenberg selber hatte in seinen Gesprächen mit den Redakteuren nichts als Hohn und Spott für den Beschluß . . . Aber Parteibefehl war Parteibefehl[50].«

»Nach außen hin«, schreibt Babette an anderer Stelle, »erweckte er bei manchen seiner Mitarbeiter nicht zu Unrecht den Anschein, er sei ein berechnender, auf die Befriedigung seines Ehrgeizes bedachter Zyniker.« Und: »Während seine Unternehmungen gediehen, verfiel Münzenberg politisch mehr und mehr in eine Lethargie, die wie Zynismus anmutete[51].«

Das Wort Lethargie entspricht nun nicht gerade dem Eifer und der Energie, mit denen Münzenberg *jede* neue Linie der Partei verfocht: die Rückkehr zur Einheitsfronttaktik nach dem Sturz der Linken, die für seine eigenen Unternehmungen von hohem Nutzen war, genau so wie dann die neue Links-Schwenkung im Jahre 1928. »Münzenberg mußte im Innern gegen die neue Linie sein, denn sie gefährdete sein ganzes Werk.«

Die letzte politische Schwenkung ließ nicht mehr die kleinste Abweichung zu, und Münzenberg übernahm gehorsam die Rolle des »Einpeitschers der neuen Parteiführung«, die von ihm verlangte, »die Rechten in seinem Parteibezirk auszumerzen« und die ihn zum »erbitterten Kampf gegen die sozialdemokratischen Führer« zwang.

Hitler wußte die fatale Politik der Kommunisten wohl zu nutzen, und bald vernichtete er die Kommunistische Partei und das gesamte Werk Münzenbergs dazu. Die Büros wurden verwüstet, die Kinderhorte und Garküchen und alles andere geschlossen. Münzenberg selbst entkam nach Paris. Und er gab noch längst nicht auf. Unverzüglich machte er sich daran, neue Organisationen aufzubauen. Wieder bestätigte sich seine Gabe, sich jeweils die beste gute Sache herauszupicken. Er gründete ein »Welthilfskomitee für die Opfer des deutschen Faschismus« und eine »Deutsche Freiheitsbibliothek« in Paris, was ihm die Unterstützung breitester Intellektuellenkreise eintrug. Im Herbst 1935 war er der Organisator eines »Komitees zur Schaffung der deutschen Volksfront« – eines Versuchs, unterschiedliche Gruppen politischer Emigranten in einer Organisation zusammenzufassen.

Am Ende ließ die Partei ihn fallen. Und später, als Hitler in Frankreich einmarschierte, erhängte sich Willi Münzenberg[52].

SINOWJEW

Sinowjew, das mächtige Haupt der Komintern, begegnete mir bei verschiedenen Gelegenheiten. Zum ersten

Male trafen wir uns 1920 in Berlin. Er kam nach Deutschland, um auf dem Vereinigungsparteitag mit der USPD in Halle seine berühmte Rede zu halten. Seine Anwesenheit in Deutschland machte ziemlichen Wirbel. Jeder wollte den großen Mann hören, und so mancher Dame der Gesellschaft »mit Beziehungen« war es nicht zuviel, nach Halle zu reisen, um einen Blick auf ihn zu erhaschen. Berlin schwirrte von Gerüchten und fantastischen Geschichten über seine übernatürlichen Kräfte. Ich selbst war nie für Heldenverehrung, und so war es Sinowjew, der mich kennenzulernen und mit mir über die Sicherung meiner Zukunft zu sprechen wünschte. Er war eins der Mitglieder des Zentralkomitees, die beschlossen, mir eine Rente auf Lebenszeit zu gewähren, und er war wütend darüber, was später daraus wurde.

Sinowjew empfing mich überaus herzlich, fragte nach Einzelheiten meines Lebens, meiner Gesundheit, meiner Pläne, fragte nach meinem Jungen – kurz, ganz die russische Art. Über die Rente sollte ich mir nur keine Sorgen machen, das würden sie schon regeln. So viel Besorgtheit zeigte er, so viel Sympathie – wie stach das doch ab von der Haltung seiner deutschen Genossen! Ich war vor Bewunderung seiner Menschlichkeit ganz hingerissen.

Das nächste Mal traf ich Sinowjew 1922 bei meinem ersten Besuch Sowjetrußlands wieder. Ernst Meyer hatte eine Besprechung mit ihm in seinem Kreml-Domizil; zu der Teestunde, die im Anschluß daran stattfand, war auch ich eingeladen. Dieser Tee war, so fand ich, eine sehr bescheidene Angelegenheit in einem überfüllten Raume, der weniger Komfort bot als Sinowjews Zimmer damals in dem zweitklassigen Berliner Hotel. Sinowjew selbst war immer noch derselbe freundliche, aufmerksame Genosse wie in Berlin. Er verriet nicht eine Spur von der Überheblichkeit einer machtvollen Position.

Mehrmals traf ich ihn bei Tagungen, da ich meinen Mann immer begleitete. Und jedes Mal nahm ich kluge politische Einsichten aus diesen Begegnungen mit.

Ich erinnere mich, was er zur Einheitsfronttaktik sagte. Es sei völlig falsch, sie nur zu dem Zweck anzuwenden, die Sozialdemokraten zu demaskieren, und deshalb übertriebene Forderungen zu stellen. Im Gegenteil: Unser Angebot zur Zusammenarbeit müsse sorgfältig abgewogen, realistisch und für die Arbeiter annehmbar sein. Gewinnen würden immer die Arbeiter, das dürften wir nicht vergessen. Wenn die Sozialdemokraten sich bereit erklärten, mit uns gemeinsam für Einzelforderungen der Arbeiterschaft zu kämpfen, um so besser.

Ich sah Sinowjew zum letzten Male im Sommer 1925, als ich in Moskau war, um die Frage meiner Rente zu regeln. Es kostete mich erhebliche Mühe, von ihm empfangen zu werden. Ich fand einen kraftlosen, gedunsenen Mann mit trübem Blick vor – einen lebenden Leichnam. Und unser Gespräch war nicht geeignet, meinen Eindruck zu verwischen, daß er am Ende war: Ein erledigter Mann, halb Despot, halb Opfer.

Diese Begegnung stürzte mich in Angst und Entsetzen. Sie vermittelte mir eine Vorahnung dessen, was ein totalitärer Staat bewirken würde, und es traf mich wie ein Blitz. Mir ist wohl bewußt, daß meine Schilderung dieser Begegnung nicht wiedergibt, was ich dabei empfunden habe, und auch keine Rechtfertigung meines Entsetzens liefert. Man kann eben nicht den Tonfall einer Stimme, die Atmosphäre eines Zimmers und all die kleinen Details einer Situation beschreiben, die so entscheidend sind.

Immerhin: Sinowjew hatte versprochen, sich um meine Rentenangelegenheit zu kümmern. Und ich muß zu seiner Ehre sagen, daß er sein Versprechen gehalten hat.

JAKOWIN UND PANKRATOWA

Im Sommer 1925 machten wir die Bekanntschaft einiger »Roter Professoren« – sie waren eine ausschließlich sowjetische Erscheinung –, die ihre Karriere einem Plan zur raschen Ablösung der alten Intelligenzkader verdankten. Unter den Begabtesten des Landes, soweit sie revolutionär gesinnt waren, hatte man eine sorgfältige Auswahl getroffen; die Erwählten wurden systematisch gedrillt, um innerhalb von zwei Jahren den normalerweise für fünf Jahre berechneten Stoff bewältigen zu können. Nun, warum eigentlich nicht? Diese Menschen waren es gewöhnt, Wunder zu vollbringen.

Sie hatten die besten Lehrer. Lenin und Trotzki selber gehörten zu den politischen Dozenten. Die erste Ernte übertraf alle Erwartungen; die Absolventen dieser Schule spielten später in der Administration des Landes eine bedeutende Rolle. Einige von ihnen wurden zu weiteren Studien nach Deutschland geschickt, und sie waren in der Regel mit der Geschichte der deutschen Partei und mit der Rolle, die Ernst darin spielte, sehr viel besser vertraut als unsere eigene Umgebung. Sie kamen zu uns um Rat und Aufklärung.

Jakowin, der unser guter Freund wurde, war einer der Roten Professoren. Er war mit einer bemerkenswerten Frau verheiratet, mit Anna Pankratowa, die sich auch außerhalb Rußlands einen beachtlichen Ruf erwarb. Anna Pankratowa war Mitte zwanzig, als ich sie in Deutschland kennenlernte; sie sah ziemlich unscheinbar aus, abgesehen von ihren durchdringenden, intelligenten Augen. Sie war ruhig und heiter, und ihr bereitwilliges, gedämpftes Lachen brach sofort jedes Eis. Sie war bereits so etwas wie Legende, und ich hörte überall in Rußland

Geschichten über sie, in der Ukraine, im Kaukasus, auf der Krim. 1918 hatte sie sich den Bolschewiken angeschlossen, 1919 hatte sie die Untergrundarbeit der Partei und den Guerillakampf gegen Denikin organisiert. Tagelang war sie ohne Essen und ohne Schlaf ausgekommen, kurze Ruhepausen auf dem Boden oder auf einem Tisch, eingemummt in ihren wärmenden Schafsfellmantel, genügten ihr zur Erholung.

Die Pankratowa hatte zwei große Lieben: die Revolution und ihren Mann – in dieser Reihenfolge. Aber die persönliche Freundschaft lag ihr weit mehr als eine abstrakte Liebe zur Menschheit. Sie, Historikerin von Beruf, befaßte sich hauptsächlich mit der Geschichte der Arbeiterbewegung und der Gewerkschaften.

Jakowin trieb es schließlich zu den Trotzkisten, obwohl er nie zuvor für Trotzkis Lehren eingetreten war. Der Ärger begann, als er es einmal wagte, sich in einigen weniger wichtigen Fragen kritisch zu äußern. Er war verblüfft darüber, wie hart man ihn abfahren ließ. »Was? Dürfen wir nicht mehr den Mund aufmachen? Sollen wir zu taubstummen Konformisten werden?« Er wurde wütend, sarkastisch und provokant, die Rügen verwandelten sich in Warnungen. Und dann kamen Drohungen.

»Trotzki hat also recht. Ihr seid darauf aus, jegliche Demokratie in der Partei zu ersticken – es lebe Trotzki!« Die Pankratowa konnte nicht umhin, ihm zuzustimmen, was sein Recht zur Kritik betraf. Nur war sie – vielleicht von ihrem Temperament her – gegen jegliche Übertreibung, sie war vorsichtig, was ihn nur noch mehr provozierte. Nach und nach all seiner Funktionen beraubt, wurde er schließlich aus der Partei ausgestoßen; und im Frühjahr 1928 war er zum Gejagten geworden.

Nach meinen eigenen Erfahrungen wurden damals politische Rebellen nicht rigoros verfolgt, trotz der schändlichen Behandlung, die Trotzki selber und seinen engsten Freunden zuteil wurde. Die Geheimpolizei drückte oft ein Auge zu, und die Partei als Ganzes war ganz und gar nicht in der Stimmung, Jagd auf Nonkonformisten zu machen. So lebte Jakowin weiter in Moskau und reiste häufig nach Leningrad, wo er in den übervölkerten Wohnungen seiner Freunde unterkam. Bei vielen Gelegenheiten ging er sogar in seine eigene Wohnung, die er mit der erbitterten Feindseligkeit seiner Schwiegermutter und mit dem beständigen Ein und Aus seiner Freunde und Nachbarn zu teilen hatte.

Es versteht sich von selbst, daß Ernst und ich ihn aufnahmen, wann immer er kommen mochte. Wir wohnten im streng bewachten Hotel Lux, dem Hauptquartier der ausländischen Kommunisten in Moskau, zu dem kein Mensch ohne Ausweis Zutritt hatte. Jakowin hatte sich offenbar einen gefälschten Ausweis beschafft. Wir gingen zusammen ins Kino und stundenlang am hellichten Tag spazieren. Niemand hielt es für seine Pflicht, ihn festzunehmen. Ich war ja ein bißchen in Sorge, aber Ernst meinte: »Laß doch die GPU nach ihm suchen, das ist ihre Sache.« Die GPU »fand« ihn erst, als es zu gefährlich wurde, ihn zu ignorieren.

Sehr lange hielt die Pankratowa treu zu ihrem Manne. Sie unterstützte ihn und seine große Familie und besuchte ihn im Exil. Ich möchte hier anmerken, daß sich noch im Januar 1933 niemand erlauben durfte, von der Familie eines politischen Geächteten die Lossagung zu verlangen. Als übereifrige Funktionäre dieses Ansinnen an die junge Frau eines verhafteten Trotzkisten stellten, ging ein Aufschrei der Empörung durch den Kreis meiner Freunde. Die Pankratowa selbst übernahm es, diese Angelegenheit an höherer Stelle vorzubringen.

Anna Pankratowa litt unbeschreiblich. Ihr persönlicher Kummer wurde von nagenden Zweifeln noch vertieft. »Welche Vergeudung von Energien und Kraft! Welch ein Verlust für unser Land.«

Mit dem zunehmenden politischen Druck begann ihr Widerstand jedoch zu erlahmen. 1931 hatte sich etwas Neues in ihre Argumentation eingeschlichen: »Er sollte seine Bedenken dem Wohle der Revolution opfern.« Ich hoffte, es wäre nur ein falscher Zungenschlag der leidgeprüften Frau. Sie redete immer noch vom Widerstand gegen falsche Taktiken und gab mir sogar ein Versprechen: »Ich werde bald nach Deutschland fahren und gründlich nachforschen. Wenn das, was Du sagst, richtig ist, wenn Deine Partei gesonderte Gewerkschaften bilden will, dann werde ich kämpfen. In diesem Punkte ist kein Kompromiß möglich. Ich habe zu viel von Lenin gelernt, um einen so schweren Fehler zuzulassen.«

Als sie 1932 zu einem längeren Studienaufenthalt nach Deutschland kam, hielt sie ihr Versprechen, die Gewerkschaftssituation zu untersuchen. Und wer konnte da bessere Daten liefern als Fritz Heckert, der anerkannte Experte und Leiter der Gewerkschaftsabteilung? Sie widmete diesem Gespräch ein volles Wochenende bei ihm zu Hause – mehr konnte sie wirklich nicht tun. Empört kam sie anschließend zu mir: Es war nicht ein Zipfelchen von Wahrheit an meinen Vorwürfen. Kein Mensch hatte je an die Schaffung gesonderter Gewerkschaften gedacht. »Du bist auf einem gefährlichen Wege; es riecht sehr nach dem Einfluß der Rechten.« Sie gab getreulich die Argumente der Partei zur Rechtfertigung der »Roten Gewerkschaften« wieder – deren Existenz ja schließlich nicht zu übersehen war. Sie waren ein Hohn auf Lenins Lehren, die Anna Pankratowa so gut kannte – sie hätte vor ein paar Jahren noch einfach gelacht über solche »Erklärungen«. Jetzt wollte sie der Tatsache nicht ins Auge sehen, daß alles verloren war.

Wir hatten so manche lautstarke Auseinandersetzung über die deutsche Partei. Die Küche meiner Wohnung, meiner letzten in Deutschland, hallte wider von ihren leidenschaftlichen Verteidigungsreden für die schlimmsten Fehler und von ihren Warnungen vor meinem »Opportunismus«. So selbstsicher und zuversichtlich wirkte sie. Nichts vermochte ihre Überzeugungen zu erschüttern. Sie ließ mich am Ende verstummen. Ich kannte fast alle ihre Antworten im voraus – sie standen täglich gedruckt in der »Roten Fahne«. Welchen Sinn hatte es noch, zu streiten?

Anna Pankratowa war in eine Neubauwohnung in Moskau umgezogen – es gab nur leider keine Schlüssel zu den Türen. Sie schickte Schlüssel aus Deutschland. Was aber sollten die anderen Mieter in dem großen Hause tun, die solche Möglichkeiten nicht hatten und die doch auch zur Arbeit gehen mußten?

»Welche Kraftverschwendung! Wie sollen die Leute arbeiten können, wenn sie mit ihren Gedanken ständig bei der unverschlossenen Wohnungstür sind?«

»Was verstehst Du schon von uns? Du siehst nicht, was für schwere Aufgaben wir zu lösen haben. Wir bauen auf unter Opfern, die nur den Opfern der alten Pyramidenbauer vergleichbar sind.«

Ein entsetzliches Bekenntnis! Nur wenige Jahre zuvor hatten die Pankratowas sich gebrüstet, ohne die skrupellosen, modernen kapitalistischen Methoden den Sozialismus aufzubauen!

Es ist schwer zu beurteilen, wie weit – wenn überhaupt – der wachsende politische Druck zu Anna Pankratowas

Entschluß beigetragen hat, ihren Mann aufzugeben. Ich beschwor sie: »Du mußt zu ihm stehen, Du mußt abwarten. Wenn ich Ernst irgendwo auf der Welt am Leben wüßte – ich würde in aller Ruhe warten, bis in alle Ewigkeit. Und Jakowin ist doch am Leben.« Und ich fügte noch mein naives Rezept hinzu: »Entweder bringt der Fünfjahrplan die erwarteten Ergebnisse, dann kann Stalin ein bißchen lockerlassen und die Rückkehr zum normalen politischen Leben gestatten – oder der Fünfjahrplan wird ein Fehlschlag, dann werden Männer wie Jakowin unter einer veränderten Führung ihren Platz einnehmen. Es kann nicht mehr lange dauern.« Es war im Sommer 1931 und dies alles klang sehr logisch.

Anna schwamm in Tränen. »Wir können doch so nicht weitermachen. Die Politik ist unser Leben, und wir können die Kluft einfach nicht überbrücken. Meine Besuche bei ihm sind eine einzige Quälerei. Bei jeder Gelegenheit, inmitten von leidenschaftlichen Küssen und Zärtlichkeiten, bringt er es fertig, plötzlich zu sagen: Wenn Du doch bloß nicht eine solche Stalinistin wärst . . . Wir stecken beide viel zu tief drin.«

Drei Jahre später, 1934, schrieb sie mir in ihrem Abschiedsbrief von Paris, unserem letzten Treffpunkt, fast dieselben Worte. Allerdings – ich hätte mich nicht mehr dafür verbürgt, daß ihre Motive zur Aufkündigung unserer Freundschaft noch aufrichtig waren. Mir kam es so vor, als hätte sie Angst – Angst vor der Verbindung mit einer so ausgesprochenen Antistalinistin wie mir, die imstande war, das auch noch kundzutun, ja, die vielleicht sogar noch zur Trotzkistin werden könnte.

BUCHARIN

Bucharin sah ich im Winter 1913/14 in Wien zum ersten
Male. Ich traf ihn bei einer der Geselligkeiten, die für russische Kolonien im Ausland charakteristisch sind: Litera-
rische und politische Abende, Diskussionen, gelegentlich
sogar Bälle. Im Publikum waren nicht wenige bemerkenswerte Gesichter zu finden, sogar Trotzki war
manchmal bei solchen Zusammenkünften dabei. Bucharin aber stach durch etwas sehr Eigenes von ihnen allen
ab. Er hatte eher etwas von einem Heiligen an sich als von
einem Rebellen oder einem Denker. Ich mußte unwill-
kürlich an den Fürsten Myschkin aus Dostojewskis
»Idiot« denken, zumindest an das Bild, das russische
Schauspieler von ihm zeichneten. Vielleicht lag es daran,
daß ich sofort den vorherrschenden menschlichen Zug
dieses ungewöhnlichen Mannes entdeckte. Er war von
schmächtiger Gestalt und sah so noch jünger aus, als er
war: erst 26 war er damals. Sein offenes Gesicht mit der
hohen Stirn und den klaren, strahlenden Augen wirkte in
seinem ruhigen Ernst manchmal geradezu alterslos.
Niemand machte uns miteinander bekannt, und ich, sonst
so begierig auf neue Gesichter und Menschen, habe niemanden darum gebeten. Ich wußte, daß er ein Revolutionär war, und sah für irgendeine Beziehung zwischen
uns keine gemeinsame Basis. Und er sah so entrückt aus –
wie ein Stern am Himmel. Sterne kann man bewundern,
ohne sich ihnen zu nähern.
Und doch lernten wir uns kennen, und das unter höchst
ungewöhnlichen Umständen. Eines Tages, als ich aus der
Haustür trat, lief ich ihm plötzlich geradenwegs in die
Arme. Mit hastigen Schritten kam er auf mich zu, murmelte »Orlow«, seinen damaligen Decknamen, und

fragte dann, ohne mich auch nur zu begrüßen oder mir nach russischer Manier die Hand zu geben; »Wäre es Ihnen wohl möglich, mir drei Kronen zu leihen?«
Überraschung und Mitgefühl machten mich für einen Augenblick sprachlos. Ich schaute ihn entsetzt an und sah, wie sich sein blasses Gesicht vor Verlegenheit rötete. »Aber natürlich, gern.« Ich gab ihm das Geld. In diesem Moment hätte ich es unter allen Umständen gegeben.
Sein Gesicht gewann die alten Blässe zurück, er sah jetzt sehr schmal aus und unendlich müde. Weiß der Himmel, wie viele Hungertage ihn gezwungen hatten, eine Fremde, eine Bürgerliche nach allem, was er wußte, ein Mädchen, das er hier und da auf Parties gesehen hatte, um Geld zu bitten. Drei Kronen . . .
Er rannte davon und ersparte sich und mir damit das konventionelle Geschwätz über die Rückgabe des »Darlehens«. Ein paar Wochen später jedoch gab er mir das Geld ebenso unerwartet und unvermittelt zurück. Er vollzog die »Transaktion«, gerade als wäre ich ein Bankbeamter. Ich fand, daß sehr viel Takt in dieser Beiläufigkeit lag.
Beim zweiten Mal – es gab ein zweites Mal – schüttelte er mir die Hand und gab sich »persönlicher«. Er lächelte sogar und war verwegen genug, um fünf Kronen zu bitten. Aber er machte keinerlei Anstalten, sich auf eine Unterhaltung einzulassen – jegliche Konventionen schienen seinem ganzen Wesen fremd. Das Geld gab er auch diesmal getreulich auf die gleiche Weise und am selben Ort zurück. Er wohnte offenbar in meiner unmittelbaren Nachbarschaft.
Im Jahre 1918, als ich für die Sowjetbotschaft arbeitete, traf ich ihn in Berlin wieder. Ich war keine Kommunistin, die Stellung als Dolmetscherin hatte ich auf Empfehlung

von Karl Liebknechts Frau erhalten: Gute Bezahlung, leichte Arbeit, die mir lag – warum nicht? Orlow, derselbe unaufdringliche, ärmlich gekleidete Mann durchquerte eines Tages mein Büro. Mir gab es einen freudigen Stich, als träfe ich einen alten Freund: »Orlow!« Er erkannte mich sofort, war aber aus mir unbekanntem Grunde erschrocken, mit diesem Namen angesprochen zu werden. Vielleicht lag es an den alten Gewohnheiten der Illegalität, die er wie viele andere noch nicht ganz ablegen konnte. Wir lächelten uns beide voller Sympathie zu, hatten uns aber nicht viel zu sagen, und so ging er bald wieder.

Das also war der berühmte Bucharin, von dem jetzt alle Welt redete. Für mich blieb er vor allem der alte Fürst Myschkin, und als ich mich einmal mit Frau Liebknecht unterhielt und sie ihn selber so nannte, war ich vor Freude ganz außer mir.

Von da an verfolgte ich begierig, was er so tat, und ich las alle seine Reden und Aufsätze. Ernst Meyer, der ihn näher kennenlernte, vor allem 1920 beim Zweiten Kominternkongreß, erzählte mir, Bucharin sei sehr glücklich verheiratet, ein fröhlicher, geistreicher Mensch, der – was mir ganz und gar nicht zu ihm zu passen schien – zweifelhafte Witze und wenig salonfähige Ausdrücke liebte. Ich war überrascht, aber nicht enttäuscht. Vielleicht brauchen Heilige, die es auf die Erde verschlägt, einen Ausgleich dieser Art. Ich erfuhr, daß Bucharin jahrelang in engsten Beziehungen zu Lenin und der Krupskaja stand, daß er Lehrer und Idol der jungen Kommunisten und Liebling der Partei war. Dann, im Verlaufe seines Kampfes gegen Trotzki, wurde er ein anderer Mensch.

Bucharin, politisch Trotzkis erbitterter Gegner, fürchtete

sich vor dessen stolzer, kraftvoller Persönlichkeit. In seinem Buch zitiert Trotzki Bucharin mit der Bemerkung: »Wir haben keine Demokratie, weil wir Angst vor Dir haben.« Unfähig, diesem Giganten auf seiner ideologischen Ebene und mehr noch als Persönlichkeit entgegenzutreten, ließ Bucharin eine Kampagne der Verleumdung und Verfälschung gegen ihn vom Stapel. Ein Team seiner ergebenen Jünger, der sogenannten »Roten Professoren«, setzte er ausschließlich an die Aufgabe, Belege für Trotzkis Kontroverse mit Lenin auszugraben, für ihren Streit in bitteren, schmähenden Worten, in denen es Trotzki, nebenbei gesagt, zu letzter Meisterschaft brachte. Dies war in der Atmosphäre der Lenin-Verehrung der einfachste und wirksamste Weg, einen unerwünschten Gegner zu entthronen. Aber es war eine tödliche Waffe. Das Land erfuhr jetzt, daß Trotzki, dessen Namen man im selben Atemzug mit dem Lenins zu nennen gewohnt war, doch nicht der große Mann, der große Revolutionär, ja, nicht einmal der große Feldherr und Schöpfer der Roten Armee war, für den man ihn gehalten hatte. Argwohn, Mißtrauen, Verwirrung machten sich im ganzen Lande breit. Von nun an war jeder verdächtig, konnte jeder gestürzt werden – und das sollte Bucharin bald am eigenen Leibe spüren.

Die erste Folge war zunächst sein eigener, nicht wieder gutzumachender moralischer Verfall. Es gab nicht wenige, die seine Methoden ekelhaft fanden und sich in Abscheu von ihm abwandten.

Wo es um Prinzipien und um menschlichen Anstand geht, gibt es kein Feilschen. Das habe ich von Ernst Meyer gelernt. Er ist oft von jenen »Gönnern« bedrängt worden, den leichteren Weg zu gehen, sich abzufinden. Er lachte nur. Aber im vertrauteren Gespräch pflegte er zu sagen: Der Tag, an dem ich etwas Prinzipienloses sage oder tue, zerstört alles, wofür ich einstehe, und zugleich mich selbst.

Ein Vergehen zog das nächste nach sich, weitere Falschbekundungen, weitere Zugeständnisse, Preisgabe langgehegter Überzeugungen, Unterwerfung unter den Druck – wo sollte die Grenze sein? Wo sollte er aufhören?

Es ist nicht wahr, daß das Bekenntnis zum Kommunismus Moralität ausschließt. Von Lenin stammt der Satz: »Sie (die Kommunisten) dürfen kein Wort sagen, das gegen ihr Gewissen verstößt – entgegen manchen Auffassungen ist das Gewissen in der Politik nicht abgeschafft.« Bucharins Stärke lag in seinen hohen moralischen Qualitäten. Diese kleinen Unwägbarkeiten waren es, die ihn aus dem Kreise der übrigen fähigen Revolutionäre heraushoben und zu etwas Besonderem machten.

Bei Bucharin handelte es sich nicht um einen der üblichen Fälle von Korrumpierung durch Macht. Persönlich blieb er der bescheidene Mensch, der gute, hilfsbereite Freund, der er war. Er haßte all die Attribute seiner hohen Stellung, wehrte sich wütend gegen die sogenannten Sicherheitsmaßnahmen, die ihn zwangen, seine Ferien in abgeschlossenen, streng bewachten Villen zuzubringen, und anderes mehr. Bei ihm muß man wohl von einem Verlust der Identität sprechen. Ein Mann wie Bucharin ist nicht mit jenen Leuten zu vergleichen, die unvermittelt zu großem Wohlstand gelangten, obwohl auch das ein gut Teil moralischer »Anpassung« erforderte. Wohlstand, das ist etwas, wonach ein normaler Mensch strebt, wovon er träumt. Menschen wie Bucharin haben sich ihr Leben lang in selbstlosem Dienen, in Opferbereitschaft geübt. Sie wußten, wie man sich in der Haft verhielt, wie man vor Gericht um sein Leben kämpfte. Menschen wie Bucharin, zu solcher Macht aufgestiegen, waren ihrem eigentlichen Element vollkommen entrissen und verloren sich selbst. Das große Wagnis, dem sie Leben gegeben hatten, trieb sie mit den Gesetzmäßigkeiten nie dagewesener Bedingungen zur Erforschung und Erschließung politischen Neulands; ohne es zu wissen und zu wollen, trugen die kommunistischen Führer diesen Pioniergeist aber auch in Bereiche, die für Experimente völlig ungeeignet waren. Sie versuchten, beim Aufspüren neuer Wege einander auszustechen, und nahmen am Ende wieder Zuflucht zu den versumpften, so sehr geschmähten alten.

Ernst Meyer hatte Bucharins neue Methoden zu spüren bekommen (siehe Kapitel 12). Doch das hinderte Bucharin nicht, uns außerordentlich freundschaftlich und hilfsbereit zu empfangen, als wir beide im Sommer 1928 nach Moskau kamen, um unsere jeweiligen Tuberkulosen einer ausgedehnten Heilbehandlung zu unterziehen. Er besuchte uns häufig, mobilisierte sämtliche verfügbaren Ärzte und traf alle Vorkehrungen für unseren Aufenthalt im besten Sanatorium auf der Krim.

Es begeisterte meinen zwölfjährigen Sohn und die Jungen, die ihn besuchen kamen, wie schlicht er sich kleidete und wie unkonventionell er sich gab. Ein Dreizehnjähriger brach fast in Tränen aus: »Seht nur, so sind *unsere* Minister! Mit einer solchen Regierung kann uns wirklich nichts passieren.«

Zwar wirkte Bucharin jetzt etwas wohlgenährter – kein Wunder nach so vielen Jahren harter Entbehrungen –, aber das ikonenhafte Gesicht war ihm geblieben. Oder hatte ich bloß nicht richtig hingeschaut? Wie er Trotzki behandelte und wie er mit der deutschen Kommunistischen Partei, wie er mit Ernst Meyer umging, das entsetzte mich. Und ich mochte ihn gar nicht mehr gern.

Zum letzten Male begegnete mir Bucharin im Dezember 1928 in Moskau. Damals führte er zusammen mit Tomski und Rykow einen entschiedenen Kampf gegen die Einführung des ersten Fünfjahrplanes. Eine heimliche Kampagne gegen ihn war hinter den Kulissen in vollem Gange. Stalin streckte damals noch vorsichtig seine Fühler aus; er streute als Vorbereitung Gerüchte über Anhänger Bucharins aus, kleine Vorwürfe wie den, sie ließen sich in ihren örtlichen Parteizellen nicht mehr sehen (dabei leisteten sie doch andere, wichtige Parteiarbeit) und ähnliches. Das alles lief unter dunklen Begriffen wie »Entfremdung vom Volke«, »kommunistischer Hochmut« und »Verlust des Kontaktes zu den Massen«. Bucharin selbst war davon nicht berührt. Im Gegenteil, Stalin gab ausdrücklich die Erklärung ab, daß sie beide in voller Übereinstimmung zusammenarbeiteten.

Die Kampagne hatte eine verblüffende Wirkung. Das Erholungsheim, in dem wir die letzten Monate zubrachten, war von der Blüte der Sowjetbürokratie bevölkert; es befanden sich aber auch verstreut ein paar einfache, unverdorbene, ergebene Leute mit blindem Vertrauen in die »Partei« unter ihnen. Sie waren in das große Spiel nicht eingeweiht, aber jeder von ihnen hatte seinen besonderen Favoriten in den höheren Rängen, dem er traute, den er verehrte – und der nun angegriffen wurde.

Eine kleine Frau mittleren Alters, durch ihre Bibel zur Partei und durch ihre unermüdliche Samariterarbeit während Hungersnot und Epidemien in den Moskauer Sowjet gekommen, verlor all ihre Fröhlichkeit und ihre Lust an Tanz und Geselligkeit: »Gott im Himmel – Rjutin!« (Rjutin war ein außerordentlich populärer Moskauer Funktionär.)[53]

Und der magere Blonde aus Moskau, der sich so sehr bemühte, seinem Idol Jaglom ähnlich zu werden – wie bitter war seine Enttäuschung! Um ihn zu trösten, sagte ich ihm, daß diese »Warnung« ja vielleicht genügen würde, um die Moral unseres Freundes Jaglom wieder herzustellen. Möglich war schließlich alles . . .

Die anderen – da war ein ehemaliger Sekretär und enger Freund Sinowjews, der sich nach dessen Sturz prompt von ihm distanzierte – waren in kniffligen Parteidingen wohlerprobt. Sie erkannten, daß Rjutin und Jaglom nichts anderes als Versuchsballons waren und daß hinter diesen kleinen Nadelstichen mehr stand, als mit bloßem Auge erkennbar war. Kein Wort kam über ihre Lippen – sie zitterten nur.

Bucharin besuchte Ernst einmal, sagte aber, er müsse jetzt vorsichtiger sein, sonst setze er sich auch noch dem Vorwurf der Fraktionsarbeit aus. Er blieb aber durch seine Mitarbeiter in ständigem Kontakt mit Ernst.

Seinen Status als Liebling der Partei büßte Bucharin weitgehend ein, aber er genoß immer noch die Zuneigung von Freunden und Bewunderern. Es war schwer, sich in Gegenwart dieser faszinierenden Persönlichkeit ein nüchternes Urteil zu bewahren.

Unser Zimmer wurde zum Zentrum der russischen Opposition, in dem alle Einzelheiten des Kampfes besprochen wurden. Alle waren guten Mutes, voller Witze und Possen, voll Vertrauen auf ihren Sieg. Und das ist kaum überraschend, wenn man bedenkt, daß sie im Zentralkomitee eine überwältigende Mehrheit hatten. Für sie war das Verfahren, auf fünf Jahre zu planen, so etwas wie eine Börse: Jeder versuchte, den anderen mit höheren und immer noch höheren Planzahlen zu überbieten. Sie waren überzeugt, daß niemand den Plan in dieser Form ernst nahm und daß er nur ein Spiel im Dienste der dunklen Zwecke Stalins war. Bucharin taufte unsere Unterkunft, die von Fröhlichkeit und Gelächter widerhallte, die »Herberge zum fröhlichen Versöhnler« – Ernst Meyers Fraktion war nämlich plötzlich von der Komintern anstelle ihres früheren Namens »Mittelgruppe« der Titel »Die Versöhnler« verliehen worden.

Es schien, als gelänge Bucharin so etwas wie eine moralische Auferstehung. Allerdings – frappierend war, daß seine Anhänger sehr viel mehr Courage zeigten als ihr Meister; ein böses Zeichen. Man gewinnt keine Schlacht, indem man sich sorgfältig hinter dem Rücken anderer verbirgt, anstatt führend voranzugehen. Und es war eine erbitterte Schlacht im Gange.

Ich habe Bucharin nie wiedergesehen. Aber er fuhr fort, Ernst seine Abgesandten zu schicken, auch als wir wieder in Berlin waren: Er war bemüht, eine internationale Opposition auf die Beine zu stellen, die den Kampf gegen Stalin für ihn führen sollte. Das war ein vergebliches Unterfangen, nachdem er mitgeholfen hatte, die deutsche Opposition zu ersticken und Stalins Marionetten an die Macht zu hieven. Immerhin – einen denkwürdigen Artikel schrieb er gegen die unverantwortlichen, über-ehrgeizigen Fünfjahrplaner. Alles Feuer, alle Belesenheit und Überzeugungskraft, die ihm geblieben waren, legte er in diesen Artikel, um eine schlichte Wahrheit zu beweisen: daß man kein Haus bauen kann, ohne ein Fundament zu legen. Es war eine herzzerreißende Darstellung, mit Engelszungen vorgetragen.

Stalin bediente sich recht krummer Wege, um des Zentralkomitees Herr zu werden und Bucharins Einfluß auszuschalten. Er benutzte gegen Bucharin die gleichen Methoden, wie Bucharin sie in seinem Kampf gegen Trotzki angewandt hatte. Er setzte ein Team seiner wendigen Jünger daran, passende Zitate hervorzusuchen, die Bucharin lächerlich machen, seine vergangenen Sünden enthüllen, seine Fehler verdeutlichen konnten. Bucharin wurde schließlich zum Schweigen gebracht. Ein paar Monate später, im November 1929, druckte die »Prawda« Bucharins formelle Kapitulation.

Und doch bekam Bucharin noch seine Chance. Anfang der dreißiger Jahre wurde der verheerende Mißerfolg der Stalin'schen Kollektivierung für jedermann offensichtlich. (Die Mängel der Industrialisierung, nicht weniger schwerwiegend, traten nicht so zutage.) Es gab kein Entrinnen. Änderungen oder zumindest Änderungsbemühungen wurden unausweichlich. In dieser Stunde Null versuchte Stalin, wiedergutzumachen und die unsinnigsten Mißstände der Kollektivierung aus der Welt zu schaffen, zum Beispiel die Drohung mit dem Einsatz der Armee oder die Weigerung, Einzelbauern Wasser oder Industrieprodukte zu liefern.

Stalin verkündete die Korrekturen in einer besonders grobschlächtigen und unverschämten Rede. Verpackt in einem Schwall von Lenin-Zitaten schob er alle Schuld der »ungeschickten Durchführung an der Basis« zu, jenen unglückseligen kleinen Würstchen, denen »die Erfolge so zu Kopf gestiegen seien«, daß sie seine, Stalins, Anweisungen und Erwartungen mißachtet hätten. Den Fehlschlag selbst erklärte er zu einer Art Super-Erfolg: Das konnte nur in der Atmosphäre unserer »leichten« und »unerwarteten« Erfolge an der Kollektivierungsfront passieren. Und: Die »Quelle (der Fehler) liegt in unseren schnellen Erfolgen in der kollektivwirtschaftlichen Bewegung«[54].

Alle Erklärungen Stalins standen unter dem Motto:

»Gott bewahre uns vor Ansteckung mit der Krankheit, die Angst vor der Wahrheit genannt wird.« Niemand rührte sich, als Stalin etwa zwei Jahre später, im Januar 1933, die »beschleunigte« Zwangskollektivierung in offenem Widerspruch zu allen Lehren Lenins als »absolute Notwendigkeit« bezeichnete – auch Bucharin nicht. Niemand widersprach – im Gegenteil. Der Parteitag 1934 wurde zur Orgie der Verherrlichung Stalins und der Schmähung seiner Gegner. Keiner kam davon. Nicht einmal die Krupskaja, der grob und unmißverständlich gesagt wurde, was sie zu tun hatte. Ihr wurde befohlen: »Rede mehr von Bucharin«, und das hieß: Überschütte ihn mit Schimpf. Und sie willigte ein: Ja, das werde ich tun. Stalin faßte auf dem Parteitag seine Meinung in den simplen Satz: »Wenn man diese Leute nicht genügend unter Druck setzt, kriegt man nichts aus ihnen heraus.« Dieses Motto wiederholte er mehrmals, er badete in seiner Grausamkeit inmitten der aufbrandenden Heiterkeit und Zustimmung der Versammlung.

Und Bucharin war vorneweg in diesem Taumel der Unterwerfung und Lobpreisung für Stalin. Was hätte er tun können? Das eine hatte er gelernt: Seine Kapitulation konnte keine halbe Sache sein. Stalin würde sich nicht, so wie das früher üblich war, mit der Forderung begnügen, daß Fraktionsarbeit aufhören und die Parteidisziplin beachtet werden müsse; Bucharin mußte ganz zu Kreuze kriechen. Deshalb wand er sich nicht herum, versuchte nicht zu feilschen, er sprang kopfüber hinein: Er hatte sich geirrt, Stalin, die Partei hatte recht.

Der Führer einer Opposition darf sich unter bestimmten Umständen öffentlicher Kritik enthalten. Eine Opposition bleibt intakt, auch wenn sie schweigt. Jeder erkennt die Gesetze der Parteidisziplin an: Bucharin war überstimmt und konnte, ohne das Gesicht zu verlieren, sich der Mehrheit beugen, damit sie ihre Politik in der Praxis erproben konnte. Hier jedoch geschah mehr: Hier wurden politische Auffassungen widerrufen, und das ist tödlich. Die »Entwaffnung« der Opposition – ein beliebtes Wort im politischen Vokabular Rußlands – war erst vollkommen, wenn der Opponent seinen Grundsätzen und Ansichten abgeschworen hatte. Und damit war Bucharin aller Mittel beraubt, den Kampf wieder aufzunehmen. Wer soll wohl dem Ruf eines Führers folgen, der seine Ideen aufgegeben hat? Wer soll vertrauensvoll daran glauben, daß er sie nicht ein weiteres Mal im Stich lassen wird? Bucharin saß in der Falle. Viele seiner Schüler und Anhänger waren in alle Winde verstreut. Sie bezahlten teuer für ihren kurzen Ausflug an seine Seite. Sie verloren ihre Stellungen, ihre Wohnungen, sie schmachteten an entlegenen, unbekannten Orten. Die Deportation wurde damals ganz offen oder kaum verhüllt zu einer in breitem Umfang angewandten Waffe.

Es gab allerdings außer Stalins Terror noch einen anderen, sehr zwingenden Grund für Bucharins Unterwerfung und ganz allgemein für die Tatsache, daß unter diesen abschreckenden Umständen überhaupt keine Opposition entstand: Von der Kollektivierung führte kein Weg zurück. Und ebensowenig gab es ein Zurück von der so verantwortungslos betriebenen Industrialisierung, die überall im Lande unvollendete, verrottende Fabriken hinterlassen hatte. Chaos herrschte, und da alle oppositionellen Gruppen aufgelöst waren, fühlte sich niemand stark genug, eine neue zu schaffen und die sich rapide verschlechternde Lage in den Griff zu bekommen. Als die Grenze des Erträglichen erreicht war, kam Stalin mit seinen berühmten »Sechs Punkten« heraus – großzügigen Versprechen, daß das Leben und die Arbeitsbedingungen besser würden[55].

Jeder stieß einen Seufzer der Erleichterung aus, die »Punkte« galten als Allheilmittel. Aber als es Herbst wurde, waren sie bereits Schrott – geblieben waren nur eine Ausweitung der Ungleichheiten, ein Machtzuwachs für die Funktionäre und eine Einengung der Rechte der Arbeiter. Alle waren bemüht, die Augen vor der trostlosen Wahrheit zu verschließen, und priesen die »großen Errungenschaften«. Wer mag unter solchen Bedingungen wünschen oder bereit sein, die Macht zu übernehmen – was doch die Aufgabe einer Opposition gewesen wäre? Also lieber nicht Stalin bekämpfen oder anklagen. Soll er sich selber aus der kritischen Lage befreien. Er ist dafür verantwortlich, also soll er auch damit fertig werden.

Je prekärer die Lage wurde, um so unverzichtbarer wurden für Stalin die Unterwerfung seiner Gegner und die Versicherungen seiner Unfehlbarkeit. Und die Crême der internationalen revolutionären Avantgarde wetteiferte in beidem: In Selbsterniedrigung und Anbetung ihres Peinigers; sie reduzierten sich selbst zum Nichts, lange bevor die Stunde ihrer endgültigen Vernichtung wirklich geschlagen hatte.

Es versteht sich von allein, daß keiner auch nur sich selber eingestand, eine zerstörte, zerfallende Persönlichkeit zu sein. Sie alle taten es für das Wohl der Partei – wofür denn sonst? Auch Bucharin, weit entfernt davon, hier eine Ausnahme zu sein, verwendete jetzt all seine politische Geschicklichkeit darauf, die Schädlichkeit seiner eigenen Vorstellungen nachzuweisen.

Beim folgenden, dem 17. Parteitag im Jahre 1934 wurde Bucharin beschuldigt, er habe seinen Widerrufungen keine »Taten« folgen lassen. Die Partei verlangte weitere

Widerrufungen und die Verdammung jeglicher abweich-
lerischer Tätigkeit. Bucharin reagierte sofort. Mit großem Eifer unterzog er sich dem Widerrufungsritual und
zählte alle seine Fehler auf. Jetzt aber ging er einen
Schritt weiter. Er erklärte, daß »die Opposition zum Rekrutierungszentrum der bürgerlichen Kräfte in ihrem
Kampf gegen die Partei geworden« sei. Und er sagte sich
entschieden von seinen früheren Anhängern los, deren
Verfolgung er befürwortete: »Meine Schüler, die den
Kampf gegen die Partei und ihre Führung fortgesetzt haben, sind schließlich im Lager der Konterrevolution ge-
landet und verdienen ihre Strafe ... Kämpfe um das
Schicksal der gesamten Menschheit stehen uns bevor.
Die Partei kann keinerlei Zersetzer ihrer monolithischen
Einheit dulden ... Die Partei wird siegen unter der Führung der proletarischen Revolution, des Besten der Besten – des Genossen Stalin.«
Bucharins Abstieg setzte sich fort und nahm immer ab-
scheulichere Formen an. Er schrieb Artikel – erbärmlichen Kitsch, seinem literarischen Stil, seinem ästhetischen Geschmack vollkommen wesensfremd – und das
nicht etwa in Todesgefahr, wenn, wie es heißt, der primi-
tive Erhaltungstrieb den Menschen zu einem Bündel be-
benden Fleisches macht. Er schrieb Anfang 1934, Kirow
war noch am Leben und Stalin war noch nicht bei Er-
schießungen angelangt.
Was gab es noch zu sagen? Wenn seine Ansichten die
Opposition zu einem »Rekrutierungszentrum der bürgerlichen Kräfte« machen konnten, dann konnte ihm lo-
gischerweise vorgeworfen werden, er fördere den Kapitalismus. Und besteht denn zwischen der Verbreitung
konterrevolutionären Gedankengutes und der Abspra-
che subversiver Tätigkeit mit fremden Mächten oder der

Spionage zu deren Gunsten eigentlich ein großer Unterschied? Das erstere hatte Bucharin selbstkritisch eingestanden, letzteres war Teil der Anklage gegen ihn.

Da Bucharin die Bestrafung seiner eigenen Schüler gebilligt hat, ist kaum anzunehmen, daß er sich von den rituellen Schmähungen und Verdammungen ausschloß (Unterlagen hierfür fehlen mir leider), auch von der Forderung ihrer Liquidierung, als die Führer der anderen oppositionellen Gruppen vor Gericht standen. Stalin war weise und die Partei hatte recht – war es möglich, daß sie ganz plötzlich in Blindheit und Irrtum verfiel, als sie ihn selber, Bucharin, der gleichen Verbrechen anklagte wie die anderen? Nachdem er so viel für die »Partei« getan hatte, konnte er ihr doch wohl nicht einen weiteren »kleinen Dienst« verweigern!

Die Szene war von langer Hand vorbereitet. Seine »Bekenntnisse«, die weltweit Aufsehen erregten, waren nur der Schlußpunkt einer Entwicklung, die mit seinem ersten moralischen Fall ihren Anfang nahm.

Ein paar Jahre lang stolzierte Bucharin noch umher. Er heiratete die Tochter Larins, ein junges, auffallend schönes Mädchen, das ohne weiteres seine Tochter hätte sein können. Eine meiner Freundinnen, die ihn um 1935 herum in Paris traf und die in ihrem Urteil nicht so streng war wie ich, fand ihn überaus charmant, geistreich und glücklich in seiner jungen Liebe. Anscheinend gelten Grundregeln wie »Das Leben geht weiter« auch für Menschen wie Bucharin.

Ich selbst konnte Bucharin nie ganz vergessen. Alles, was mit russischer Musik, Literatur, Kunst zu tun hat, beschwört mir irgendwie Bucharin herauf, der sie mehr als jeder andere Bolschewikenführer zu schätzen wußte und der so überaus russisch war.

Bucharin in seinem leidenschaftlichen Bemühen, ein paar Fetzen seiner persönlichen und revolutionären Ehre zu retten, als er vor Gericht stand, nachdem er seine ganze Persönlichkeit den Wölfen zum Fraße hingeworfen hatte; Bucharin, um Worte ringend, der seinen Ankläger Wyschinski voller Naivität an ihren heimlichen Handel erinnerte, ihm ein wenig Würde zu lassen, während er dabei war, sich selbst mit ewiger Schande zu bedecken – dieser Bucharin wirkte manchmal wie ein hilfloses Kind, das ungerecht behandelt wurde. In der Reihe der stolzen, brillanten Köpfe, die während der Prozesse zu wimmernden Halbidioten wurden, ihrer ruhmreichen Vergangenheit entsagend, ihr eigenes Sein verleugnend, war Bucharin die tragischste Gestalt. Er hat keins der Verbrechen begangen, das seine Henker ihn gestehen ließen. Er büßte für das schwerste aller Verbrechen: für die Zerstörung nicht nur seines Lebenswerkes, sondern gleichzeitig damit einer einmaligen Persönlichkeit, der besten ihrer Art. Es wird keinen zweiten Bucharin auf der Welt geben.

RADEK

Karl Radek trat ich im Dezember 1919 zunächst mit sehr gemischten Gefühlen entgegen. Er war der legendäre Mann, den die Sowjetregierung für fähig hielt, am Aufbau der deutschen kommunistischen Bewegung mitzuwirken – für mich so etwas wie ein Halbgott.
Ich hatte aber auch nicht vergessen, wie rüde Radek mit Leviné umgegangen war. Bestrebt, sich aus erster Hand über die russische Politik zu informieren, hatte Leviné

sich um ein Gespräch mit Radek bemüht. Aber man hatte ihm brüsk jeglichen Kontakt zu Radek verweigert. Offenbar hatte Levinés spektakulärer Aufstieg zur Prominenz Radek höchst mißtrauisch gemacht. Und flugs schloß er auf dunkle Machenschaften eines ehrgeizigen Karrieristen. Ganz besonders unerträglich fand er es, daß Leviné, damals für ihn fast ein Außenseiter, beim bevorstehenden deutschen Rätekongreß die Spartakisten vertreten sollte – weder Karl Liebknecht noch Rosa Luxemburg hatten dafür ein Mandat erhalten. Radek übersah seltsamerweise völlig, daß Leviné dafür nun wirklich nichts konnte.

Trotz alledem – ich wollte Radek kennenlernen. Leviné hatte ein unveröffentlichtes Buchmanuskript hinterlassen[56]; ich wollte dafür sorgen, daß es ein erfolgreiches Buch würde, und deshalb Radek um ein Vorwort bitten.

Radek war gerade aus dem Gefängnis freigekommen. Im Februar 1919, kurz nach der Niederschlagung der ersten revolutionären Erhebung, der sogenannten »Spartakuswoche«, hatte man ihn festgenommen. Für seine Ergreifung war eine hohe Belohnung ausgesetzt worden – aber tatsächlich hatte er die Verhaftung seiner Sekretärin, einer ergebenen Kommunistin, zu verdanken. Weil sie oft bis in die späte Nacht arbeiteten, mußte sie ihren eifersüchtigen Freund beschwichtigen und verriet ihm, daß sie für den berühmten Radek arbeite. Der junge Mann war tief beeindruckt, und immer wieder gab er vor seinen Arbeitskollegen an: »Wenn Ihr wüßtet, für wen meine Freundin arbeitet!« Einer fand es dann heraus und meldete es der Polizei.

Aber er konnte nicht heraus aus Deutschland. Eine gemeinsame Grenze zwischen Deutschland und Rußland gab es damals nicht, und so mußte er abwarten, bis etwas arrangiert war. Die deutsche Regierung, für seine Sicherheit verantwortlich, verhängte so etwas wie Hausarrest und ständige Bewachung durch einen hohen Polizeioffizier. Nur wenige Parteimitglieder kannten seinen Aufenthalt, und sie hielten ihrerseits ein wachsames Auge auf jeden, der zu ihm kam. Der eigentliche Verbindungsmann war Maslow; es erforderte einige Überredungskunst, ihn dazu zu bringen, daß er mich bei Radek einführte. Maslow fand es sehr selbstsüchtig von mir, Radeks kostbare Zeit zu stehlen.

Radek empfing mich sofort. Der unerfreuliche Vorfall mit Leviné war ihm äußerst unangenehm. Ich hatte das Zimmer kaum betreten, als er mit starker Bewegung davon zu sprechen begann, wie sehr er die Gelegenheit begrüße, einem Menschen, der Leviné so nahegestanden habe, endlich zu sagen, daß er seine Fehleinschätzung zutiefst bedaure. Nie würde er sich diese Dummheit verzeihen, durch die es ihm verwehrt geblieben sei, einen der größten Revolutionäre unserer Zeit kennenzulernen.

Radek war nicht allein. Karl Moor war bei ihm, ein Mann, halb Idealist, halb Abenteurer, von beträchtlicher Wohlhabenheit und angeblich fürstlicher Abkunft. Auch er gab eine »Erklärung« ab, und sein Ton war nicht ganz frei von Pathos. Er sei glücklich, mich endlich kennenzulernen, denn er wolle mir bis an mein Lebensende finanzielle Sicherheit für mich und meinen Sohn anbieten. Radek sprang auf: »Levinés Witwe braucht keine private Unterstützung. Es ist die Ehrenpflicht der Sowjetregierung, für sie zu sorgen.« Er werde die Sache in die Hand nehmen, um eine rasche und befriedigende Regelung sicherzustellen.

Bis dahin hatte die Partei Levinés Gehalt an mich weitergezahlt. Radek stellte fest, daß man es unterlassen hatte, es wie die Gehälter der anderen Zentralemitglieder zu erhöhen. Er schäumte: »Leviné hat mehr für die Revolution getan als alle anderen zusammen. Das ist eine Beleidigung seines Andenkens.«

Damit begann für mich eine große Freundschaft – und zugleich meine politische Lehre. Wochenlang, bis Radek Deutschland verließ, pflegte ich morgens zu kommen und bis in die späten Abend zu bleiben. Ein Schwarm von Menschen zog täglich durch das Haus: Vertreter von Parteien und unzähligen revolutionären Gruppen. Sie kamen, um zu fragen, zu streiten, zu kritisieren, zu lernen. Und Radek redete. Er redete ohne Pause, den ganzen Tag lang, offensichtlich voller Hunger nach Kommunikation nach der langen Gefängnishaft. Die meiste Zeit schritt er dabei im Zimmer auf und ab – vielleicht eine Angewohnheit aus der Zelle –, federnd, feurig, er beschwor das Bild eines neuen, unbesieglichen Napoleon herauf. Sein Witz, für den er berühmt war, verlieh seiner Argumentation noch zusätzliche Kraft. Er brachte sie alle zum Verstummen.

Ich sog jedes Wort auf; eine der Lehren, die ich zog, war die, daß jemand, der »zum Verstummen gebracht« wird, noch keineswegs bekehrt ist. Der Mensch lernt das, was er aufzunehmen bereit ist. Ruth Fischer etwa bezeichnete ihre Besuche bei Radek ebenfalls als ihre Politikschule – und doch lernte sie etwas völlig anderes als ich.

Radek war ein Mann Mitte dreißig und stand in dem Rufe, von affenartiger Häßlichkeit zu sein. Mag sein, daß er sich diesen Ruf erworben hatte, weil er einen Backen- und Schnurrbart trug, der sein schmales Gesicht fast ganz bedeckte und einem als erstes ins Auge fiel. Aber das Urteil war einhellig, bestätigt von Freund und Feind in ungezählten Beschreibungen. Ich glaube, es war ein männliches Urteil – kaum eine Frau aus Radeks unmittelbarer Umgebung hätte es unterschrieben. Er war schlank und überdurchschnittlich groß, er hatte eine schöne Stirn, große, eindringliche Augen hinter dicken Brillengläsern und einen ausdrucksvollen, sinnlichen Mund. Ich war vorgewarnt und angemessen voreingenommen – es gelang mir nicht, ihn häßlich zu finden. Der Gedanke kam mir überhaupt nicht.

Wenn wir unter uns waren, pflegte er mir Anekdoten aus jüngster Zeit zu erzählen, oft lustige und boshafte Geschichten, er strahlte einen Geist der Kameradschaft und des gegenseitigen Vertrauens aus, wie ich ihn nicht noch einmal erlebt habe. Jene historischen Weber haben sich manchmal inmitten erbitterter Kämpfe benommen wie Kinder bei einem gefährlichen Spiel. Wie weit waren sie doch von dem Bilde der skrupellosen, finsteren Verschwörer entfernt, das ihre Feinde zeichneten.

Während der großen Auseinandersetzung um Brest-Litowsk tauchte Radek bei einer Versammlung auf, ein dickes Bündel Bücher unter dem Arm, die er gerade von einem Freund zurückerhalten hatte. »Genau die richtige Zeit zum Romanelesen«, spottete Lenin. »Nun, da ich Sie bekämpfen werde und da Sie nicht davor zurückschrecken werden, mich einzusperren, habe ich mir gedacht, ich versorge mich besser gleich mit Lesestoff.« Lenin klopfte ihm freundlich auf die Schulter. »Ich könnte schon, mein Schatz, ich könnte«, und beide lachten herzlich bei der Vorstellung; man betrachtete sie als einen guten Witz.

Radek erzählte mir von dem Streich, den er Tschitscherin gespielt hatte und der für die herrschende Stimmung und für Radek selber so charakteristisch war. Tschitscherin war der einzige Junggeselle unter den Spitzenfunktionären; Radek überredete die Drucker, in einige wenige Exemplare der »Iswestija« die Meldung einzurücken: »Auf Befehl des Zentralkomitees wird Tschitscherin angewiesen, sich unverzüglich eine Frau zu suchen.« Die Exemplare wurden unter den Mitarbeitern in Tschitscherins Abteilung verteilt, und sie beobachteten ihn, wie er die Zeitung studierte, wie er von Tisch zu Tisch lief, um die übrigen Exemplare zu prüfen, wie er immer aufgeregter wurde ... bis Radek schließlich Erbarmen mit ihm hatte.

Eine von Radeks Geschichten führte sämtliche Spekulationen, Lenin sei »vom Kaiser bestochen« worden – ob zum Nutzen der Revolution, wie manche wohlwollend entschuldigten, oder zur persönlichen Bereicherung –, ad absurdum. Während der Eisenbahnfahrt, die ihn heim nach Rußland brachte, wurde Lenin ziemlich schlecht, und er meinte, jetzt würde ihm ein kräftiger Schluck Alkohol gut tun. »Ein Jammer, daß des Kaisers Millionen uns nicht wenigstens zu einem Schnaps verhelfen können«, sagte er zu Radek.

Radek gibt in seinen Erinnerungen eine Unterhaltung wieder, die ein Rotarmist mit einem polnischen Soldaten führte. Der Pole rühmte sich seines nationalen Emblems – eines Adlers. »Und es ist ein Adler mit zwei Köpfen«, sagte er stolz.

»Und wir haben einen Stern. Kein Adler kann sich mit einem Stern messen. Und wenn ihr ihm noch so viele Köpfe aufsetzt, er bleibt ein Tier. Ein Stern aber scheint über die ganze Welt.«

Radek meinte diese Unterhaltung auf seiner Rückreise belauscht zu haben; tatsächlich hat er mir die Geschichte schon in Berlin erzählt. Er hat zweifellos die Zeiten durcheinandergebracht, denn ich entsinne mich sehr gut, wie beeindruckt ich war und wie ich gestaunt habe, daß dieser gebildete Mann sich mit solcher Hingabe in unschuldigen Geschichtchen wie dieser ergehen konnte.

Er erzählte mir auch von der Krise, die dem Mordversuch an Lenin gefolgt war. Es bestand wenig Hoffnung, daß Lenin es überstehen würde, und jeder sah in Trotzki den legitimen Nachfolger. Es war die Zeit, da Trotzki als Lenin ebenbürtig galt, ja, es war sogar zu hören, daß er Lenin »überstrahle«. Trotzki kannte die Stimmung. In einer seiner bewegendsten Reden entbot er dem Meister seinen Respekt und wies in Bescheidenheit den Gedanken von sich, sie stünden auf gleicher Ebene: Einen zweiten Lenin konnte es nicht geben.

Radek legte so viel eigene Empfindung in die Wiedergabe der Rede, daß sie Trotzkis Rede »überstrahlte« – den machtvollen Redner selber. Ich habe viele Jahre später den Wortlaut der Rede gelesen; die Erregung, in die Radeks Darstellung mich versetzt hatte, konnte ich dabei nicht nachempfinden.

Radek sprach von Lenin und Trotzki im gleichen Atemzug, und ich glaube, er wäre zu jener Zeit in großen Schwierigkeiten gewesen, wenn er hätte sagen sollen, welcher von beiden der Überlegene war. Vielleicht waren beide in diesem Stadium gleichermaßen unersetzlich für die Revolution; Radek sprach allerdings oft von der seltsamen emotionalen Wirkung, die Lenin auf Menschen ausübte – im Gegensatz zu dem kühlen Trotzki. Die Mitglieder des Zentralkomitees redeten sich in der Regel mit dem vertraulichen »Du« an. Bei Lenin und Trotzki wurde da eine Ausnahme gemacht. Eine tiefe Verehrung und dazu Lenins Alter schlossen Vertraulichkeit aus. Der jüngere Trotzki machte sie durch seine Distanziertheit unmöglich; sie bewunderten Trotzki, ihre Zuneigung aber war für Lenin reserviert. Der so zynische Radek versicherte voller Inbrunst, daß er wie alle in Lenins Umgebung freudig sein Leben hingeben würden, um ihn zu retten.

Diese Schar stolzer, selbstbewußter Leute erkannte beinahe uneingeschränkt Lenins Überlegenheit an. Trotzki nennt es »Servilität«, um die »Mittelmäßigkeit« seiner späteren Feinde zu unterstreichen. Radek schildert es so: Es ist eine ganz natürliche Reaktion. Eine ganze Zeit lang haben wir gestritten, uns aufgeregt, um uns geschlagen. Wenn die Ereignisse dann aber wieder und wieder dir unrecht und Lenin recht gegeben haben, dann überlegst du es dir eher, wie weit du mit deiner Meinung gehst. Du wirst vorsichtiger. Und Lenin macht uns das Nachgeben leicht – er verletzt nie unsere Gefühle. Er behandelt uns, was für Fehler wir auch begehen mögen, als Gleiche. Du lieber Gott, er versteht zu züchtigen! Aber er richtet dich genau so großzügig wieder auf, wie er dich heruntermacht. Wenn er mit uns fertig ist, wissen wir nur eins: wir können es besser. Und wir bemühen uns, es zu beweisen.

Radek gehörte einer wohlhabenden, fortschrittlichen jüdischen Familie an. Er sprach nie über seine Jugendjahre oder die Einflüsse, die ihn formten, abgesehen von einer kleinen Episode. Als kleiner Junge war er gezwungen worden, die spitzenbesetzten Höschen seiner älteren Schwester zu tragen. Das hatte er als tiefe Demütigung empfunden und hatte trotzig gegen die Schande gekämpft. Bevor er zur Schule ging, zog er die Schlüpfer aus und versteckte sie. Eines traurigen Tages wurde der Trick entdeckt. Er wurde plötzlich krank und nach Hause geholt. Der Arzt wurde gerufen und sie fingen an, ihn zu entkleiden, um ihn ins Bett zu stecken. »Der Schlüpfer! Sie dürfen es nicht merken!« Er wehrte sich mit Händen und Füßen, verfiel in hysterisches Geschrei, schwor, daß er sich besser fühle und weiter nichts brauche als in Ruhe gelassen zu werden – er bettelte voller Verzweiflung. Natürlich kam das Geheimnis heraus und die Schlüpfer wurden endgültig weggepackt. Wer weiß, wie stark sich dieser Vorfall bei ihm ausgewirkt haben mag. Er jedenfalls hielt ihn noch rund dreißig Jahre später für wichtig genug, um ihn in bewegten Worten zu schildern.

Seine politische Karriere[57] begann Radek in ziemlich jungen Jahren, und als junger Mann von knapp zwanzig hatte er bereits einen prominenten Platz in der Redaktion der hochangesehenen »Leipziger Volkszeitung« errungen. Bald darauf lernte er *das* Mädchen kennen, und es war zumindest bei ihm »Liebe auf den ersten Blick«; sie wird meine Frau, schwor er sich. Sie war sehr schön, ein oder zwei Jahre älter als er und Medizinstudentin; sie war ein geistig reifes Mädchen, selbstsicher, rebellisch. Als die beiden sich kennenlernten, hatte sie bereits ein Kind – einen Sohn – von einem anderen Mann. Radeks hohe Intelligenz und Stellung ließen sie über sein jugendliches Alter und seine Unreife hinwegsehen; beides aber machte sich bei jedem Schritt bemerkbar, als sie ein gemeinsames Heim gründeten. Nach verhältnismäßig kurzer Zeit entschloß sie sich, ihn zu verlassen.

»Ich weiß, daß du wiederkommst – wir beide sind füreinander gemacht«, erklärte er zuversichtlich. »Und ich werde auf dich warten.«

Der romantische Jüngling, mit gebrochenem Herzen in Einsamkeit verschmachtend, war nichts für Radek. Bald begann er, mit einem anderen Mädchen, einer Kollegin, zusammenzuleben; aber er beachtete peinlich genau die

Gebote des Anstands: Er sagte ihr vorher, daß er seine Frau sehr liebe. Er betrachte ihre Trennung als kurzes Zwischenspiel und werde zurückeilen zu ihr, sobald sie auch nur den kleinen Finger rührte. Ein Jahr darauf kam sie zu ihm zurück, und ihre Ehe überstand alle Widrigkeiten des Lebens eines russischen Revolutionärs wie auch Radeks endlose Eskapaden.

Radek hielt nichts von »körperlicher Treue«, wenn er da auch einen Unterschied zwischen Mann und Frau machte. Frauen, insbesondere Frauen von höherem Kulturniveau und ästhetischem Anspruch wie seine Frau, taugen nicht zur Promiskuität. Aber es stand ihr frei, zu leben, wie sie wollte, für ihr Verhältnis zueinander spielte das keine Rolle.

Ein häßlicher Vorfall zerstörte beinahe sein politisches Leben. Man beschuldigte ihn, dreihundert Mark aus der Parteikasse unterschlagen zu haben. Sein Hauptankläger war Leo Jogiches. Ohne jede Bitterkeit sagte mir Radek, Jogiches sei vielleicht von dem Wunsche getrieben worden, sich selbst und die Partei von einem sehr lästigen Unruhestifter zu befreien. Vielleicht lag die Wahrheit irgendwo in der Mitte. Ein unglückliches Mißverständnis, wie es in einer illegalen Organisation, der das Aufbewahren von Papieren und Quittungen unmöglich ist, ohne weiteres vorkommen kann, hatte den bedauernswerten Radek in Verdacht gebracht.

Die Unterschlagungssache wurde schließlich bereinigt, aber für Radek war es eine harte Prüfung. Der Fall wurde weltweit bekannt, und irgendein Witzbold zog das K seines Vornamens mit seinem Nachnamen zu »Kradek« zusammen, was ungefähr soviel hieß wie »Dieb«.

Auch Radeks gleichgültige Einstellung zum Gelde, die ich in Berlin miterlebte, mag bei dem Vorfall mitgespielt haben. Während er in Berlin lebte, erhielt er für seinen Lebensunterhalt Geld aus Rußland. Durch den günstigen Wechselkurs, so erzählte er mir, habe er tatsächlich weit mehr Geld als beabsichtigt zur Verfügung. Es kam ihm allerdings nicht in den Sinn, das überschüssige Geld zurückzuzahlen; ebensowenig behielt er es. Er gab es einfach weg, an jeden, der Geld brauchte.

Radeks Frau stand diese einmalige Situation tapfer mit ihm durch. Er sagte, daß er es ohne ihre Loyalität nicht geschafft hätte. Jetzt fühlte er sich ihr ganz tief verpflichtet, was ihr Verhältnis zueinander weiter festigte.

Während der Zeit seiner Haft in Deutschland hatte sie ihm sein erstes Kind geboren, und er litt mehr denn je unter ihrer Trennung. Aus dem Gefängnis schrieb er ihr:

»Meine Einzige! Ich kann Dir nicht das alles schreiben, was ich Dir schreiben möchte. Ich sage Dir nur: Wenn wir uns wiedersehen, so sollen wir uns niemals trennen, wohin auch der Dienst ruft. Niemals, verstehst Du? Ich habe Deine kleine Photographie, Ernst will mir Deine große senden. Ich denke tagtäglich an Dich, und sollte mir etwas Menschliches passieren, so wisse, daß ich im letzten Augenblick nur an unsere Sache und an Dich gedacht habe. Aber ich hoffe, daß wir uns sehen werden und daß ich das Kind sehen werde, das Du in Schmerzen geboren hast, wie wenige Mütter . . . Ich denke schon an die Arbeit, die ich übernehmen will, wenn ich zurückkomme. Und ich will jeden Tag bis zu unserem Wiedersehen an Dich, Du Liebe und Gute, denken. Ich umarme Dich herzlich und küsse Dich viele Male, auch das kleine Mädelchen, dessen Name ich nicht kenne. Wollen wir sie nicht Sophie nennen? Denk an mich immer als an den Dich in tiefster Seele Liebenden.

Dein Karl.«

Dieser Brief wurde nach rund fünfzehnjähriger Ehe geschrieben. Als ich sie drei Jahre später im Kreml besuchte, Ende 1922, machten sie auf mich den Eindruck eines vollkommen glücklichen Paares, das sich sehr liebte. Was wiederum nicht bedeutete, daß Radek etwa seiner Philosophie untreu geworden wäre. Natürlich, so räumte er ein, es war ein gefährliches Spiel, und gelegentlich werde er auch schon mal weiter mitgerissen, als ihm recht sei. Aber er paßte doch sehr gut auf sich auf, und dabei half ihm der Takt und das Verständnis seiner Frau. Sie wußte immer, wann er sich wieder einmal im Strudel eines solchen Konflikts befand, und reagierte auf eine Art, die ihn wieder zur Vernunft brachte – und zu ihr zurück.

Er war sehr darauf bedacht, so sagte er mir, niemals seine Stellung auszunutzen. Nie nahm er ein intimes Verhältnis zu einer Frau auf, die in irgendeiner Weise von ihm abhängig war oder Nutzen aus der Verbindung ziehen konnte. Ein höchst eindrucksvolles Beispiel dafür war seine Beziehung zu Ruth Fischer. Er fand sie sehr schön und talentiert und schwärmte von ihr. Sie besuchte ihn häufig im Gefängnis, und jedermann erwartete, daß er sich um sie bemühen würde, sobald er in Freiheit war. Aber er tat es nicht. Er ging so weit, daß er nie mit ihr *allein* blieb. Er war davon überzeugt, daß sie demnächst den Platz von Rosa Luxemburg einnehmen würde, und er hielt es für seine Aufgabe, sie nach Kräften zu unterstützen und zu fördern. Eine persönliche Beziehung konnte diesen Absichten nur hinderlich sein und der Partei schaden. Radek brachte der Partei damit ein für seine Verhältnisse sehr großes Opfer.

Er war kein besonders guter Menschenkenner, das merkte ich sogar in der Zeit, als ich schwärmerische Bewunderung für ihn hegte. Und er wußte nichts von mir.

Mein persönlicher Verlust war zugleich ein Verlust für die Partei, und sein Mitgefühl für mich war durchaus echt. Er übertrieb gewaltig, was mein Aussehen anlangte, und er war offensichtlich gern mit mir zusammen. Es gab auch Augenblicke, in denen er sich tiefer berührt fühlen mußte, und dann begann er, um darüber hinwegzukommen, von seiner Frau zu sprechen, unmißverständlich klarzumachen, daß sie den Vorrang vor mir habe. Ganz allgemein hielt er nicht viel von meiner Intelligenz. Wenn er überhaupt geruhte, mir zuzuhören, dann sagte er manchmal: »Das war eine kluge Bemerkung. Wissen Sie eigentlich, was Sie da gerade gesagt haben, oder war es nur ein Zufallstreffer?« Er war sich offenbar überhaupt nicht bewußt, wie beleidigend eine solche Frage war. »Ganz wie Sie wünschen, Genosse Radek«, antwortete ich einmal. Er schreckte auf und schien für einen Moment von meiner Ironie betroffen, aber er war viel zu sehr mit sich selbst beschäftigt, um meine Entgegnung zu verstehen.

Ich wußte nur einen, der es im Gespräch mit Radek hätte aufnehmen können, und das war Leviné. Seine Konversation, nicht weniger fesselnd, zeichnete sich durch menschliche Wärme und Achtung vor dem Gesprächspartner aus. Es war nur natürlich, daß ich Vergleiche zog und mich fragte, warum ich mich trotz all meiner Bewunderung und Dankbarkeit nie in Radek verlieben könnte. Radek war ganz in sich selbst vertieft, und hauptsächlich das schloß ein stärkeres Gefühl für ihn bei mir aus.

Unnötig zu sagen, daß Radek die deutsche Szene beherrschte, und der Polizeichef war sein gehorsamer Diener. Einmal beschloß er, mit mir ins Theater zu gehen. Solche Vergnügungen standen nicht auf der Liste des Polizeichefs, aber er ließ nicht einmal ein Murmeln des Protestes hören. Zu seinem Entsetzen entschloß sich Radek, zu Fuß ins Theater zu gehen – ein weiterer Verstoß. Der Weg war lang, aber erstaunlicherweise erkannte uns niemand, obwohl Radeks Photo über lange Zeit von allen Mauern herabgestarrt hatte. Und er benahm sich ausgesprochen auffällig mit lautem Gerede und Gelächter. Auch im Theater war er nicht sehr zurückhaltend. Es wurde Strindbergs »Ostern« gegeben, und als der Satz fiel: »Gott sorgt für alle lebendige Kreatur«, rief Radek aus unserer Loge: »Ach ja? Das wissen wir aber besser!« Der Polizeichef rang nach Atem; seine Frau, die auch mit eingeladen war, fiel beinahe in Ohnmacht. Im Theater entstand ziemliche Unruhe, aber Radek, ungestüm und ungehemmt wie ein kleiner Junge, mußte einfach gegen einen solchen herausfordernden Satz protestieren, sagte er. Der Polizist stieß einen tiefen Seufzer der Erleichterung aus, als wir wohlbehalten wieder zu Hause waren.

Radek war ein eifriger Leser. In Deutschland, wo die Zeitungen Romane in täglichen Fortsetzungen bringen, verschlang er sie alle einschließlich der billigen und literarisch wertlosen Kriminalromane. Allein das Auseinanderhalten der verschiedenen Handlungen war ein Kraftakt für sich.

Ich hatte das Glück, Radek in seinen besten Zeiten kennenzulernen. Er hatte Rußland verlassen, tief eingetaucht in die Glorie einer großen Leistung. Er konnte erleben, wie sich die Ideen, denen er sein Leben geweiht hatte, erfüllten. Dann brachte er viele Monate im Gefängnis zu, wo er nach der Ermordung von Karl Liebknecht und Rosa Luxemburg auch noch den Mord an Leo Jogiches, einem der besten Köpfe der deutschen Revolution, miterlebte. Dieser Mord geschah nicht weit von seiner eigenen Zelle entfernt. Mehrmals sah er selbst dem

Tod ins Gesicht, und im Gefängnis erfuhr er von der Geburt seines einzigen Kindes. Diese Erfahrungen bewirkten, daß er viele seiner Schwächen abschüttelte. Er hatte ein offenes Auge gegenüber menschlichem Leiden und sehr viel Mitgefühl. Er übte einen beinahe unbegrenzten Einfluß auf Menschen aus, auch auf seine Kerkermeister. Sie taten ziemlich alles für ihn. Sie spionierten für ihn, gaben ihm rechtzeitig Tips, wenn etwas geplant war, warnten ihn, wenn sich irgend etwas zusammenbraute, und so retteten sie ihm tatsächlich das Leben. Mehr als einmal versuchten nämlich die frühen Nazis, die Dinge selber in die Hand zu nehmen und das Vaterland von einem gefährlichen Manne zu befreien.

Radek las mir immer seine Artikel vor, ehe er sie zur Veröffentlichung freigab. Er sagte mir, daß er den Leser brauche, um seine Formulierungen zu erproben, und ich hatte als Versuchskaninchen herzuhalten. Bescheiden nahm er sogar Kritik und Korrekturen entgegen.

Weder sein Deutsch noch sein Russisch war fehlerlos, er beherrschte beides nur fast perfekt. Nie versäumte er es, seine Arbeiten sorgfältig zu korrigieren, mochte die Zeit noch so drängen. Etwas unsicher war er auch in der russischen Rechtschreibung, und manchmal diktierte er mir seine Briefe. Es machte immer großen Spaß. Selbst die offizielle Korrespondenz trug den Stempel seines besonderen Humors. Mit Bezug auf die Geheimhaltung, der die Route seiner Heimreise unterlag, diktierte er mir einen Brief an Litwinow: »Die Anwendung von Verhütungsmitteln ist sinnlos, nachdem die Schwangerschaft eingetreten ist.« Und als ich ihn verblüfft anschaute, sagte er: »Warum denn nicht? Das illustriert doch am besten, um was es geht. Die Route ist doch schon seit längerer Zeit allgemein bekannt.«

Neben rührenden Geschichtchen und gelegentlichem, wenig erbaulichem Klatsch über das Liebesleben der Kollontai und der Balabanoff war von Radek Politisches zu hören. Während der Spartakuswoche schrieb er der Zentrale einen Brief, in dem er vor einem verfrühten Aufstand warnte und dessen Scheitern vorhersagte. Auf dieses »historische Dokument« war er sehr stolz, und eines Tages erzählte er mir hocherfreut, daß es glücklicherweise erhalten geblieben war. Ich verstand noch zu wenig von Politik. »Was sollte die Partei in Berlin tun?« wollte ich von ihm wissen. Aber er gab mir keine eindeutige Antwort. Er pries Levinés Führung als »klassisches Beispiel« und verteidigte Paul Levi, der anderer Meinung gewesen war als Leviné. »Levi darf man die Führung der Kommunistischen Partei nicht anvertrauen«, erklärte ich entschieden. »Er ist kein Revolutionär. Eines schönen Tages wird sein Pferdefuß zum Vorschein kommen.« Meine Einwände müssen irgendwo in seinem Gedächtnis eine Glocke angeschlagen haben; er nahm mich in diesem Punkte plötzlich sehr ernst. »Aber was können wir tun? Wir können ihn nicht entbehren, er ist der beste Kopf, der der deutschen Partei noch geblieben ist.« »Er muß weg«, beharrte ich. Das Bezeichnende an dieser Haltung, die ich mit allen meinen Bekannten gemeinsam hatte, war die Vorstellung, daß es durchaus in der Macht Radeks lag, jeglichen Parteiführer zu beseitigen; und Radek hat diesen Gedanken nicht von sich gewiesen oder mir etwa erklärt, daß in solchen Fragen einzig und allein die Partei zu entscheiden habe oder haben müsse. Er wußte sehr wohl, daß er einen Führer aufbauen oder herabstufen konnte, aber die Komintern brauchte ziemlich lange, bevor sie von ihrer beherrschenden Stellung Gebrauch machte.

Ich pflegte Radek ziemlich regelmäßig zu treffen, entweder in Berlin oder in Moskau. Bei meinem ersten Besuch in Sowjetrußland im September 1922, ich war bereits mit Ernst Meyer verheiratet, liefen wir ihm gleich am Tage unserer Ankunft auf der Straße in die Arme. Er hatte wie gewöhnlich sofort eine Geschichte auf Lager. Er kam gerade aus dem Kreml, hatte ein Gespräch mit Lenin gehabt. Die Neue Ökonomische Politik begann soeben und in Nischni-Nowgorod fand eine Handelsmesse statt. Die Geschäfte gingen gut, man prostete und toastete und schickte ein Danktelegramm an »unseren großen, geliebten Führer Lenin«. Aber Lenin hatte große Mühe, das zu schlucken. Immer wieder kratzte er sich am Kopf: »Das ist zuviel des Guten, viel zu viel.«

Radeks Leben im Kreml unterschied sich nicht wesentlich von seinem Leben in Berlin, es war nur weit weniger komfortabel. Seine Dreizimmerwohnung quoll über von Büchern und Manuskripten; sie wirkte mehr wie eine abnorm unordentliche Bibliothek als wie eine menschliche Behausung. Der Himmel mochte wissen, wie er je das gerade erforderliche Buch fand; es dürfte eine Qual gewesen sein. Aber Radek war da kein Sonderfall. In jenen Tagen damals beachteten die Parteiführer noch Lenins Forderung nach Selbstbeschränkung und Einfachheit im Privatleben des Kommunisten.

Es war meine intime Bekanntschaft mit Radek, die mich lehrte, daß man den Politiker nicht von dem Menschen trennen kann. Radek, der überzeugte Revolutionär, dessen Fähigkeiten und Kenntnisse sich mühelos mit denen der meisten prominenten Führer messen konnten, erreichte nie die Statur eines, sagen wir, Sinowjew oder Bucharin. Er blieb, was er war, der brillante Pamphletist. Ihm haftete ein Zug der Possenreißerei an, der den hohen

Qualitäten dieses ungewöhnlichen Mannes abträglich war. Die Russen haben dafür ein Sprichwort: »Für einen guten Witz verkauft er den eigenen Vater.«

1925 besuchte uns Schubin, ein russischer Abgesandter, in Berlin. Alle Welt rätselte herum, wer wohl Sinowjew ablösen würde, dessen bevorstehende Entlassung aus der Komintern inzwischen beschlossene Sache war. Könnte es nicht Radek sein? »Was! Dieser Kasper?!« (Ich benutzte das russische Wort Petruschka); und Schubin rief: »Sie kennen sich ja gut aus . . .« – er stockte, riß sich zusammen und vollendete: ». . . mit der russischen Sprache.« Ganz offensichtlich hatte er »mit Radek« sagen wollen. Aber Schubin war ein vorsichtiger Mann. Immerhin stimmte er in unser Gelächter mit ein.

Im Januar 1933 sah ich Radek wieder.

Ich hatte die Hoffnung aufgegeben, daß Ernsts Buch noch erscheinen würde (siehe Kapitel 21). Im Sommer 1931 war in der »Proletarskaja Rewoluzija« ein Brief Stalins erschienen, der die deutschen, ja alle Linksgruppen mit Ausnahme der Bolschewiken abkanzelte: schwach, unfähig, schlecht organisiert, ideologisch mangelhaft gerüstet seien sie alle; vervollständigt wurde dies durch einen Angriff auf Rosa Luxemburg, deren Ansichten eine Abweichung des Trotzkismus seien – der Avantgarde des konterrevolutionären Bürgertums. Der Brief löste eine heftige Kampagne gegen den Luxemburgismus aus. Radek nicht ausgenommen: Er distanzierte sich eilig von Rosa Luxemburg, seiner bewunderten Freundin. »Es war eine historische Notwendigkeit«, sagte er zu mir. Seine hochtönenden Phrasen sollten nur seine Feigheit verdecken.

»Angesichts der neuen Wendung besteht natürlich keine Aussicht, daß Ernst Meyers Buch herausgegeben wird, das ja die heroische Geschichte der Spartakisten erzählt«, sagte ich.

»Sie irren sich. Stalin selber hat gesagt, es müsse erscheinen, nur nicht gleich. Später.«

»Später« war kein Trost, aber ich dachte, ich könnte Radek vielleicht dazu überreden, mit Stalin über die deutsche Partei zu sprechen. Vielleicht konnte die Katastrophe ja noch abgewendet werden. Selbst wenn Deutschland verloren war, so waren andere Länder vielleicht durch eine Änderung der Politik zu retten. Es war den Versuch wert.

Radek wohnte im »Regierungshaus«, Moskaus fixer Idee. Von ihm redete man als von einem Modell für das »Leben der Zukunft«. Märchen waren im Umlauf über das öde Gebäude, in dem die Aufzüge häufiger standen als fuhren, in dem das warme Wasser nicht lief und die Heizung nicht funktionierte.

Radek persönlich ließ mich ein. Liebevoll hielt er ein Tier im Arm – ich kann mich merkwürdigerweise nicht mehr erinnern, ob es ein Hund oder ein Affe war. Vielleicht war der Affe bloß meine eigene Einbildung. Radek begrüßte mich mit der gewohnten Clownerie: »Ich darf Ihnen meinen besten Freund vorstellen. Mit ihm kann ich alles besprechen, was ich möchte. Ich kann ihm unbesehen vertrauen, denn er wird mich nie verraten.« Ich war nicht zum Scherzen aufgelegt und er wurde ernst. »Sehen Sie, Sie haben Unrecht gehabt mit der deutschen Partei; sie hat vorzüglich gearbeitet. Sechs Millionen Stimmen bei der letzten Wahl, und sie hat diese Stimmen aus eigener Kraft gewonnen, ohne jede finanzielle Hilfe von uns. Ich muß es wissen, Sie können sicher sein.« Ich war außer mir. »Seien Sie bloß still! Sie haben vergessen, was Sie mir selber beigebracht haben: die Leute geben uns ihre

Stimme, weil wir ›nette Kerle‹ sind. Sie erkennen unseren Mut und unsere Überzeugung an, was ihnen aber noch fehlt, das ist das Vertrauen, daß wir es schaffen können, und das haben wir immer noch zu beweisen. Unsere eigenen Parteimitglieder befolgen oft die Aufrufe zu Streiks und Demonstrationen nicht, weil wir nicht bewiesen haben, daß wir fähig sind, etwas erfolgreich durchzuführen. Wir brauchen keine finanzielle Hilfe für Wahlen, wir haben ein Heer von Zehntausenden von Arbeitslosen, die die Revolution zu ihrem Beruf gemacht haben und die für die Partei alles tun würden; denn die Revolution ist ihre letzte Hoffnung. Und was haben wir erreicht? Sechs Millionen Stimmen, die wir morgen wieder verlieren können.«

Radek hörte mir mit wachsender Erregung zu und fragte schließlich: »Und was schlagen Sie vor?«

»Gehen Sie zu Stalin, Sie sind doch sein Freund. Ihnen wird er zuhören. Gehen Sie sofort und erzählen ihm alles das, was ich Ihnen erzählt habe.«

»Das kann ich nicht. Ich habe nicht den geringsten Einfluß, Sie sind im Irrtum.«

»Dann bringen Sie mich zu Stalin, ich werde selber mit ihm sprechen. Ich habe Beweise genug, um ihn das Fürchten zu lehren, und ich fürchte mich nicht.«

Er dachte einen Augenblick nach.

»Auch das ist unmöglich. Ich kann nichts tun, es liegt nicht in meiner Macht.«

Nein, er konnte nicht. Ich verstand: Für ihn war es schon gefährlich, Kontakt mit einem Menschen zu haben, der der Partei, und das hieß Stalin, kritisch gegenüberstand. Da gab es nichts weiter zu sagen.

Ich verabschiedete mich von ihm. Nein, solche Männer sind nicht fähig, gegen ihre Herren aufzustehen.

Als die Nachricht kam, daß Radek verhaftet sei, daß auch ihm der Prozeß gemacht würde, dachte ich, jetzt müßte ich mit meiner Geschichte herauskommen. Sie würde der ganzen Welt beweisen, daß Radek »unschuldig« war. Aber die Welt war wenig daran interessiert. Die Führer des Kommunismus haben sich entschlossen, einander zu vernichten – Pech für sie. Wieso sollte meine Meinung, meine Beurteilung vertrauenswürdiger sein als Radeks eigene Geständnisse?

Als letzte Erinnerung an Radek nahm ich das Bild eines zerbrochenen Menschen mit, der sein Inneres nur noch dem Tierchen in seinen Armen enthüllen durfte.

Anmerkungen

1 Die »21 Bedingungen«, offiziell »Leitsätze über die Bedingungen der Aufnahme in die Kommunistische Internationale« genannt, wurden vom II. Weltkongreß der Komintern (Juli–August 1920) angenommen. Damit sollte Linkssozialisten (»Zentristen«) der Beitritt zur Komintern verwehrt werden. Die »21 Bedingungen« führten 1920 zur Spaltung der USPD, dann auch der französischen und italienischen Sozialisten. Die »21 Bedingungen« sind abgedruckt in: Hermann Weber, Die Kommunistische Internationale. Eine Dokumentation. Hannover 1966, S. 55 ff.

2 Nach dem »Bericht über die Verhandlungen des Vereinigungsparteitages der USPD (Linke) und der KPD (Spartakusbund). Abgehalten in Berlin vom 4. bis 7. Dezember 1920, Berlin 1921«, waren dann aber Brass (USPD) und Pieck (KPD) die Vorsitzenden des Vereinigungsparteitages.

3 Gemeint ist der II. Parteitag der KPD, vgl. Bericht über den 2. Parteitag der Kommunistischen Partei Deutschlands (Spartakusbund) vom 20. bis 24. Oktober 1919. Hrsg. KPD, o. O. u. J. (Berlin 1920).

4 Zur KAPD vgl. Hans Manfred Bock: Syndikalismus und Linkskommunismus von 1918 bis 1923. Meisenheim am Glan 1969.

5 Die KPD (Spartakusbund) zählte am 1. 10. 1920 nur 78 000 Mitglieder, die USPD vor ihrer Spaltung 890 000 Mitglieder, davon gehörten nach der Spaltung vom Oktober 428 000 zur USPD-Linke, 340 000 zur Rest-USPD, 125 000 zu keiner der beiden Parteien. Beim Zusammenschluß der USPD-Linken mit der KPD im Dezember 1920 blieben weitere 55 000 USPD-Mitglieder außerhalb der Partei, es schlossen sich also nur etwa

370 000 USPD-Mitglieder mit den 78 000 Kommunisten zusammen, so daß die VKPD knapp 450 000 Mitglieder zählte, im März 1921 sogar nur noch 360 000. Vgl. Robert F. Wheeler: USPD und Internationale. Berlin (West) 1975, S. 262 ff. Hartfried Krause (Hrsg): Protokolle der Parteitage der USPD. Bd. 5, Glashütten i. Ts. 1976, S. 84. Hermann Weber: Die Wandlung des deutschen Kommunismus. Frankfurt/M. 1969, Bd. 1, S. 362.

6 Vgl. Paul Levi: Unser Weg. Wider den Putschismus. Berlin 1921, wiederabgedruckt in: Paul Levi, Zwischen Spartakus und Sozialdemokratie. Schriften, Aufsätze, Reden und Briefe. Herausgegeben und eingeleitet von Charlotte Beradt. Frankfurt/M. 1969, S. 44 ff.

7 Der III. Weltkongreß der Komintern fand vom 22. Juni bis 12. Juli 1921 in Moskau statt, vgl. Protokoll des III. Kongresses der Kommunistischen Internationale, Hamburg 1921.

8 Der Bericht der Zentrale ist abgedruckt in: Bericht über die Verhandlungen des III. (8). Parteitages der Kommunistischen Partei Deutschlands (Sektion der Kommunistischen Internationale). Abgehalten in Leipzig vom 28. Januar bis 1. Februar 1923. Berlin 1923, S. 5 ff.

9 A. Thalheimer: 1923. Eine verpaßte Revolution? Die deutsche Oktoberlegende und die wirkliche Geschichte von 1923. Berlin 1931 (Neuauflage: Bremen o. J.).

10 Gemeint ist die Broschüre: P. Werner (d. i. Paul Frölich): Eugen Leviné. Vereinigung Internationaler Verlagsanstalten, Berlin 1922. Mit einer Umschlagzeichnung von K. J. Hirsch.

11 Gemeint ist der IV. Weltkongreß der Komintern, der am 5. 11. 1922 im Volkshaus in Petrograd mit Begrüßungsreden eröffnet wurde und dessen Arbeitssitzungen am 9. 11. 1922 im Kongreß-Saal des Kreml zu Moskau begannen. Vgl. Protokoll des IV. Kongresses der Kommunistischen Internationale. Petrograd-Moskau vom 5. November bis 5. Dezember 1922. Bd. 1 und 2, Hamburg 1923.

12 Die Ausführungen in der geschlossenen Sitzung sind im offiziellen Bericht (vgl. Anm. 8) nicht enthalten, sie befinden

sich im Nachlaß Ernst Meyers (Privatarchiv Rosa Meyer-Leviné). Der letzte Satz ist sinngemäß wiedergegeben.

13 Zum Kongreß und zu den Delegierten vgl. Werner T. Angress: Die Kampfzeit der KPD 1921–1923. Düsseldorf 1973, S. 476 ff.

14 Einzelheiten über den Linksruck in den Bezirken vgl. bei Weber, Die Wandlung . . . a. a. O. (Anm. 5), Bd. 1, S. 60 ff.

15 Bei den Reichstagswahlen von 1920 hatte die SPD freilich nur 113 Sitze erhalten, doch war später ein Großteil der 81 USPD-Abgeordneten zu ihr übergetreten, im Mai 1924 erhielt die SPD 100 Sitze. Die KPD hatte 1920 nur 2 Sitze erobert, die übrigen stammten ebenfalls aus den Reihen der USPD.

16 Zum RFB vgl. Kurt G. P. Schuster: Der Rote Frontkämpferbund 1924–1929. Düsseldorf 1975.

17 Zu den kommunistischen Sondergewerkschaften vgl. Weber, Die Wandlung . . . a. a. O. (Anm. 5), Bd. 1, S. 98 ff.

17a Die KPD zählte im Herbst 1923 knapp 300 000 Mitglieder, im April 1924 121 000, im 2. Quartal 1924 95 000, im April 1925 122 000 und im Juli 1925 114 000 Mitglieder. Vgl. Weber, Die Wandlung, ebda, S. 362 f.

18 Diese Auslassungen Ruth Fischers wurden (freilich mit anderer Tendenz) später wiedergegeben in: Stalin und der deutsche Kommunismus, S. 529 f.

19 Eisler wurde nicht ausgeliefert, er flüchtete auf einem polnischen Dampfer. Vgl. seine Biographie bei Weber, Die Wandlung . . . a. a. O. (Anm. 5), Bd. 2, S. 105 f.

20 Die Liste der Parteiführungen ist zu finden in: Hermann Weber (Hrsg.), Der deutsche Kommunismus. Dokumente 1915–1945. 3. Aufl. Köln 1973, S. 434.

21 Der X. Parteitag 1925 wählte erstmals das Zentralkomitee anstelle der früher üblichen Leitungsorgane Zentrale und Zentral-Ausschuß. Vgl. Weber, Die Wandlung . . . a. a. O. (Anm. 5), Bd. 1, S. 261.

22 Der X. Parteitag wählte Rosenberg erneut ins ZK und Scholem ins Polbüro, nicht wiedergewählt wurde Iwan Katz, vgl. Weber, Die Wandlung, a. a. O. (Anm. 5), Bd. 1, S. 118 und Bd. 2, S. 42.

23 Der »Offene Brief« wurde am 1. September 1925 in der »Roten Fahne« veröffentlicht, er ist abgedruckt in: Weber, Der deutsche Kommunismus, a. a. O. (Anm. 20), S. 218 ff.

24 Da das Original des Briefes nicht auffindbar war, wurde das Zitat ausnahmsweise aus dem Englischen rückübersetzt.

25 Vgl. den Aufruf der KPD zum Volksentscheid sowie den Gesetzentwurf und die Vereinbarung von SPD und KPD zum Volksentscheid in: Dokumente und Materialien zur Geschichte der deutschen Arbeiterbewegung, Bd. VIII, Berlin (Ost) 1975, S. 307 ff. Vgl. jetzt auch Ulrich Schüren: Der Volksentscheid zur Fürstenenteignung 1926. Düsseldorf 1979.

26 Vgl. dazu: Michel Garder, Die Geschichte der Sowjetarmee. Frankfurt/M. 1968, S. 69 und 74.

27 Nach der KPD-Darstellung unterschlug Wittorf 1850 Mark, vgl. zur Wittorf-Affäre Weber, Die Wandlung... a. a. O. (Anm. 5), Bd. 1, S. 199 ff., zur Person Wittorfs ebda, Bd. 2, S. 345 f. In der englischen Ausgabe der vorliegenden Arbeit heißt es irrtümlich, Wittorf sei Schwager Thälmanns gewesen, vgl. dazu ebda, Bd. 1, S. 199.

28 Der EKKI-Beschluß wurde in der »Roten Fahne« vom 9. Oktober 1928 veröffentlicht.

29 Gemeint sind die 1928 als »Rechte« angegriffenen Führer der KPdSU, Bucharin, Rykow, Tomski usw. zu denen auch Jaglom gehörte.

30 Ernst Meyer war Mitglied des EKKI nur 1920/1922. Auf dem VI. Weltkongreß 1928 wurden folgende KPD-Führer Mitglied des EKKI: Blenkle, Dengel, Pieck, Remmele, Thälmann, Zetkin, Kandidaten des EKKI wurden: Ewert, Heckert, Schneller, Ulbricht (Protokoll. Sechster Weltkongreß der Kommunistischen Internationale. Hamburg–Berlin 1929, S. 209).

31 Gemeint ist das Politsekretariat, dem Thälmann, Dengel und Schneller sowie die Versöhnler Ewert und Meyer angehörten. Dem Polbüro gehörten 1927/28 an: Thälmann, Dengel, Heckert, Remmele und Schneller sowie die Versöhnler Eberlein, Ewert und Meyer, Kandidaten des Polbüros waren Pieck

sowie die Versöhnler Eisler und Süßkind. Dem ZK gehörten 1928 folgende Versöhnler an: Karl Becker, Paul Dietrich, Hugo Eberlein, Arthur Ewert, Ernst Meyer, Hans Schröter, Georg Schumann, Kandidaten des ZK waren die Versöhnler Franz Bellemann, Gerhart Eisler, Heinrich Süßkind, außerdem die »Rechten« Albert Bassüner, Heinrich Galm und Erich Hausen (von insgesamt 35 Mitgliedern und 18 Kandidaten).

32 Zum 1. Mai 1929 gab die KPD mehrere Flugschriften heraus, so Werner Hirsch: Blutige Maitage in Berlin, und: Anklage gegen Zörgiebel. Dokumente über den Blutmai. Die Haltung der kommunistischen Opposition ist zu finden in Paul Frölich: Der Berliner Blutmai.

33 Nach dem Protokoll des 12. Parteitages der KPD (Berlin 1929) sagte Ernst Meyer: »Genossen, die Frage des Genossen Heckert an mich, worin wir mit der Partei übereinstimmen, ist sehr leicht zu beantworten. Für die gesamte Partei, einschließlich derjenigen Genossen, die in einer Reihe von Fragen abweichen von der Parteimehrheit, gelten sämtliche Beschlüsse der Komintern, der verschiedenen Weltkongresse und des letzten, des Essener Parteitages. Wenn wir in einem Dokument das hätten aufzeigen sollen und wollen, worin wir mit der Partei übereinstimmen, dann hätte das Dokument nicht 15 Seiten sondern 500 Seiten umfaßt. Ich glaube, die zehn Minuten Redezeit, die mir bewilligt wurden, und die bis jetzt noch nicht verlängert worden sind, kann ich nur ausnützen zur Besprechung einer wichtigen Frage . . .« (S. 220 f.)

34 Zur KPO vergleiche K. H. Tjaden: Struktur und Funktion der KPD-Opposition (KPO). Meisenheim am Glan 1964.

35 Die folgenden Dokumente über die RGO-Politik bzw. die Sozialfaschismus-Thesen der KPD sind nicht immer identisch mit denen, die Rosa Meyer-Leviné in der englischen Ausgabe gebracht hat. Da dort keine Quellen angegeben sind, mußten in einigen Fällen ähnlich lautende Dokumente der KPD herangezogen werden. Zu den entsprechenden typischen Aussagen der KPD vgl. Weber, Der deutsche Kommunismus,

a. a. O. (Anm. 20), S. 182 ff. Vgl. auch: Leninismus gegen Stalinismus. Zusammengestellt von Oskar Fischer, mit einem Vorwort von Leo Trotzki, O. O. 1947.

36 Zur Losung »Zwingt die Bonzen« vgl. auch »Betrieb und Gewerkschaft«, Organ des Reichskomitees der RGO, 4. Jg. Heft 11, November 1932, S. 295 f.

37 Der Nachruf auf Ernst Meyer erschien in der »Roten Fahne« vom 4. Februar 1930. Neben einer Beschreibung seines revolutionären Lebensweges enthielt er auch die Passage vom Mangel der »engen Verbindung zu den Massen«, die angeblich seine »Differenzen mit der Partei« erklärten und ihn »zu einem Führer der opportunistischen Versöhnlergruppe machten«.

38 In der »Roten Fahne« vom 6. Februar 1930 hieß es: »Die Einäscherung der Leiche des Genossen Ernst Meyer findet heute, vormittags 11 Uhr, im Krematorium Gerichtstraße statt. Die Überführung der Urne erfolgt am Donnerstag nachmittag nach Friedrichsfelde. Der Trauerzug setzt sich pünktlich 3 Uhr vom Küstriner Platz aus durch die Königsberger, Gubener, Romintener, Grünbergstraße über Wismarplatz, Gürtelstraße und Frankfurter Allee in Bewegung nach Friedrichsfelde.«

39 Der kommunistische Neue Deutsche Verlag, Berlin, gab 1931 über den Ramsin-Prozeß eine Broschüre heraus: Spione und Saboteure vor dem Volksgericht in Moskau. Bericht über den Hochverratsprozeß gegen Ramsin und Genossen vom 25. November bis 7. Dezember 1930 im Gewerkschaftshaus in Moskau von Andor Gabor aufgrund der stenographischen Protokolle zusammengestellt.

40 Bei der Beschreibung dieser Episode ist der Autorin offenbar eine Verwechslung unterlaufen. Das Angebot Piecks galt nicht der Unterstützung bei der Wahl des Reichspräsidenten (die SPD hatte sich im Februar 1932 auf Hindenburg festgelegt), sondern der Unterstützung von SPD und Zentrum bei der Wahl des Präsidiums des Preußischen Landtags. Wilhelm Pieck bot diese Unterstützung im Juni 1932 an, um zu verhindern, daß ein NSDAP-Abgeordneter Präsident werde. Vgl. Geschichte der deutschen Arbeiterbewegung, Bd. 4, Berlin (Ost) 1966, S. 346 f. und 577 f.

40a Helmut Remmele, der Sohn von Hermann Remmele, war nicht Vorsitzender, sondern Mitglied des ZK des Kommunistischen Jugend-Verbandes.

41 Am 5. November 1929 hatte die »Rote Fahne« unter der Überschrift »Generalappell des Faschismus« geschrieben: »Schlagt die Faschisten, wo ihr sie trefft – das ist unsere Losung vor der die faschistischen Streikbrecher und Borsigknechte zittern. Schlagt die Faschisten, wo ihr sie trefft – das ist die Kampfparole des revolutionären Proletariats. Nur im offenen politischen Massenkampf, nur auf bolschewistische Art werden wir den Faschismus zerschmettern.«

42 Margarete Buber-Neumann: Von Potsdam nach Moskau. Stationen eines Irrwegs. Stuttgart 1957, S. 173.

43 Das Manuskript der Arbeit von Ernst Meyer über den Spartakusbund muß noch immer in den Moskauer Archiven liegen, es wurde bis heute nicht veröffentlicht. Welche interessante Darstellung die Arbeit sein dürfte, geht schon aus der Einleitung Ernst Meyers zu der von ihm 1926 neu herausgegebenen Ausgabe der »Spartakusbriefe« hervor (Neuauflage: Spartakusbriefe. Berlin-Ost 1958).

44 Zum Prozeß gegen die angeblichen Mitglieder des »Unionsbüros« der Menschewiki (Gromann u. a.) vom 1. bis 8. März 1931 in Moskau vgl. »Die Rote Fahne« vom 27. Februar bis 10. März 1931. Die Angeklagten dieses Schauprozesses erhielten Freiheitsstrafen zwischen 5 und 10 Jahren.

45 Stalins Brief gegen Sluzki ist abgedruckt in: J. W. Stalin, Werke, Bd. 13. Berlin (Ost) 1953, S. 76 ff. Sluzki hatte darauf verwiesen, daß Lenin vor dem 1. Weltkrieg an Kautsky orientiert war. In seinem »Brief« warf Stalin den deutschen Linken vor, »zwischen Bolschewismus und Menschewismus« geschwankt zu haben, vor allem griff er Rosa Luxemburg an, aber auch »Fehler« des stalinistischen Parteihistorikers Jaroslawski.

46 Es ließ sich nicht ermitteln, welche Veranstaltung die Autorin mit dieser Beschreibung meint.

47 Vgl. Babette Gross: Willi Münzenberg. Eine politische

Biographie. Mit einem Vorwort von Arthur Koestler. Stuttgart 1967.

48 Ebda., S. 158.

49 Ebda, S. 232 f.

50 Ebda, S. 229.

51 Ebda, S. 227.

52 Der Tod Willi Münzenbergs ist nicht geklärt, bekannt ist die Version, Agenten Stalins hätten ihn ermordet. Vgl. die differenzierte Darstellung bei Babette Gross, a. a. O., S. 334.

53 Den Kampf gegen die »rechten« Kommunisten begann Stalin 1928 gegen das Moskauer Parteikomitee unter Uglanow, dessen Stellvertreter, unter anderem Rjutin, wurden am 11. Oktober 1928 abgesetzt. 1932 versuchte Rjutin, eine illegale Opposition gegen Stalin zu organisieren. Vgl. L. Schapiro, Geschichte der KPdSU, Frankfurt/M 1961, S. 391 f. u. 415. Vgl. auch Stalin, Werke, Bd. 11. Berlin (Ost) 1954, S. 209, 285 ff.

54 J. W. Stalin, Werke, Bd. 12. Berlin (Ost) 1954, S. 168 ff., besonders S. 185.

55 Gemeint ist Stalins Rede »Neue Verhältnisse – neue Aufgaben des wirtschaftlichen Aufbaus« vom 23. Juni 1931. Vgl. Stalin, Werke, Bd. 13, a. a. O. (Anm. 45), S. 47 ff.

56 Eugen Leviné: Stimmen der Völker zum Krieg. Berlin 1924 (Einleitung: Rosa Leviné).

57 Zu Radek vgl. Warren Lerner: Karl Radek. The Last Internationalist. Stanford Cal. 1970. Marie-Luise Goldbach: Karl Radek und die deutsch-sowjetischen Beziehungen. Bonn-Bad Godesberg 1973. Dietrich Möller: Revolutionär, Intrigant, Diplomat. Karl Radek in Deutschland. Köln 1976.

Abkürzungsverzeichnis

ADGB	Allgemeiner Deutscher Gewerkschaftsbund
CSR	Tschechoslowakische Republik
DDR	Deutsche Demokratische Republik
EKKI	Exekutivkomitee der Kommunistischen Internationale
GPU	Gossudarstwennoje Polititscheskoje Uprawlenije = Staatliche Politische Verwaltung (Name der sowjetischen Geheimpolizei 1922–1934)
IAH	Internationale Arbeiter-Hilfe
KAPD	Kommunistische Arbeiterpartei Deutschlands
KI, Komintern	Kommunistische Internationale
KPD	Kommunistische Partei Deutschlands
KPdSU (B)	Kommunistische Partei der Sowjetunion (Bolschewiki)
KPO	Kommunistische Partei – Opposition (Brandler-Gruppe)
KPR (B)	Kommunistische Partei Rußlands (Bolschewiki)
KZ	Konzentrationslager
MdL	Mitglied des Landtages
MdR	Mitglied des Reichstages
NEP	Neue Ökonomische Politik (Sowjetrußlands nach 1921)
NKWD	Narodny Kommissariat Wnutrennich Del = Volkskommissariat für innere Angelegenheiten (Name der sowjetischen Geheimpolizei von 1934–1941)
OB	Oberbürgermeister
Orgbüro	Organisationsbüro
Polbüro, Politbüro	Politisches Büro
RFB	Roter Frontkämpferbund
RGI	Rote Gewerkschafts-Internationale

RGO	Revolutionäre Gewerkschaftsopposition
SAP	Sozialistische Arbeiterpartei
SBZ	Sowjetische Besetzte Zone (Deutschlands)
SDAPR (B)	Sozialdemokratische Arbeiterpartei Rußlands (Bolschewiki)
SED	Sozialistische Einheitspartei Deutschlands
SPD	Sozialdemokratische Partei Deutschlands
UdSSR	Union der Sozialistischen Sowjetrepubliken
USA	Vereinigte Staaten von Amerika
USPD	Unabhängige Sozialdemokratische Partei Deutschlands
SU	Sowjetunion
ZA	Zentralausschuß
ZK	Zentralkomitee

Biographische Daten
und Personenregister

(Bei einigen Personen waren keine oder nur lückenhafte biographische Daten zu ermitteln, bei allgemein bekannten Personen wurden keine Einzeldaten angegeben.)

Artjom – Sergejew, Fjodor A. (1883–1921)
Bolschewistischer Parteifunktionär. Mitglied des ZK der KPR (B) von 1917–1921. Verunglückte beim Testen eines Propellertriebwagens. 237

Balabanoff, Angelica (1878–1965)
Repräsentantin der italienischen Sozialisten in der II. Internationale. Von 1917 bis zum Parteiausschluß 1924 Mitglied der KPR (B). Seit März 1919–1920 Tätigkeit in der Komintern. 1935–1946 Emigration in den USA. 371

Barbusse, Henri (1873–1935)
Französicher Schriftsteller. 329

Becker, Karl (1894–1942)
KPD-Funktionär, Mitglied der KPD-Zentrale 1923, des ZK von 1927–1929, »Versöhnler«, MdL Preußen 1928–1932. 1942 in Deutschland hingerichtet. 130, 184, 187, 216, 237

Böning, Hermann (1894–1939)
Schlosser, 1920 KPD. 1929–1933 MdL in Baden. 1933 verhaftet, kam 1939 im Gefängnis ums Leben. 51

Böttcher, Paul (1891–1975)
Schriftsetzer. 1921–1923 Mitglied der Zentrale der KPD. 1923 und 1926–1928 Vorsitzender der sächsischen Landtagsfraktion. Im Oktober 1923 Finanzminister in der Regierung Zeigner. 1929 als »Rechter« aus der KPD ausgeschlossen, führend in der KPO. 1933–1945 Mitarbeiter des sowjetischen Nachrichtendienstes in der Schweiz, 1946–1955 in der UdSSR inhaftiert, danach Funktionär der SED in der DDR. 46, 186–188, 191

Boris
s. Roninger, Boris

Brandler, Heinrich (1881–1967)
Maurer, 1901 Mitglied der SPD. Im Weltkrieg Spartakusbund, Mitbegründer der KPD

in Chemnitz, ab 1919 Mitglied der KPD-Zentrale. Ende 1922 Vorsitzender der KPD. Nach dem Scheitern der Aufstandspläne von 1923 Anfang 1924 seiner Funktion als KPD-Führer enthoben. Übersiedelung nach Moskau. 1928 Rückkehr nach Deutschland, Organisator und Führer der »rechten« Kommunisten, Mitbegründer und Führer der KPO. 1933 Emigration (Frankreich, Kuba), 1949 Rückkehr nach Deutschland, Leiter der kommunistischen Gruppe »Arbeiterpolitik«. 40, 53 f., 72, 76, 78 f., 81, 85, 88–96, 98 f., 106, 132, 136, 144, 163, 177, 179, 181, 183, 190 f., 195 f., 214, 216 f., 239, 253, 289

Braun, Otto (1872–1955)
Steindrucker. 1913 MdL Preußen. Nach der Novemberrevolution 1918–1921 preußischer Landwirtschaftsminister, 1920–1932 Ministerpräsident in Preußen, SPD. 125

Brüning, Heinrich (1885–1970)
1920–1930 Geschäftsführer der christlichen Gewerkschaften, 1924–1933 MdR (Zentrum), 1930–1932 Reichskanzler, 1933 Emigration in die USA. 256

Bucharin, Nikolai I. (1888–1938)
Bolschewistischer Parteiführer. 1917 ins ZK, 1924 ins Politbüro gewählt. 1926–1928 Führer der Komintern. 1929 als »Rechter« seiner Funktionen enthoben. 1938 im Schauprozeß zum Tode verurteilt. 60, 104, 112, 116, 151, 155 f., 197 f., 208, 210, 219, 226, 238, 276, 289, 291, 297, 341, 343–356, 372

Cuno, Wilhelm (1876–1933)
Jurist, Reeder und parteiloser Politiker. Nov. 1922–Aug. 1923 deutscher Reichskanzler. Leitete erfolglos den »passiven Widerstand« gegen die französische Ruhrbesetzung. 93

Dengel, Philipp (1888–1948)
Lehrer. Seit 1919 KPD. Reichstagsabgeordneter 1924–1930. 1925–1929 Mitglied des ZK, des Polbüros und des Sekretariats der KPD. 1929 nach Thälmanns Wiedereinsetzung nach Moskau abgeschoben. 140, 152, 186, 200

Denikin, Anton I. (1872–1947)
Russischer General, 1917 Oberbefehlshaber der Westfront. Führte eine »weiße« Armee gegen die Bolschewiki, emigrierte in die USA. 336

Dostojewski, Fjodor M. (1821–1881)
Russischer Dichter. 341

Eberlein, Hugo (1887–1944)
Zeichner. Vom I. bis zum XI. Parteitag Mitglied der Zentrale bzw. des ZK der KPD, fast immer im Orgbüro, zeitweise im Polbüro. 1921–1933 MdL

Preußen. Führender »Versöhnler«. Nach 1929 Arbeit im Komintern-Apparat. 1937 im Zuge der Stalinschen Säuberungen in der UdSSR verhaftet. 40, 52, 131, 204, 238, 268, 271, 307

Ebert, Friedrich (1871–1925) Sattler. 1912 für die SPD in den Reichstag gewählt. Reichspräsident von 1919–1925. 88

Einstein, Albert (1879–1955) Physiker, Nobelpreisträger (1921) Begründer der Relativitätstheorie. 329

Eisler, Gerhart (1897–1968) 1921 von Österreich nach Deutschland eingewandert. Vom VIII. KPD-Parteitag als Kandidat in den ZA gewählt. 1927–1928 Kandidat des ZK und des Polbüros. Als »Versöhnler« abgesetzt. Bis 1935 Arbeit im Komintern-Apparat, danach erneut im ZK und Politbüro. Lebte seit 1949 in der DDR. 29, 133–135, 184, 287

Enderle, August (1887–1959) Mechaniker. 1922/23 in der Leitung der RGI in Moskau. Nach 1924 Gewerkschaftsredakteur der »Roten Fahne«. 1928 als »Rechter« aus der KPD ausgeschlossen. KPO, dann SAP. 1933–1945 Emigration, ab 1947 Redakteur an Gewerkschaftsorganen, Mitglied der SPD. 184

Ewert, Arthur (1890–1959) Sattler. 1923 in die Zentrale der KPD gewählt, 1925 in ZK, Polbüro und Sekretariat berufen. 1929 als »Versöhnler« abgesetzt. Nach 1930 arbeitete E. für die Komintern. 1935–1945 in Brasilien inhaftiert. 188, 240, 251 f., 279, 288 f.

Fischer, Ruth (1895–1961) Elfriede Eisler war Mitbegründerin der KP Österreichs. Übersiedelte 1919 von Wien nach Berlin. Ab 1921 unter dem Parteinamen Ruth Fischer Leitung der Berliner Parteiorganisation und Mitglied des Zentralausschusses. Übernahm 1924 die Leitung der KPD. 1926 aus der Partei ausgeschlossen. Reichstagsabgeordnete 1924–1928. 1933 Emigration (Frankreich, USA), lebte zuletzt in Paris als Schriftstellerin. 29, 31, 38, 40 f., 44, 51, 69, 72, 75, 82, 90, 93, 108 f., 111, 114 f., 120, 126–128, 130, 133, 136–141, 143–146, 150, 152 f., 167, 170, 188, 194 f., 203 f., 226 f., 237, 242, 255, 264, 280, 284 f., 291, 327, 359, 367

Fischer Kommunistischer Parteifunktionär. 131

Frank, Karl (1893–1969) Dr. phil. 1920–1929 hauptamtlicher KPD-Funktionär. 1929 aus der KPD ausgeschlossen, danach in der KPO und ab 1933 der SPD. 1938 Emigration in die USA, zuletzt Psychologe in New York. 184, 187

Freud, Sigmund (1856–1939)
Österreichischer Psychiater, Begründer der Psychoanalyse. 329

Frölich, Paul (1884–1953)
Angestellter, 1902 Mitglied der SPD, Führer der Linksradikalen in Bremen. Mitbegründer der KPD. Von 1919–1924 Mitglied der Zentrale der KPD. Reichstagsabgeordneter 1921–1924 und 1928–1930. 1928 als »Rechter« aus der KPD ausgeschlossen, danach bei der KPO, dann SAP. 1934 Emigration. 1950 Rückkehr in die Bundesrepublik Deutschland, Mitglied der SPD. 40, 42, 130, 136, 144, 184

Geltzer
Russische Künstlerin (Tänzerin). 299

Gerber
s. Schlesinger, Rudolf

Gorki, Maxim (1868–1936)
Russischer Schriftsteller. 329

Grimm, Rosa
Schweizer Sozialistin. 31

Gross, Babette (geb. 1898)
Lebensgefährtin Münzenbergs. 1921–1937 KPD-Mitglied. 1923–1933 Leiterin des Neuen Deutschen Verlages. 1933 Emigration, seit 1941 in Mexiko, 1947 Rückkehr nach

Westdeutschland. 146, 322, 325, 327, 330 f.

Guralski, Samuel (1885–1960)
Im Januar 1923 als »August Kleine«, auch Klein genannt, in Zentrale und Polbüro der KPD aufgenommen. 1924 aus Deutschland abberufen, wurde G. während der Stalinschen Säuberungen verhaftet, nach Stalins Tod aber aus der Haft entlassen. 41, 45–48, 51, 53, 80 f.

Gussew, Sergej I. (1874–1933)
Bolschewistischer Staats- und Parteifunktionär. Ab 1923 Sekretär der Zentralen Kontrollkommission der KPR (B), 1925/26 Leiter der Presseabteilung des ZK der KPdSU (B), 1929/30 Mitglied des EKKI-Präsidiums. 135, 227 f.

Haase, Hugo (1863–1919)
Rechtsanwalt. Seit 1897 Reichstagsabgeordneter, 1911 Parteivorsitzender der SPD. Ab März 1916 Leiter der Sozialdemokratischen Arbeitsgemeinschaft, ab 1917 Vorsitzender der USPD. Starb an den Folgen eines Attentats. 329

Hausen, Erich (1900–1973)
Schlosser, 1919 USPD, 1920 KPD. 1927 als Kandidat ins ZK gewählt, Vertreter der »Rechten«, 1928 aus der KPD ausgeschlossen. Seit 1929 Mitglied der Reichsleitung der KPO,

1941 Emigration in die USA.
217

Heckert, Fritz (1884–1936)
Maurer. Mitglied der Zentrale
bzw. des ZK vom II. KPD-Parteitag bis zu seinem Tode. Im
Oktober 1923 wurde er Wirt-
schaftsminister in der Sächsischen Regierung. Reichstagsabgeordneter von 1924–1933,
starb in Moskau. 40, 46, 338

Hilferding, Rudolf (1877–1941)
Kinderarzt. Ab 1902 Redakteur der *Neuen Zeit*. 1919–
1922 Mitglied der USPD, danach wieder SPD. 1924–1933
Reichstagsabgeordneter. 1923
und 1928–1929 Reichsfinanz-
minster. 1941 von der Gestapo
ermordet. 268 f.

Hiller, Kurt (1885–1972)
Deutscher Publizist, Kritiker
und Essayist. 331

Hindenburg, Paul von (1847–
1934)
1914 Oberbefehlshaber der 8.
Armee, danach Oberbefehlshaber an der Ostfront. 1916
Chef des Generalstabes.
Reichspräsident 1925–1934.
125 f., 147, 279

Hirsch, Karl-Jakob (1892–1952)
Maler und Schriftsteller.
Freund von Rosa Meyer-Levi-
né. 23

Hitler, Adolf (1889–1945). 118,
205, 280, 305, 308, 314, 331 f.

Hoelz, Max (1889–1933)
Seit 1919 KPD. Agitator in
Sachsen und Bayern. Baute im
Vogtland eine »Rote Armee«
auf. 1920 aus der KPD ausgeschlossen. Mitglied der linksradikalen KAPD. Leiter der
»Roten Garden« bei den
Märzkämpfen 1921 in Mitteldeutschland. Verhaftet und zu
lebenslänglicher Zuchthaus-
strafe verurteilt. Nach der Am-
nestie 1928 entlassen. Mitglied
der KPD, übersiedelte er in die
Sowjetunion, wo er unter nicht
geklärten Umständen ums Leben kam. 33

Hoernle, Edwin (1883–1952)
Ursprünglich Theologe, 1910
Mitglied der SPD. Mitbegründer des Spartakusbundes und
der KPD. 1921–1923 Mitglied
der KPD-Zentrale, 1923 einer
der Führer der Mittelgruppe.
1924–1933 Emigration in die
UdSSR, 1945–1949 Präsident
der Deutschen Zentralverwal-
tung für Land- und Forstwirt-
schaft der DWK in der SBZ.
Verfasser zahlreicher Werke
zur Pädagogik und zu Agrar-
fragen. 49

Humbert-Droz, Jules (1891–
1971)
Pastor. 1920–1928 Tätigkeit im
Apparat der Komintern. 1921
Mitbegründer der Kommuni-
stischen Partei der Schweiz.
1943 aus dieser Partei ausgeschlossen. 1947–1958 Sekretär
der Schweizerischen Sozialdemokratischen Partei. 234 f.,
238

Jaglom, Jakov
Hoher sowjetischer Funktionär. Mit 26 Jahren Stellvertreter von Tomski. Anhänger Bucharins. 116, 151, 172, 224, 348

Jaglom, Rosa
Ehefrau von Jakov Jaglom. 296 f.

Jagoda, Genrich G. (1891–1938)
Bolschewistischer Partei- und Staatsfunktionär. Nach der Oktoberrevolution einer der Leiter der GPU. 1934–1936 Leiter des NKWD. 1938 im Schauprozeß zum Tode verurteilt. 300

Jakowin
Bolschewistischer Parteifunktionär. Verheiratet mit Anna Pankratowa. Anhänger Trotzkis. 1928 aus der KPdSU (B) ausgeschlossen. 335–337, 340

Jogiches, Leo (1867–1919)
1893 Mitbegründer der polnischen Sozialdemokratie. 1918 organisatorische Leitung des Spartakusbundes. Führer der KPD nach der Ermordung von Luxemburg und Liebknecht. Im März 1919 verhaftet und ermordet. 365, 369

Kamenew, Lew B. (1883–1936)
Bolschewistischer Parteiführer. Enger Mitkämpfer Lenins und Sinowjews. 1936 im Schauprozeß zum Tode verurteilt. 183

Katz, Iwan (1889–1956)
Ende 1919 von der SPD zur USP übergetreten, 1920 zur KPD. 1922 Leiter der Kommunalabteilung in der KPD-Zentrale. 1924 Mitglied der Zentrale und des Polbüros, 1925 einer der Führer der Ultralinken, 1926 aus der KPD ausgeschlossen. 1924–1928 MdR. Nach 1933 mehrfach verhaftet. Lebte seit 1954 im Tessin. 139, 147

Kautsky, Karl (1854–1938)
1882–1917 Herausgeber und leitender Redakteur der Zeitschrift Neue Zeit. Verfasser des Grundsatzteils des »Erfurter Programms« der SPD (1891). 1917–1919 Mitglied der USPD, danach wieder in der SPD. K. starb 1938 in Amsterdam im Exil. 329

Kirow, Sergej M. (1886–1934)
Sowjetischer Staatsmann und Parteiführer. Seit 1923 Mitglied des ZK der KPR (B), seit 1930 im Politbüro des ZK der KPdSU (B). 1934 in Leningrad ermordet. 276, 354

Kleine, August
s. Guralski

Koenen, Wilhelm (1886–1963)
Kaufmännischer Angestellter. 1920–21, 1922–24 und 1929–31 Mitglied der Zentrale bzw. des ZK der KPD. Reichtagsabgeordneter 1924–1932. 1926–1932 Mitglied des preußischen Staatsrates. Von 1933–1945 in der Emigration (CSR, Frankreich, England). Von

1946–1963 gehörte K. dem Parteivorstand bzw. ZK der SED an. 49, 95, 115

Kollontai, Alexandra M. (1872–1952)
Bolschewistische Parteifunktionärin und Diplomatin. 1917 zum Mitglied des ZK gewählt. In der ersten Sowjetregierung war sie Volkskommissar für Sozialwesen. Nach 1923 Botschafterin in Norwegen, Mexiko und Schweden. 371

Kornfeld, Lotte
Funktionärin der KPD. 51

Korsch, Karl (1886–1961)
Dr. jur. Theoretischer Führer des »ultralinken« Flügels der KPD. 1917 USPD, 1920 KPD. 1923 Professor in Jena. 1924–1928 MdR. 1926 Ausschluß aus der KPD, Führer der Gruppe »Kommunistische Politik«. 1933 Emigration, lebte seit 1936 in den USA, Verfasser zahlreicher Arbeiten über den Marxismus. 147

Krestinski, Nikolai N. (1883–1938)
Bolschewistischer Staats- und Parteifunktionär. 1917–1921 Mitglied des ZK der KPR (B), 1921–1930 Botschafter der UdSSR in Deutschland. Nach 1930 stellvertretender Volkskommissar für Auswärtige Angelegenheiten der UdSSR. 1938 im Schauprozeß zum Tode verurteilt. 115

Krupskaja, Nadeshda K. (1869–1939)
Ehefrau Lenins. Nach 1920 Vorsitzende des Hauptkomitees für politische Bildung beim Volkskommissariat für Volksbildung. Seit 1927 Mitglied des ZK der KPdSU (B). Seit 1929 stellv. Volkskommissar für Volksbildung. 343, 351

Krylenko, Nikolai W. (1885–1938)
Bolschewistischer Staats- und Parteifunktionär. 1917 Oberbefehlshaber und Volkskommissar für Militärangelegenheiten. 1936 Volkskommissar für Justiz der UdSSR. Opfer der Stalinschen Säuberungen. 206

Kuusinen, Otto Wilhelm (1881–1964)
Mitbegründer der KP Finnlands (1918). 1921–1939 Mitglied des Präsidiums und Sekretär des EKKI. Seit 1941 Mitglied des ZK der KPdSU, seit 1957 Sekretär des ZK der KPdSU. 196–198

Larin
Schwiegervater Bucharins. 355

Lebedjew
Textilarbeiter. Bolschewistischer Parteifunktionär. Freund Rosa Meyer-Levinés. 24 f., 59

Lenin, Wladimir Iljitsch (1870–1924). 23 f., 28, 31, 39, 41, 55, 65, 68 f., 75 f., 154, 160, 172, 183, 227, 230, 256, 269,

lin, Mitglied der SPD und bald führende Theoretikerin des internationalen Sozialismus. Nach Kriegsausbruch 1914 Führerin der Spartakusgruppe, Mitbegründerin der KPD und Mitglied der ersten KPD-Zentrale. 1919 verhaftet und ermordet. 108, 305 f., 357, 367, 369, 373

Manuilski, Dimitri (1883–1959)
Bolschewistischer Staatsmann und Parteifunktionär. Seit 1921 Mitglied des EKKI. Seit 1924 Mitglied des EKKI-Präsidiums, 1928–1934 Sekretär des EKKI. 1923–1939 Mitglied des ZK der KPdSU. 1946–1953 stellv. Vorsitzender des Ministerrats der Ukrainischen SSR. 150

Marx, Wilhelm (1863–1946)
Politiker und Jurist. 1910–1918 und 1920–1933 Reichstagsabgeordneter. 1920–1928 Vorsitzender der Zentrumspartei. Reichskanzler 1923–1925 und 1926–1928. 126

Maslow, Arkadij (1891–1941)
Gebürtiger Russe, seit 1899 in Deutschland. Nach dem Studium der Naturwissenschaften 1919 Mitglied der KPD, mit Ruth Fischer Leiter der linken Opposition und ab 1924 der KPD-Führung. 1926 aus der KPD ausgeschlossen. 1933 Emigration, zunächst nach Frankreich, 1940 nach Kuba.

31, 36, 41 f., 45, 47, 51 f., 93, 108, 111, 124, 126, 128, 142, 145, 167, 194, 214, 242, 284, 327, 358

Mehring, Franz (1846–1919)
Historiker. Seit 1891 Mitglied der SPD, führend auf dem linken Flügel der Partei. 1901–1908 Chefredakteur der *Leipziger Volkszeitung*. Mitbegründer des Spartakusbundes. Autor zahlreicher historischer und biographischer Werke. 268

Menschinski, Wjatscheslaw R. (1874–1934)
Bolschewistischer Staats- und Parteifunktionär. Nach der Oktoberrevolution Volkskommissar für Finanzen, Generalkonsul in Berlin. Seit 1923 stellvertretender, seit 1926 Vorsitzender der GPU. 300

Meyer, Ernst (1887–1930)
Dr. phil. 1908 Mitglied der SPD, 1913 Redakteur des SPD-Organs *Vorwärts*. Mitbegründer des Spartakusbundes und der KPD. Bis 1923 und von 1927–1929 Mitglied der Zentrale bzw. des ZK und des Polbüros der KPD, 1921/1922 Führer der Partei, 1924 Leiter der Mittelgruppe. 1929 als Führer der »Versöhnler« aus der Parteiführung ausgeschaltet. 1921–1924 und 1928–1930 MdL Preußen. 26–28, 31, 33, 36–38, 40 f., 43–45, 48, 50–58, 64 f., 67, 71–73, 75 f., 78–80,

82–84, 86 f., 95–99, 102 f., 109,
113, 115 f., 120 122 f., 125,
128, 130, 133 f., 134, 136–139,
144–146, 148 f., 150–152,
154 f., 165 f., 168–170, 172,
176–179, 181–184, 191, 193 f.,
196, 198–202, 204, 206–208,
213–217, 220 f., 223–227,
231–245, 247–254, 263–266,
268 f., 273, 281, 291–293, 325,
327–329, 333, 335, 337, 340,
343 f., 346–349, 366, 372, 373

Meyerhold, Wsevolod (1874–
1940)
Russischer Schauspieler, Re-
gisseur und Theaterleiter.
1898–1902 Mitglied des Moskauer Künstlertheaters. Leitete seit 1923 das von ihm ge-
gründete Meyerhold-Theater.
1939 verhaftet. 175

Molotow, Wjatscheslaw M. (geb.
1890)
Bolschewistischer Parteifunktionär und Diplomat. 1921 zum
Mitglied des ZK der KPR (B),
1925 ins Politbüro gewählt.
1939–1949 und 1953–1959
Volkskommissar für Auswärtige Angelegenheiten bzw.
Außenminister. 1962 aus der
KPdSU ausgeschlossen. 254,
297

Moor, Karl (1853–1932)
1895–1907 Herausgeber der
Berner Tagwacht. 1907–1911
Sekretär der Schweizer Sozial-
demokratischen Partei für den
Kanton Bern. Enger Vertrau-

ter der bolschewistischen Parteiführung. 358

Müller, Alfred (1866–1925)
Generalleutnant, Befehlsha-
ber im damaligen Wehrkreis
IV (Sachsen) der Reichswehr
im Jahre 1923. 88, 91 f.

Münzenberg, Willi (1889–1940)
Lebte 1910–1918 in der
Schweiz, von Lenin beeinflußt.
1914 Sekretär der Sozialistischen Jugend der Schweiz.
1918 Mitglied des Spartakusbundes, dann der KPD. 1921
Sekretär der Kommunistischen
Jugendinternationale. Be-
gründer der Internationalen
Arbeiterhilfe (IAH). 1924 in
den Zentralausschuß, 1927,
1929 und 1935 ins ZK der KPD
gewählt. Reichstagsabgeordneter 1924–1933. 1933 Emigration nach Frankreich, 1937 aus
der KPD ausgeschlossen. 108,
146, 201, 229, 269, 320, 322 f.,
325–332

Neschdanow
Russischer Schauspieler. 299

Neumann, Heinz (1902–1937)
1920 Mitglied der KPD, 1922
hauptamtlicher Funktionär.
1925 Vertreter der KPD bei
der Komintern, Vertrauens-
mann Stalins. 1927 Mitglied
des ZK, seit 1929 Kandidat des
Politbüros und neben Thälmann und Remmele Parteiführer während des ultralinken
Kurses. 1932 abgesetzt, 1937 in

Moskau verhaftet und seitdem verschollen. 29, 111, 138, 146, 153, 155, 185 f., 204, 205, 215 f., 264, 269, 283–286, 290 f., 312, 327–329

Nijinski, Waslaw (1888–1950) . Russischer Künstler (Tänzer). 225

Pankratowa, Anna (1897–1957) Bolschewistische Parteifunktionärin. 1921–1925 Studium der Geschichte. Verfasserin zahlreicher historischer Studien. 1952 ins ZK der KPdSU gewählt. Seit 1953 Chefredakteurin von »Fragen der Geschichte«. 62, 174, 279, 281, 284, 298, 317 f., 335–339

Pawlowa, Anna (1881–1931) Russische Künstlerin (Tänzerin). 225

Pieck, Wilhelm (1876–1960) Tischler. 1895 Mitglied der SPD, seit 1906 hauptamtlicher Funktionär. Mitbegründer der Spartakusgruppe und der KPD. Mitglied aller Zentralen bzw. ZKs der KPD bis 1933. 1921–1928 MdL Preußen, 1928–1933 MdR. 1935 als Nachfolger Thälmanns Vorsitzender der KPD, 1946 der SED. 1949–1960 Präsident der DDR. 40, 46 f., 49, 265, 268 f., 271, 280, 295

Pjatnizki, Ossip A. (1882–1938) Bolschewistischer Parteifunktionär. Seit 1921 Arbeit in der Komintern, seit 1923 Sekretär des EKKI. Opfer der Stalinschen Säuberungen. 277.

Preobraschenski, Jewjenij A. (1886–1937) Bolschewistischer Parteifunktionär und Wirtschaftstheoretiker. 1920–1921 Mitglied des ZK, des Orgbüros und Sekretär des ZK der KPR (B). 1927 aus der Partei ausgeschlossen, 1928 verbannt. Opfer der Stalinschen Säuberungen. 293

Pugatschew, Jemeljan (um 1742–1775) Führer eines Volksaufstandes im Donaugebiet, 1773 eines Aufruhrs unter Kosaken. Belagerte Orenburg, eroberte Kasan. 1774 besiegt. 160

Radek, Karl (1883–1939) Bis 1907 in der polnischen Sozialdemokratie, dann in der SPD aktiv. Im Krieg in der Schweiz Anhänger Lenins. 1917–1924 Mitglied des ZK der KPR (B), ferner bis 1924 im Präsidium der EKKI verantwortlich für die Anleitung der KPD. 1927 aus der KPdSU (B) ausgeschlossen. Im Schauprozeß 1937 zu 10 Jahren Gefängnis verurteilt, kam 1939 im Gefängnis ums Leben. 41 f., 52, 58, 71 f., 75, 83, 108, 163, 169, 170–172, 243, 282, 292–294, 302, 306, 356–376

Ramsin, Leonid K. (1887–1948) 1920 Professor der Moskauer Technischen Hochschule, 1921

Direktor des Wärmetechnischen Instituts. Mitglied des Obersten Volkswirtschaftsrates. 1930 in einem Schauprozeß zum Tode verurteilt, Begnadigung zu 10 Jahren Freiheitsverlust. 272

Rasin, Stjenka (um 1630–1671) Donkosak. 1667 Führer von Aufständischen an der Küste des Kaspischen Meeres, seit 1670 am Don und an der unteren Wolga. Astrachan, Samara und Saratow kamen in seine Hand. R. wurde 1670/71 geschlagen und hingerichtet. 160

Raskolnikow, Fjodor F. (1892–1939) Bolschewistischer Parteifunktionär, Militär und Diplomat. 1917–1921 Tätigkeit im Militärapparat (Marine). 1924–1926 ins Orgbüro des EKKI berufen. 1930–1938 Botschafter u. a. in Dänemark und Bulgarien. Sagte sich 1938 von Stalin los. 170

Rathenau, Walther (1867–1922) 1902–1907 Geschäftsinhaber der »Berliner Handelsgesellschaft«, seit 1915 Präsident der AEG. 1920 Mitglied der Sozialisierungskommission. Mai–November 1921 Wiederaufbauminister. 1922 bis zu seiner Ermordung Reichsaußenminister. 43, 48, 52–54, 75, 81

Reinhardt, Max (1873–1943) 1903–1906 Leiter des Neuen Theaters in Berlin. 1905–1920 und 1924–1933 Direktor des Deutschen Theaters. 1933 Emigration nach Österreich, 1938 nach Amerika. 175

Reissner, Larissa (1895–1926) Aufgewachsen in Deutschland und Paris. Seit 1917 Mitglied der SDAPR (B). Arbeitete im Bürgerkrieg als Kommissar in der Roten Armee. Nach dem Bürgerkrieg Heirat mit Raskolnikow. Nach der Trennung von R. ging sie 1923 mit Radek nach Deutschland. In Moskau verstorben. 169

Remmele, Hermann (1880–1939) Dreher, 1897 Mitglied der SPD, 1917 der USPD, 1920 der KPD. 1920 bis 1933 Mitglied der Zentrale bzw. des ZK, 1924–1933 des Polbüro des KPD, 1929–1932 neben Thälmann und Neumann Führer der Partei. Mit Neumann entmachtet, 1937 in Moskau verhaftet, Opfer der Stalinschen Säuberungen. 49, 95, 236, 274, 283–286

Reuter, Ernst (1889–1953) Nach dem Studium 1912 Mitglied der SPD. Als Kriegsgefangener in Rußland Kommunist, 1918 Führer des Volkskommissariats für Wolgadeutsche. 1919 KPD, 1921 Generalsekretär der Partei, Ende 1921 ausgeschlossen. Funktionär der SPD, 1931–1933 OB von Magdeburg, 1933 Emigration.

1948–1953 Regierender Bürgermeister in West-Berlin. 40

Rolland, Romain (1866–1944)
Französischer Schriftsteller. 329

Romma
Polnische Kommunistin. 275–281, 306

Roninger, Boris (geb. 1896)
Gebürtiger Russe. Seit 1923 Mitglied der KPD, Anhänger der »Ultralinken«. Brach später mit der KPD und ging nach England. Arbeitete dort als Universitätsprofessor. 107

Rosenberg, Arthur (1889–1943)
Dr. phil. Historiker. 1914 Privatdozent. 1918 Mitglied der USPD, 1920 der KPD. Anhänger der linken Opposition, 1924 Mitglied der Zentrale, 1924–1928 MdR. Führer der Ultralinken, trat 1927 aus der KPD aus. 1933 Emigration nach England, 1937 in die USA. Bekannter Historiker zur Geschichte der Weimarer Republik. 122, 138 f.

Rykow, Alexej (1881–1938)
Bolschewistischer Parteifunktionär. 1917 ins ZK, 1922 in das Politbüro der KPR (B) gewählt. Seit 1924 Vorsitzender des Rates der Volkskommissare. 1924–1928 Mitglied des EKKI-Präsidiums. 1938 im Schauprozeß zum Tode verurteilt und hingerichtet. 347

Samosch
Gebürtiger Russe. Mitglied der KPD. 1924 Anhänger der »Ultralinken«. 107

Schlesinger, Rudolf (1901–1969)
Übersiedelte nach dem 1. Weltkrieg von Wien nach Berlin und schloß sich der KPD an. Zunächst Anhänger der Ruth-Fischer-Gruppe, ging er 1925 zum ZK über, unter dem Pseudonym »Gerber« Mitarbeiter des ZK. 1933 Emigration in die Tschechoslowakei, 1939 nach England, löste sich von der KP. Begründer des »Institutes of Soviet and East European Studies« in Glasgow. 51, 242

Scholem, Werner (1895–1940)
1913 Mitglied der SPD, 1917 der USPD, Redakteur in Halle. 1920 KPD, 1921 MdL Preußen, 1924–1928 MdR. 1924 Mitglied der Zentrale und des Polbüros, Organisationsleiter der KPD. 1925 Führer der Ultralinken, 1926 aus der KPD ausgeschlossen. 1940 in Buchenwald ermordet. 130, 138 f.

Schubin
Komintern-Emmissär bei der KPD. 373

Schumann
Kommunistischer Parteifunktionär. 216

Schumann, Georg (1886–1945)
Werkzeugmacher. 1923 Mitglied der Zentrale, 1927 des ZK. 1921–1924 MdL Preußen.

Stoecker, Walter (1891–1939)
Handlungsgehilfe, Redakteur.
1920, 1923 und 1927–1929 Mitglied der Zentrale bzw. des ZK der KPD. Reichstagsabgeordneter von 1920–1932. Starb im KZ Buchenwald. 95, 235 f., 264, 282

Stresemann, Gustav (1878–1929)
1907–1912 und seit 1914 Reichstagsabgeordneter der Nationalliberalen Partei. 1918 gründete er die Deutsche Volkspartei. Reichskanzler 1923, Reichsaußenminister 1923–1929.

Strindberg, August (1849–1912)
Schwedischer Dichter. 369

Thälmann, Ernst (»Teddy«) (1886–1944)
Arbeiter. 1903 Mitglied der SPD, 1917 USPD, 1920 KPD. Nach 1921 hauptamtlicher Parteifunktionär. Mitglied der Hamburger Bürgerschaft 1919–1933. 1924 in Zentrale und Polbüro gewählt. Führte die KPD nach der Absetzung von Fischer-Maslow bis 1933. Reichstagsabgeordneter 1924–1933. 1933 verhaftet und nach 11 Jahren Haft im KZ Buchenwald ermordet. 91, 111, 117, 125 f., 139 f., 140, 144, 149–152, 155, 177, 180, 182, 194, 200, 202–205, 215–218, 220–222, 232, 244, 248, 258–261, 264 f., 271, 274, 276 f., 279, 283–285, 308

Thalheimer, August (1884–1948)
Dr. phil. 1904 Mitglied der SPD, seit 1909 Chefredakteur an SPD-Organen. Mitbegründer des Spartakusbundes und der KPD. 1919–1923 Mitglied der Zentrale und Theoretiker der Partei. Mit Brandler abgesetzt und 1924–1928 in Moskau. 1929 Mitbegründer und Führer der KPO. 1933 Emigration nach Frankreich, 1941 nach Kuba, wo er starb. 40, 54, 72, 90, 92, 132, 179, 181, 183, 191, 195 f., 214, 216 f.

Tomski, Michail, P. (1880–1936)
Arbeiter, bolschewistischer Partei- und Gewerkschaftsfunktionär. 1919–1929 Vorsitzender des Zentralrats der sowjetischen Gewerkschaften. 1919–1928 Mitglied des ZK und 1922–1928 des Politbüros der KPdSU. Führer der »Rechten«, verübte Selbstmord. 116, 347

Trotzki, Lew D. (1879–1940)
Bolschewistischer Partei- und Staatsfunktionär. 1917 ins ZK der SDAPR (B) gewählt. Leitete den Aufstand vom November 1917. 1917/18 Volkskommissar für Auswärtige Angelegenheiten. 1918–1925 Kriegskommissar und Organisator der Roten Armee. 1927 aus der Partei ausgeschlossen. 1940 in Mexiko von Agenten des sowjetischen Geheimdienstes ermordet. 37, 56, 64–67,

69 f., 78, 93, 100, 105, 118, 154 f., 170 f., 300, 335–337, 341, 343 f., 346, 349, 362 f., 373

Tschitscherin, Georgi V. (1872–1936)
Diplomat und bolschewistischer Parteifunktionär. 1918–1930 Volkskommissar für Auswärtige Angelegenheiten. 1925–1930 Mitglied des ZK der KPdSU, legte 1930 wegen Krankheit seine Ämter nieder. 360 f.

Ulbricht, Walter (1893–1973)
Tischler. 1912 Mitglied der SPD, 1919 der KPD. 1920 hauptamtlicher Funktionär. 1923 Mitglied der Zentrale, seit 1927 des ZK der KPD, seit 1929 des Polbüros. 1928–1933 MdR. 1946 Mitglied des Zentralsekretariats der SED, 1950–1953 Generalsekretär, dann bis 1971 1. Sekretär der SED. 1960 bis zu seinem Tod Vorsitzender des Staatsrates der DDR. 95, 133 f., 171, 222, 233–235

Volk, Karl (1896–1961)
1922–1924 hauptamtlicher KPD-Funktionär. Danach bis 1925 Tätigkeit im Komintern–Apparat. 1926–1928 Leitung des KPD-Pressedienstes. 1928–1933 einer der führenden »Versöhnler«. Wandte sich 1938 von der KPD ab. Emi-

grierte im II. Weltkrieg in die USA. 238

Walcher, Jakob (1887–1970)
Dreher. 1919–1923 Mitglied der Zentrale der KPD, Leiter der Gewerkschaftsabteilung. 1928 aus der KPD ausgeschlossen. Danach Mitbegründer der KPO, 1932 Übertritt zur SAP. 1933 Emigration (Frankreich, USA). 1946 Rückkehr nach Berlin, Mitglied der SED, 1946–1949 Chefredakteur einer Gewerkschaftszeitung, 1949 gemaßregelt, 1952 aus der SED ausgeschlossen, 1956 rehabilitiert. 45, 49, 184, 186–188, 191, 240

Weil, Felix (1898–1975)
Dr. rer. pol., Vorsitzender der Gesellschaft für Sozialforschung, Mitbegründer und Förderer des Instituts für Sozialforschung, zunächst in Frankfurt/M., später in Paris und New York. Starb in den USA. 100 f., 200

Westermann, Hans (1890–1935)
Schneider. 1921–1925 und 1927–1929 hauptamtlicher KPD-Funktionär. 1927–1930 Abgeordneter in der Hamburger Bürgerschaft. »Versöhnler« 1930 aus der KPD ausgeschlossen. 1935 im KZ Fuhlsbüttel ermordet. 133

Winternitz, Joseph (1896–1952)
Dr. phil. Hauptamtlicher KPD-Funktionär. Zeitweilig

Anhänger des »linken Flügels«. 1925 und 1927 Kandidat des ZK. 1928-1931 Leiter der Agitprop-Abteilung des ZK, seit 1929 Mitglied des ZK. Nannte sich auch »Lenz« oder »Sommer«. 1939 Emigration nach England, wo er starb. 242, 282

Wittfogel, Karl A. (geb. 1896) Wissenschaftler und China-Experte der KPD. 1928-1933 am Institut für Sozialforschung in Frankfurt. Seit 1939 Professor für Chinesische Geschichte in New York/USA, seit 1947 Professor an der Universität Seattle/Washington/USA. 100

Wittorf, John (geb. 1894) Hafenarbeiter. Ab 1925 hauptamtlicher KPD-Funktionär. 1927 ins ZK gewählt. 1927 und 1928 Abgeordneter der Hamburger Bürgerschaft. Nach einer Unterschlagung 1928 aus der KPD ausgeschlossen. 213, 215 f., 221, 226, 237, 289

Wolfstein, Rosi (geb. 1888) Kaufmännische Angestellte. 1921-1923 Mitglied der Zentrale und des Orgbüros der KPD. 1921-1924 MdL Preußen. 1929 aus der KPD ausgeschlossen. Mitbegründerin der KPO, seit 1932 SAP. 1933 Emigration. 1951 Rückkehr nach Deutschland, Mitglied der SPD. 184

Wyschinski, Andrei J. (1883-1954)

Bis 1921 Anhänger der Menschewiki. 1933-1939 Generalstaatsanwalt der UdSSR, Ankläger in den Schauprozessen gegen die alten Bolschewiki. 1949-1953 sowjetischer Außenminister, seit 1953 Vertreter der UdSSR bei der UN. 356

Zeigner, Erich (1886-1949) 1905-1913 Studium der Rechtswissenschaft und Volkswirtschaft. 1921 sächsischer Justizminister. 1923 Ministerpräsident einer sozialdemokratischen Regierung unter kommunistischer Beteiligung in Sachsen. 1923-1926 inhaftiert, danach als Lehrer tätig. 1946 Oberbürgermeister von Leipzig. 85, 88, 91 f., 96

Zetkin, Clara (1857-1933) Lehrerin. Bis zum I. Weltkrieg im Parteivorstand der SPD. Mitbegründerin des Spartakusbundes. 1919 Mitglied der Zentrale der KPD, Leiterin der Frauenarbeit. 1920-1933 MdR. 1927-1929 Mitglied des ZK, lebte dann schwerkrank in Moskau, sympathisierte mit der rechten Opposition. 40, 54, 56, 82, 101, 191, 268, 273

Zörgiebel, Karl (1878-1961) Küfer. Parteifunktionär der SPD. Mitglied der Preußischen Landesversammlung, 1920-1924 MdR. Von 1926-1930 Po-

403

Bildnachweis

Archiv Hermann Weber, Mannheim   Seite 27, 35, 46, 47, 61, 77, 103, 113, 123, 131, 142, 143, 153, 163, 171, 181, 207, 218, 219, 243, 260, 261, 273, 279, 287, 295, 301, 307, 313

Pluto Press, London   Seite 87, 97

Ullstein Bilderdienst, Berlin   Seite 229